申国军 著

案件管理
实务精要

十二讲

ANJIAN GUANLI
SHIWU JINGYAO
SHIERJIANG

中国检察出版社

图书在版编目（CIP）数据

案件管理实务精要十二讲 / 申国军著 . -- 北京：
中国检察出版社 , 2023.9
ISBN 978-7-5102-2911-4

Ⅰ . ①案… Ⅱ . ①申… Ⅲ . ①检察机关—案件—管理
—研究—中国 Ⅳ . ① D926.3

中国国家版本馆 CIP 数据核字（2023）第 119430 号

案件管理实务精要十二讲

申国军　著

责任编辑：钟　鉴
技术编辑：王英英
封面设计：李　瞻

出版发行：中国检察出版社
社　　址：北京市石景山区香山南路 109 号（100144）
网　　址：中国检察出版社（www.zgjccbs.com）
编辑电话：（010）86423786
发行电话：（010）86423726　86423727　86423728
　　　　　　（010）86423730　86423732
经　　销：新华书店
印　　刷：北京联合互通彩色印刷有限公司
开　　本：710 mm×960 mm　16 开
印　　张：25.75
字　　数：287 千字
版　　次：2023 年 9 月第一版　　2024 年 3 月第三次印刷
书　　号：ISBN 978 - 7 - 5102 - 2911 - 4
定　　价：86.00 元

前　言

蓦然回首，到最高检工作已 30 年。一路走来，感慨颇多。感慨年龄渐长，从毛头小伙到头发花白的中老年；感慨素质提升，在最高检党组领导和同志们支持帮助下，个人综合素质和能力有了长足进步；而最大的感慨，是自己在不同部门的工作经验和做法，随着岗位调整，或散佚，或尘封，而一些部门业务却还在总结、推广曾经的那些经验、做法，几年、十几年的工作似乎是一个轮回。曾经拓荒的成果被自己弃之如敝屣，对后来工作未形成助力，每念及此，胸中不免遗憾。

2019 年初，我到案管工作。四年积累，工作经验、做法的材料又堆积起来。组织最高检案管办第一次数据督查，通过亲身参与总结出数据检查的七种比对方法；组织案管办第一次案件质量评查，提出十个方面难以把握分歧问题的对策；负责检察业务数据分析研判会商报告组织起草，总结出明确"一个定位"、把握好"两种方式"、坚持"三个突出"等工作方法……目光在一篇篇讲稿上轻抚，就像父母对孩子的宠溺，有欣喜、有满足，也有对未来的担忧。欣喜，是因为这些讲稿对实务工作的指导价值；满足，主要是过往付出沉甸甸的成就感；担忧，是唯恐这些经验做法昙花一现、重蹈覆辙。回顾总结四年来大大小小的培训讲稿，林林总总有 20 多个专题，择其重要且典型，遴选了十二个。这些专题，从宏观到具体覆盖了案管部门业务的基本类型。为尽可能扩大覆盖面，还把一些小的专题予以合并，如数据管理和数据检查、信息公开和法律文书公开等。由于有的专题是根据后期录音整理，所以口语化比较明显；而基于讲稿的专题，书面语特征则比较突出。这种不协调，在最后整理时进行了一定修改。

思考了相当长一段时间，还是下定决心把这些讲稿汇集起来、结集出版：一是对自己工作的阶段总结。虽然案管工作内容庞杂，但我对主要业务为什么干、干什么和怎样干都基本总结了，结集出版正好把业务工作和自己阶段性工作都回顾了，付出心血的结晶看得见、摸得着。二是为实务工作提供参考。经验做法来自亲历、来自一线，仍然是鲜活的、可以直接复制运用的，理应让案管条线更多干警参考借鉴，推进工作开展。三是为案管理论研究增添一块实务经验的砖头。经验只有固化并上升到理论、再反过来指导实践，实践和理论才都会螺旋式上升。由于检察机关案管部门设立晚，理论研究先天不足，加上人员少、任务重，后天又重视不够。把这些经验通过结集出版固化下来，为理论研究者垫上一块间接经验、而于我为直接经验的砖头，助力感性认识上升到理性认识，为案管理论研究尽一份绵薄之力。

讲稿内容仅代表个人在工作中的观点和思考，临近出版之际反而"近乡情怯"。由于能力水平有限，加之案管工作一直在发展变化中，书中有些内容可能与实际不符，甚至存在不准确、不正确的地方，希望读者批评指正。

目　录

第一讲

中国特色检察机关案件管理制度概述 *

　　中国特色检察机关案件管理制度，是中国特色社会主义检察制度的重要组成部分。现代检察制度起源于法国，逐渐推广到其他国家。但我国检察制度经过多年来的探索完善，与西方国家不同，与苏联也有所区别，具有鲜明的中国特色。比如，在西方国家，国家权力分别由立法机关、行政机关和审判机关行使，检察机关大多数隶属于政府的司法行政部门，与立法机关、行政机关和审判机关不在同一层次，在国家政体结构中没有独立的宪法地位。而在我国，根据宪法规定，检察院是国家的法律监督机关，是在人民代表大会之下，与行政机关、监察机关、审判机关平行的独立的国家机关，是"一府一委两院"的重要组成部分，其法律地位明显高于西方国家的检察机关。

　　中国检察机关具有这么高的地位，履行这么神圣的职责，靠什么强化法律监督？靠什么解决"谁来监督监督者"的问题，都离不开有效的案件

---

* 本讲内容根据 2022 年 6 月刑事检察案件质量提升专题培训班讲课稿整理。

管理。我国检察机关案件管理，经历了从"条线管理"为主向"集中管理"为主的发展过程。现行的案件管理，一般指的就是案件集中管理。**案件集中管理是完全起源于我国检察实践、由我国检察机关独创的一项工作，是"土生土长"的中国检察制度，在提升检察机关办案质效方面发挥着越来越显著的作用**。可以说，在检察机关具体机制层面，与案件办理相比，案件管理具有更加鲜明的中国特色。正是基于案件管理工作的鲜明特征，我们要增强责任感，提高制度自信，更加深入地了解这项工作，充满热爱地投入这项工作，以案件管理工作高质量发展，推动检察工作高质量发展。

一、案件管理中的"管理"

提起管理，好像我们都懂一些；提起案件管理，好像我们也都明白。但是到底什么是案件管理？怎样正确理解它？又一时很难准确回答。要理解案件管理，需要从以下三点来考虑：首先，什么是管理？其次，什么是检察院的案件管理？最后，什么是检察院案件管理部门的专门管理？

（一）什么是管理

管理是通过计划、组织、领导、协调、控制等各种方式，协调他人的活动，一起实现既定目标的一个过程。管理是一门科学，管理是一门艺术，管理是生产力，也是竞争力。管理的目标是完成既定任务，管理是一个过程。可以说，有人类社会以来就有了管理。管理是国家、社会、机关部门、家庭须臾不能离开的最基本的、最重要的活动。没有管理，一个家庭不会和睦兴旺，一个机关一个部门就不可能风清气正，一个国家就不可能长治久安，一个社会就不可能和谐发展。党中央提出要推动国家治理体系和治理能力现代化，国家层面叫治理，单位或者机关部门就叫管理，管理是最基本的最重要的一项活动。管理是生产要素，管理直接关乎生产力。农业社会生产要素是劳动力、土地，到了工业社会增加了资本作为第三个生产要素，第四个生产要素是管理，第五、第六、第七生产要素分别是知识、技术、数据。那么管理是生产要素，管理实际就是生产力。**要从生产力的标准来看待管理，才能把管理定位得更准确。**管理是生产要素、是生产力、是竞争力，一个单位、一个部门、一个家庭，管理水平越高就能发展得更好，所以中央提出国家治理体系治理能力的现代化。办事与管事是完成一项工作不可或缺的两个方面。要完成一项工作，一是靠办，二是靠管。只办不管粗放经营可能达不成目标，**干工作就必须有管理，**即使没有专门人员的管理也要有自我约束、自我管理。可以说，**办理和管理是不可分割的，是事物的一体两面。我们多次强调，有案件办理就要有案件管理，越强调案件办理就越要重视案件管理。**管理是一个大概念，管理人人都懂，但是真正成为管理专家，需要下很深的功夫，因为管理是一门专门性的学科。

（二）什么是检察院的案件管理

检察院的案件管理，首先，是院党组、检察长对案件的管理；其次，是业务部门的自我管理，案管部门成立之前，各个业务部门就有管理和规范，比如三级审批制、检察官联席会；**最后，是案件管理部门的专门管理。****检察院党组、检察长对案件的管理，业务部门的自我管理，案件管理部门**

的专门管理，作为检察院案件管理的三个层面，不能相互代替，而要相互融合。案管部门应该是院党组、检察长决策的参谋部，就像军委有个参谋部一样。案管办是给院党组和检察长提供作战方案的，经过充分论证提交给检察长选择。案管部门是服务科学决策的，这样专门管理才能融合检察长和党组的宏观管理。案管部门是监督和服务业务部门的专门管理，通过监督个案又服务检察官（而不是监督检察官），这样专门管理才能融合业务部门的条线自我管理，这才是检察院的案件管理。

（三）什么是检察院案件管理部门的专门管理

狭义的案件管理部门专门管理，就是个案的集中统一管理。案件的受理、分流、流程监控、质量评查、数据统计分析等，都是专门管理。正是通过案管部门的集中管理，能够贯通检察长的宏观管理、办案部门的自我管理，把整个检察院的案件管理融为一体、形成合力。从不同侧面理解案件管理，可以发现当前案件管理中存在的突出问题：检察院党组、检察长宏观把握区域内办案工作是基本的要求，应该由其来抓，但是有些地方就让案管部门代为管理；业务部门认为有案管部门的专门管理，自我管理放松，条线管理就出现了缺位；而案管部门只管自己的专门管理，对宏观管理和条线管理不闻不问，或者说管理没有深度、不全面，没有发挥价值。这是案件管理中存在的三个突出问题，只有通过互相融合才能有效解决。准确理解案管部门的专门管理，还要认识到案件管理绝不是案管部门一家的责任，案管部门在监督管理中不能"包打天下"，不能"一个人战斗"，而是要立足检察业务工作中枢的职能定位，提高智慧、创新方法，更多地依托上级院、本院检察长和检委会、其他管理部门甚至办案部门本身开展管理工作，比如通过案件信息公开、借助外部力量开展管理，通过上级院评查、借助上级院要求开展监管，等等，破解同级监督、同体监督难题，真正把检察长和检委会业务管理的要求落到实处。需要注意的是，**案管部门的统一管理决不等同于统一受案**，比如控告申诉业务、相关业务部门均可以自行受理相关案件等，这是符合检察工作实际的，但各业务部门一旦受案，就要接受案管部门的统一管理。原则上，案管部门分案要以"自动分案为主，人工分案为辅"，防止分案过程中有徇私舞弊，办关系案和人情案。

二、案件管理的比较研究

有案件办理就有案件管理，案件管理不是中国独有的一项制度，也不是检察机关独有的一项制度，而是所有国家检察机关，所有执法司法机关必不可少的一项重要工作。2011年以来，检察机关在推进案件管理机制改革中，深入研究借鉴其他国家、其他单位案件管理经验，取长补短，不断健全和完善具有鲜明特色的案件管理制度。

（一）国外检察机关案件管理基本情况

各个国家的检察机关都高度重视对案件进行管理，在检察长对检察官办案的监督管理、检察官自身的管理方面，各个国家区别不大，但在是否具有专门案件管理机构、案件管理的具体方式方面却不尽相同，以下选择几个有典型意义的国家予以介绍。

1. 美国的情况

一是案件管理模式多元化。美国是联邦制国家，联邦与州之间及联邦系统、州系统内部之间，不同"级别"的检察机关都相互独立、互不隶属，各院管理方式不尽一致，不存在我们所讲的统一"条线管理""纵向管理"概念。二是案件管理职责分散化。管理职责不多，在案件受理流转方面，警察移送到检察机关的案件，由检察机关内部专门人员统一受理，然后由负责分配案件的主管人员或计算机系统直接将案件分配给办案检察官。在统计分析方面，美国的法院、检察机关也开展统计和执法办案分析研判的工作。联邦法院系统有专门的统计委员会，各个联邦地区法院要定期将案件数据汇总到联邦最高法院。三是通过社会监督提高办案效率、质量。除联邦检察官外，美国大多数州的检察官实行民选制，四年一任，如果检察官所办案件的数量、质量、效率等无法使民众满意，将会影响其再次当选。四是具有较高的信息化工具。美国执法、司法部门办案早已告别手工模式，有些案件信息系统与平台已使用几十年，有效提升了管理水平。

2. 英国的情况

一是主要依靠检察官自我管理。检察官在案件处理上有较大的自由裁量权，而对于办案过程的监督并不多，主要依靠自我约束保证办案质量和司法公正。实践中，无论检察官还是法官，发生司法腐败的情况极为罕见，司法权威性较高。二是案件管理的定位是提高效率。英国案件管理的定位主要在诉讼制度和案件运行机制本身，通过案件专门化管辖、简化程序等措施，解决传统上诉讼迟延、效率低下、成本昂贵等问题。三是通过制定规则开展管理。在案件质量、司法公正和司法公信力方面，主要通过行业准则进行规范，并没有专门的流程监控、案件评查等监督措施。如皇家检察署制定《皇家检察官规则》，用行动指南和标准来规范检察官的活动。四是通过公开加强监督。英国皇家检察署十分注重信息公开，以官方网站为主要平台，对包括政策导向、人员选拔、经费使用、案件统计等在内的公共信息主动公开，对检察人员进行监督。五是注重信息化应用。英国司法机关重视信息技术在提高司法效率中的作用，积极推进电子化办案和司法机关信息共享，伦敦等地司法机关有共同的信息系统，司法工作人员可以登录、查询、使用。

3. 德国的情况

一是建立随机分案制度。德国检察院根据上年度本院办理刑事案件的种类、数量等统计数据，以本院全体检察官公决的方式制定"年度案件分配办法"。在案件初次分配规则上，根据随机分配的原则，保障案件在刑事诉讼检察环节的初始阶段得以公正分配。二是强化检察长的管理。在案件移转规则上，明确了检察长的案件收取权和移转权。当承办检察官存在职务违法、明显不当等情形或对案件的定罪量刑、法律适用、追诉标准等决定存在重大分歧时，检察长有权行使案件收取权和移转权，剥夺原检察官承办权。三是督促开展办案期限管理。在德国，检察官办理较大的经济、环保、税务、命案等案件的期限比较宽松。除此之外，一般在 3 个月到 6 个月就应该结案。每个月底，工作人员会给检察长提供每名检察官未结案件的书面情况，如果积案较多时，检察长也会过问、催促检察官。四是以公开强化监督。德国以权力公开的方式加强对检察官的监督，以法律的形式对检察官的权力及其使用方式予以界定，并对外公布，确保权力透明，工作程序规范。

（二）我国相关机关案件管理基本情况

对案件的集中统一管理，是近年来我国监察机关、司法机关、公安机关共同推进的一项工作，各部门的管理职责、方式有所不同。

1. 监察机关的情况

监察机关的案件管理，一般称为案件监督管理。中央纪委国家监委设立案件监督管理室，专司内部监督管理，先后制定了《中国共产党纪律检查机关案件监督执纪工作规则（试行）》《纪检监察机关案件监督管理工作规则》，为规范履行案件监督管理工作提供制度依据。具体工作职责包括 5 个方面：对重要问题线索集中管理、对纪律审查工作进行组织协调、对依纪依法开展纪律审查工作进行监督检查、对交办事项督促办理、对纪律审查工作的相关情况进行统计分析。

2. 审判机关的情况

审判机关的案件管理，一般称为审判管理，最高人民法院于 2010 年 11 月 23 日成立审判管理办公室，是专司审判管理的职能部门，先后印发《关于加强人民法院审判管理工作的若干意见》《关于新时期进一步加强人民法院审判管理工作的若干意见》，积极推动审判管理工作。后者提出，在人民法院审判管理工作格局中，审判管理办公室是审判委员会、院长的参谋助手，是承上启下、连接各方的枢纽，是人民法院专事审判管理的综合审判业务部门。最高人民法院审判管理办公室目前主要负责最高人民法院受理案件的流程管理、质量评查、监督检查法定审限执行情况，督办重要案件，承担审判委员会事务管理、司法公开、审判经验总结等工作。

3. 公安机关的情况

公安机关的案件管理，一般指执法办案管理中心工作。2021 年 5 月，公安部印发《关于深入推进公安执法监督管理机制改革的意见》，提出由公安机关法制部门对刑事案件重点执法环节进行统一审核、统一对接检察机关。在全国市、县两级公安机关建设集执法办案、监督管理、服务保障等多功能于一体的"一站式"执法办案管理中心，执法办案管理中心设置办案区、案件管理区、涉案财物管理区，并提供合成作战及其他辅助支撑，具备执法办案、监督管理和服务保障等功能。截至 2022 年 3 月，全国公安机关共建成执法办案管理中心 2900 余个，完成率达到 95.9%，执法办案更加透明规范，执法监督更加精准高效。

（三）我国检察机关案件管理制度的特色

10 余年来，最高人民检察院在启动、推进、完善案件管理工作过程中，组团赴美国、英国进行专题培训，前往国家监委、最高法、公安部等座谈交流，学习不同国家、不同单位案件管理经验，结合检察工作实际予以借鉴，逐步建立起具有专门机构、丰富职责、灵活方式的案件管理制度，彰显了鲜明的检察特色。

1. 其他国家案件管理制度的有益借鉴

我们有效借鉴国外重视检务公开、信息化建设的经验，先后研发部署检察业务应用系统 1.0、案件信息公开系统、电子卷宗系统，有效提升检察机关信息化、公开化水平。与其他国家相比，我国检察机关案件管理工作具有专门的机构、丰富的职责，形成了体系化的案件管理制度。一是设置了专门的管理机构。我国检察机关设立专门的案件管理部门，专司案件管理工作。无论是大陆法系，还是英美法系，大多数国家没有建立专门的案件管理机构，案件质量主要由检察长进行管理，以及检察官的自我管理。二是配置了丰富的管理职责。我国检察机关的案件管理职责非常丰富，包括 11 项职责，概括为"三大监督""四大服务"。国外检察机关案件管理职责相对分散单一，主要体现在案件统一受理，统一分配，期限督促，多是一些事务性工作，且由不同部门、不同人员行使，管理的强度不足。三是体现了监督与服务并重的理念。**我国检察机关强调放权与控权的统一，在尊重检察官办案自主权的同时加强制约监督**。国外检察官建立了严格的人员准入、晋升、待遇等制度，检察官自律性较强，主要强调自我监督管理，其他管理侧重于事务性服务。

2. 与我国其他部门案件管理制度的比较

纪委监委、法院的案件集中管理工作，总体上先于检察机关。最高人民检察院案管办在推进案件管理工作中，认真学习其经验做法，确立了最初的"管理、监督、服务、参谋"职责定位，随着形势发展不断健全完善案件管理制度。与其他单位相比，检察机关案管工作的特色是职责更加广泛，部署了及时高效的数据生成系统，深化业务数据分析研判会商，建立以"案－件比"为核心的案件质量主要评价指标，对业务运行的宏观管理高效有力。一是与监委案件管理制度比较。监委案管部门对重要案件线索进行管理，对查办案件的相关工作进行组织协调，检察机关长期以来没有这些职能，2022年最高人民检察院制定了《人民检察院内部移送法律监督线索工作规定》，对这部分线索也开始管理。监委案管部门的监督检查职责，主要侧重于程序监督、安全监管，但检察机关除了案件流程监控外，还具有质量评价指标、案件质量评查、案件信息公开、律师接待、人民监督员工作、检察听证管理等工作，职责更加丰富，同时在对检察业务的宏观指导方面具有优势。二是与法院案件管理制度比较。法院审管办承担审判委员会事务管理、司法公开、审判经验总结等工作，检察机关案管部门不负责检委会办公室的工作。但是，法院审管办不负责案件受理、数据统计、业务信息化需求统筹等职责。检察机关案管部门承担了案件受理、律师接待、人民监督员工作、检察听证管理、信息化需求统筹等工作，职责更加丰富。数据生成方式更加先进，由此开展的业务数据分析研判具有优势。三是与公安机关案件管理制度比较。公安机关案件集中管理相对较晚，目前正在加快建立执法办案管理中心，统一受理、审核案件，主要是对办案工作进行服务，对办案流程、办案场所进行管理，与检察机关案管部门的职责和履职效果有所不同。

三、案件管理的传承

以2011年为界，我国检察机关案件管理制度可以分为两个阶段。2011年之前是以条线管理为主的传统案件管理模式，2011年之后是以集中管理为主的现行案件管理模式。10余年来，案件管理工作总体上经历了一个扬弃传统管理模式、起源于基层一线探索、在实践中不断发展完善的过程。

（一）中国特色检察机关案件管理制度是对传统案件管理模式的扬弃，契合司法管理规律

从"条线管理"到"集中管理"，不是某个领导要改、某个部门要改，而是传统管理模式已经不能适应司法办案新形势，不得不改、必须要改，是内在驱动型改革。2011年前后，检察工作面临的形势和任务发生了深刻变化。中央要求深化司法体制改革、在执法办案各个环节建立制约机制，人民群众对于维护自身合法权益、维护社会公平正义的司法需求日益增长。与此同时，检察机关长期以来沿袭的以业务部门自我管理为主、案件办理与案件管理不分的案件管理模式，已经越来越不能适应新形势新任务的要求，迫切需要建立一种符合司法办案规律、提高管理监督效果的全新的案件管理机制。

首先，传统的案件管理模式不利于对业务工作的统筹抓总、宏观指导。以条线管理为主的案件管理模式，多个部门都履行一定的案件管理职能，业务部门承担对自身办案的管理，批捕、起诉环节各管一段，刑事、民事部门各管一摊，"九龙治水、各管一隅"。在这种情况下，各个条线的工作本条线的能够了解，但是对检察长、检察委员会来说，全部条线的工作是如何开展的，存在哪些困难和问题，如何解决这些问题，需要一个统筹抓总的部门，这是案件管理办公室应运而生的一个重要原因。通过实行案件集中管理，设立专门案件管理部门，能够有效整合内部管理的各项职能，办案信息得以畅通，检察长、检察委员会以及上级检察机关可以根据权限，及时、全面、准确、动态地了解各业务部门的整体业务情况，极大提高了领导的决策水平。其次，传统的案件管理模式不利于加强对司法办

案的监督。外部监督才是监督，自我管理叫制约，难以达到监督的效果。以条线管理为主的案件管理模式，办案部门既是管理主体，也是管理对象，自己监督自己，难免案件管理流于形式、走过场，导致案件质量下降。**通过案件集中管理，建立专门案件管理部门，具备与其他部门相对独立的地位，但又不介入办案，与案件办理结果无直接的利益关联，可以对办案程序实时动态监督，案件办结以后实行质量评查，从而在个案上，达成案件办理与管理、放权与控权的平衡。**再次，传统的案件管理模式不利于检察官的专业化办案。以条线管理为主的案件管理模式，检察官在开展证据审查、法律适用、案件处理等核心办案业务的同时，还要负责案件受理流转、涉案财物管理、律师接待、法律文书打印等事务性工作，牵扯了大量时间精力，不但办不好案，也办不好事务性工作。通过实行案件集中管理，把律师接待、受案登记、审查卷宗、制作法律文书等事务性工作移交给案件管理部门，来减轻办案人员的负担。在这种情况下，办案检察官就可以集中精力去办案，由专业的人干专业的事情，能够有效提高办案质量。最后，传统的案件管理模式不利于保障人民群众权益。以条线管理为主的案件管理模式，案件在自侦部门、侦查监督部门、公诉部门之间进行流转，辩护人、诉讼代理人前往检察机关办理事务时，往往搞不清该找哪个部门。"进不了检察院的门，找不到管事的人"，时间长了就觉得检察机关"门难进、脸难看、事难办"，影响了检察机关在人民群众心中的形象。通过设立专门的案件管理部门，建立案件管理大厅，让专门的人员在专门的地方服务人民群众，只要案件到了检察机关，辩护人和诉讼代理人不用考虑案件处于哪一个诉讼阶段，也不用考虑办案人员是谁，直接带着相关证明文件去案管大厅就可以办理递交材料、阅卷等绝大多数事务。群众办事的程序大大减少、办事的效率极大提高，很好地塑造了亲民、为民的检察形象。

正是基于这些因素的考虑，最高人民检察院启动案件管理机制改革。2003 年 6 月，最高人民检察院下发了《关于加强案件管理的规定》，要求推行办案流程管理、加强信息网络建设、完善办案工作考核等，是案件管理集约化的初始设计。2011 年 10 月 28 日，经中央编委批准，最高人民检察院正式成立案件管理办公室（以下简称最高检案管办），揭开了全国检察机关案件管理机制改革统一步调、全面开展的序幕。关于案件管理制度改革，当时的最高人民检察院党组高度重视，给予高度评价："**这项改革是检察机关内部的一项改革，也是近年来内部工作机制改革中最具革命意义的改革。不仅是办案方式改革，而且是一场思想革命。检察机关一直是监督者，一旦我们自己被监督，是否会真心实意接受管理、监督和制约？这真正是进一步对我们自己提出严格要求。**"

（二）中国特色检察机关案件管理制度起源于基层实践探索，具有深厚实践基础

从"条线管理"到"集中管理"，不是在办公室画出来的，不是拍脑袋想出来的，而是经历了多年的基层检察实践，是基层探索倒逼顶层设计，是基层驱动型改革。2003 年至 2011 年，各地检察机关针对传统案件管理模式存在的问题，不等不靠，主动作为，通过设立专门管理机构等方式，积极探索案件管理新模式，展现出案件集中管理的实践需求和生命力。

第一种模式是程序管理与实体管理兼顾、偏重程序管理型。该模式以

2010 年 1 月成立的山西省检察院案件管理中心为代表,在江苏、深圳等地检察机关也有适用,这种采取程序管理和实体管理相结合、以程序管理为主的案件管理模式,构建了案件程序管理、案件审查督查、案件运行分析评价、检察业务考评指导四大机制。工作中,通过统一审查受理和分配各类案件,审查开具、备案管理法律文书、对扣押涉案款物管理的监督等手段,监管案件进口与出口,促进执法办案活动依法规范进行;对案件质量的实体审查则突出重点案件,重点审查、督察和评查提出异议的不批捕、不起诉、撤回起诉等案件以及检察长批示交办、督办案件等,促进提高执法水平和案件质量。第二种模式是程序管理与实体管理兼顾、偏重实体管理型。实践中以率先探索这一模式的浙江省杭州市萧山区检察院为代表,吉林、辽宁、郑州等省市检察院也采取了这一案件管理模式。萧山区检察院在 2006 年成立案件管理中心,定位为检察业务综合管理部门和检察委员会日常工作机构,案管中心在检察长、检察委员会的领导下,对案件进行流程管理、质量监控,负责案件管理的指导、协调、检查、督导、质量评估等方面工作,实体管理具体是将每个案件确定为实体、程序、事务三类共 500 余个质量控制点,制定相应的质量检查标准,由案件管理中心对所有已办结案件进行质量评查;针对检查中发现的执法问题,撰写季度质量分析报告提交检委会专题会议讨论,并根据会议纪要实施督促检查;针对有信访、质量差错比较严重等案件,就个案实施专门评查,同时,将案件质量评查结果与承办人的考核晋升挂钩。第三种模式是程序管理型。以上海市检察机关的模式最具代表性,实行这一制度的主要还有哈尔滨、福州等地检察院。上海市检察机关设计开发了检察动态办案系统辅助流程办案,实行案件集中管理。上海市三级检察院均成立了案件管理中心，把案件统一归口管理、流程监控和统计分析作为案件管理中心建设的三项职能，统一收送案、统一分配案件、统一流程监控、统一信息查询，明确在案管职能定位上把握案件管理是程序性管理而不是实体管理，所关注的是检察机关各项业务工作在各个环节是否都得到了控制，单位、部门和岗位的职能是否得到了充分履行。检察长可以通过案件管理部门及时全面地了解检察机关全部业务情况，对办案进行统一指挥、协调、督办，使检察机关的整体优势和效能得到充分发挥。

最高检案管办在推进案件集中管理机制改革中，多次前往上海、山西、辽宁、深圳、郑州、杭州等地调研，了解案件管理探索情况，经反复研究，逐步建立涵盖程序管理与实体管理的案件管理机制。2012 年，在研发部署检察业务应用系统 1.0 过程中，主要参考深圳市的信息化建设经验，在深圳案件管理系统的基础上，升级为适用于全国检察机关的业务应用系统。**10 余年来，全国案件管理工作从探索到发展再到壮大，无不体现基层意愿，依靠基层力量，符合基层实际，这是案件管理工作的鲜明特征。**10 余年来，面对一轮轮检察机构、职责改革，面对一次次质疑和误解，案件管理工作能够蓬勃发展，展现旺盛的生命力，一个重要的原因就是，检察权规范运转需要这个职能，基层检察高效开展需要这项工作，大多数院领导、检察干警认同我们的工作，案件管理具有深厚的实践基础。

（三）中国特色检察机关案件管理制度，根据工作实际不断发展完善

中国特色检察机关案件管理制度不是与生俱来的，也不是一劳永逸的。

2011 年以来，检察机关案件管理工作从无到有、由弱到强，管理理念、管理方式、管理职责等，都发生了很大的变化，总体更加健全完善。

从时间先后来看，案件管理工作经历了以下几个阶段。第一个阶段，是探索发展阶段。这个阶段的时间区间为 2011 年至 2014 年，主要特征是明确案管职责、设置案管机构、建立案管队伍、完善基础设施、部署信息化平台等，为案管工作发展奠定坚实基础。第二个阶段，是规范完善阶段。这个阶段的时间区间为 2014 年至 2017 年，主要特征就是建立了案件流程监控、案件质量评查、涉案财物管理、检察业务考评、案件信息公开等一批案件管理工作制度，促进案件管理工作规范发展。第三个阶段，是全面深化阶段。这一阶段的时间区间为 2018 年至今，主要任务就是顺应司法责任制改革、检察机关内设机构改革等新形势，按照最高人民检察院党组的新理念新要求，提出案件管理工作思路、确定案件管理职能定位、明确案件管理主责主业、优化案件管理工作理念，为案件管理高质量发展指明了方向。

从重点工作来看，近年来主要有以下几件较为重要的事件：一是 2011 年 10 月，经中央编委批准，最高人民检察院设立案管办，是正厅级内设机构，综合业务部门，标志着最高人民检察院有了专司案件管理的机构；二是 2012 年 10 月，最高人民检察院案件管理大厅正式运行，正式受理流转最高人民检察院办理的案件，标志着案管部门统一受案的开始；三是 2013 年 12 月，检察业务应用系统 1.0 在检察机关正式上线运行，检察机关案件办理、案件管理、数据统计三项功能统一在一张网上运行，标志着案件管理有了有力的信息化平台；四是 2014 年 12 月，组织召开全国检察机关第一次案件管理工作会议，标志着最高人民检察院对案件管理工作的职责定位、工作思路、措施要求等已经明确；五是 2018 年 7 月，最高人民检察院第一次业务数据分析研判会商，标志着检察机关正式建立了业务数据分析研判会商制度；六是 2018 年底，提出"案－件比"评价指标，以人民群众满意度评价检察办案质效，标志着以"案－件比"为核心的检察机关主要业务评价指标体系的初步建立；七是 2020 年 11 月，成立中国法学会检察学研究会案件管理专业委员会，标志着案件管理理论研究工作的全面启动；八是 2021 年 9 月，组织召开全国检察机关第二次案件管理工作会议，明确了新时期案件管理工作思路，标志着案件管理工作进入新阶段。

回顾 10 余年案件管理发展历程，案件管理部门始终坚持"以不变应万变"和"以万变应不变"，在坚守核心职责的同时做到与时俱进，不断提升案管工作的影响力。在"以不变应万变"方面，面对司法责任制改革、检察机关内设机构改革等，我们始终坚持案件集中统一管理这一根本制度不变，保持战略定力，沉下心来办好自己的事。在"以万变应不变"方面，紧紧围绕提高办案质效这一根本目标不变，新增了信息化需求统筹、案件信息公开、涉案财物管理、人民监督员工作、检察听证管理、线索移送管理等职责，重点开展了业务数据分析研判会商、案件质量主要评价指标等工作，更加重视对检察业务的宏观管理，管理举措更加科学，管理效果更加良好。

四、案件管理的主要内容

经过多年来的发展，案件管理工作逐步形成了自身的工作体系，大致有 11 项职责，第一项是负责案件的受理、分流和对外移送审核。第二项是负责办案的流程监控。第三项是负责法律文书的监管。第四项是负责涉案财物的管理。第五项是负责辩护人、诉讼代理人的接待、联系等工作。第六项是负责检察业务数据的统计、分析、研判。第七项是负责具体个案的质量评查。第八项是负责信息公开。第九项是负责人民监督员工作。第十项是负责检察听证的管理。第十一项是负责业务信息化管理工作。此外，根据最高人民检察院党组安排，2022 年以来，最高检案管办还负责对最高人民检察院各部门业务工作的考核工作，在总分 100 分中，最高检案管办负责的案件办理情况占 20 分，成为部门考核的重要考量因素。对上述职责进行梳理的基础上，**最高检案管办提出了案管工作"一二三四五"的总体思路，也就是"一个定位、两项主责、三个理念、四化建设、五个体系"，擘画了案件管理工作的总体框架。**

（一）"一个定位"：检察业务工作的中枢

任何事物都有一个中枢，检察工作也是如此。最高人民检察院检察工作的中枢是办公厅，检察业务工作的中枢是案管办。

怎么理解这个定位？在检察机关，与业务直接相关的有三个主体：一是院领导，包括检察长、检委会；二是办案部门，包括检察官、检察官办案组等；三是具有管理职责的部门，包括政治部、案管办、检务督察局等。所谓检察业务工作中枢，就是案管办在这些主体中内外勾连、上下协调，促进业务工作运转有序、高效开展。

一是在对接院领导层面，案管办是院领导与其他办案部门之间的"总绳"。我们都知道"纲举目张"这个成语，渔民打渔用的渔网，中间都有一个"总绳"，也就是整个渔网的"纲"，把这个"总绳"提起来，整个渔网就可以收拢，以"总绳"为中心，渔网就可以顺畅展开。案管办就像院领导管理整个检察业务的"总绳"，院领导通过案管办，管理办案质量、办案流程、办案态势。院领导对业务工作的要求，可以通过会商会议等平台，传达到各业务部门，并由案管部门督促落实。各业务部门的管理建议，也可以通过案管办汇总到院领导。

二是在对接办案部门层面，案管办是办案部门的"诤友"。所谓"诤友"，就是能够直率坦言指出朋友的问题、真心帮助朋友的人。这个词出自《孝经》："大夫有诤臣三人，虽无道，不失其家；士有诤友，则身不离于令名。"案管部门对于办案部门，主要有服务、监督、引导三项职能。比如，通过统一受理流转案件、提供信息化需求、帮助查询数据等，承担事务性工作，服务办案部门集中精力办案；通过案件流程监控、质量评查等，监督办案活动，促进规范司法；通过以"案-件比"为核心的案件质量评价指标等，引导办案活动科学规范运转。

三是在对接专门管理部门层面，案管部门是其他业务管理部门的"伙伴"。政治部牵头负责对检察官、检察辅助人员、司法行政人员的考核，在业务考核方面如何考，设置哪些指标，就需要案管部门配合。检务督察部门负责对违纪违法办案行为行使监督职责，对于确定为错案的承办人，要根据是否违反检察职责，决定是否追究相关责任，这也需要案管部门通过质量评查，评出案件等次。我们已经跟最高人民检察院检务督察局联合印发了一个工作相互衔接的规范性文件，目的就是在职能上互相配合，共同做好业务管理工作。

（二）"两项职责"：监督和服务

案管职责经历了一个不断深入认识的过程。最初，案管职责界定为八个字：管理、监督、服务、参谋。后来，案管新的职能不断增加，管理、监督、服务、参谋之间也存在交叉和重复，不能全面准确界定案管职责。于是，我们经深入研究论证、广泛听取意见，在全国第二次案管工作会上提出"两项职责"，也就是监督和服务，具体包括"三大监督"和"四大服务"。

1."三大监督"

"三大监督"，包括对案件的实体监督、程序监督和数据监督。案件办理怎么样，总体上应该是程序合法、实体公正、效果良好，由于现在业务指导对于数据的要求越来越高，高质量的办案还应当包括数据准确。为此，**案件管理的主责主业就是对案件实体、程序和数据开展监督**。在实体监督方面，主要是案件质量评查，也就是对检察机关办结的案件，就办理情况开展评查，确定优质案件、合格案件、瑕疵案件和不合格案件的等次。2021年，我们结合政法队伍教育整顿，对各省级检察机关2018年以来评定的251件不合格案件进行专题分析，发现一些司法不规范问题，甚至是错案。如在一起非法持有宣扬恐怖主义物品案中，承办检察官未对案件视频资料进行审查，仅依据公安机关对视频证据的审查意见和截图，即予全部采信，将本不涉及恐怖主义、极端主义内容的视频错误计入时长，导致该案错误起诉后撤回起诉。在程序监督方面，主要是案件流程监控，也就是对检察机关办理案件是否遵守法定程序进行监督，我们已经上线了流程监控系统，通过信息化方式，对司法办案的每个流程节点开展全面、实时、动态监督，对于发现的程序性问题，通过口头纠正和发出《流程监控通知书》的方式，督促办案人员予以纠正。在数据监督方面，主要是业务数据检查，发现数据背后反映的司法不规范问题。**童建明副检察长指出："把数据搞准，是案管办第一要务"**。如在数据检查中发现，某地办理的一起行政公益诉讼案件，检察机关实际向教育局发出一份检察建议，但在系统中对一个学校立一个案，登记为 276 个案件，生成 276 个诉前检察建议数据。这种虚假、凑数的办案数据，对业务数据分析研判会造成很大误导，应坚决纠正。

2."四大服务"

"四大服务"，包括服务科学决策、服务司法办案、服务诉讼参与人和服务人民群众。在开展监督的同时，确立了"四大服务"，更好地开展案件管理。服务科学决策方面，主要是业务数据分析研判会商、以"案－件比"为核心的案件质量主要评价指标体系等，为领导科学决策提供服务和保障，如案管部门会同业务部门，对全国检察机关每季度、半年、前三季度、全年业务数据变化情况，深入开展分析研判，研究数据变化反映的业务运行存在的倾向性、典型性、异常性问题，2018 年以来，最高人民检察院已经开展了近 20 次会商，成为院领导宏观指导检察业务工作的重要平台。服务司法办案方面，主要是案件受理流转、涉案财物管理、业务需求统筹等。服务诉讼参与人方面，主要是当事人、律师接待，我们会同技术中心，在全国检察机关试点运行律师互联网阅卷系统，律师足不出户，在互联网上就可以阅卷，是律师阅卷的一次"革命性变革"，得到律师广泛好评。服务人民群众方面，主要是人民监督员工作、公开听证工作和案件信息公开工作等。

（三）"三个理念"：科学管理、能动管理、智能管理理念

管理学有一个观点：目标确定后，实现路径就成为关键。不同的工作方式，效率、效果自然也是天壤之别。案件管理也是一样，需要通过优化工作理念、转变工作方法，达到更好的效果。全国检察机关第二次案件管理工作会议提出了"科学管理、能动管理、智能管理"的理念，指导各地案管部门更加高效地开展工作。

1. 科学管理

科学管理，强调的是工作标准，指案件管理应当符合办案规律、符合管理规律、符合工作实际，最终把是不是提高了办案质效作为验证标准。比如，对于一些已经达到一定数量、已经切实"做起来"的工作，在设定评价指标时不再简单作"量"的排序，而是作更能体现"质"的考核，引导检察人员把主要精力放在提升质量上。本次修订案件质量主要评价指标，对14项指标设置了通报值，其中刑事检察"案－件比"除设置全国刑事检察"案－件比"通报值外，还分别对全国基层院以及刑事检察四个条线设置了通报值，业务指导更加具有针对性。还如，设置精准并且简便易行的业务评价、业绩考评指标和办法，既防止业务上的"躺平"，又不在管理上搞"内卷"。

2. 能动管理

能动管理，强调的是工作态度，要求案件管理积极适应检察工作大局，适应司法办案需要，自觉主动地开展管理和服务工作。比如，在业务数据分析研判方面，我们积极主动地开展工作，促进这项工作经历了业务条线纵向分析、全国业务面上分析、特定区域精准分析三个阶段，分析研判的

科学性不断提升。在第一阶段，主要对全国检察机关每季度、半年、前三季度、全年的业务态势进行分析。在第二阶段，我们认识到这种分析研判主要服务各个业务条线的工作，涉及不到各省检察业务情况，于是主动地对全国各省的业务态势进行比较分析。在第三阶段，我们认识到各省情况相差较大，统一比较不尽合理，于是针对直辖市、自治区以及东西部不同特点，开展更加具有针对性的分析。

3. 智能管理

智能管理，强调的是工作方法，就是要向科技要生产力，把"智慧案管"建设作为破解案管部门任务重、人员少难题的治本之策，从根本上提高案管工作质效。根据我们掌握的情况，全国检察机关有 3094 个市县院（占市县院总数的 86%）由多项业务合并组建的新机构履行案管职责，形成"上面千条线、下面一根针"的现实局面，多项职能叠加导致工作顾此失彼、厚此薄彼。市县院案管部门人员少、任务重的问题，是 10 余年来案管工作一直存在的"老问题"，也是检察机关各部门都存在的"普遍问题"，在相当长时间内很难解决，更不可能通过设立机构、增加人力等传统的方式予以解决，向科技要生产力是必然选择，智慧案管建设成为提高案管工作质效、破解履职难题的根本途径。为此，我们正在会同检察技术信息研究中心，开展"智慧案管"建设，从根本上解决这个问题。

（四）"四化建设"：职责履行规范化、体制运行一体化、工作保障信息化、队伍建设专业化

案管"四化建设"，是根据中国式现代化、检察现代化来擘画案管工作

的现代化。

一是职责履行要规范化。案件管理是监督服务别人的，目的是让别人规范。但是，让别人规范，首先要自己规范。其身正，不令而行；其身不正，虽令不行；就是这个道理。**管理必须有约束，管理必须有更高的标准、更高的要求，规范化是管理的生命**。因此，必须要加快形成案件管理的制度体系。案件流程监控、质量评查、分析研判、评价指标运用、数据检查等工作，都要有制度规范。不仅要有宏观的制度规范，还要制定操作性强的实施细则，让大家按照规定就能够开展工作。案管工作不能总是走"师傅带徒弟"的传统方式，而是要有保存下来的制度文件、操作流程图，新进人员才能够很快地学习执行。

二是体制运行要一体化。案管部门上下左右要一体，实现"纵向指导有力，横向协作紧密"，上对下要有指导、有评价；横向要有相互配合、相互协作。最高检案管办是全国案件管理部门的最高业务指导部门，是龙头，必须发挥上对下的有力的业务指导作用，把最高人民检察院党组的要求部署传达、落实到各级案管部门。省市两级院案管部门也要有强有力的业务指导，不能只横向管理本院案件，没有上下级院的纵向业务指导。横向协作紧密，是指同级检察院案管部门之间要加强横向协作，相互支持配合工作，相互学习参考借鉴好的工作经验、做法，就像陕西咸阳市院案管部门搞了一个专题分析，比如醉驾或者两抢一盗的分析，西安市院案管部门就可以借鉴参考，借鉴参考以后加上本地特色。各地互相可以"抄作业"，但是不要全抄，文雅点讲就是相互参考借鉴，这是相互协作紧密的重要方面。最高检案管办开通了一个电子文库，各省的经验做法、分析研判报告、领导的讲话、规范性文件都放在一起。文库是向全国开放的，大家可以相互学习，这就是横向上的协作紧密。

三是工作保障的信息化。检察机关内设机构改革后，"四大检察"全面发展，各部门都缺人，职责都很饱和，不可能给案管部门增加过多人手。但工作任务完成时间、完成标准又是硬要求，是求极致的要求，不会因为人少而降低要求标准。所以，我们只能在深挖自身潜力上下功夫，在依托信息化上下功夫，通过信息化的方式减轻人力负担。比如分析研判报告，通过人力的话，需要核查上千个数据，再进行数据与数据的对比，当然费时费力。湖北检察机关正在适用的数据分析研判平台，能够自动一键生成综合分析报告、专题分析报告，我们在此基础上修改完善，能节省 30% 的人力，对我们的工作会有非常大的帮助。最高检案管办正在协调引进这个软件，减轻工作负担。

四是队伍建设的专业化。全国 18800 多名案管人员，要建设一支专业化的队伍，就要通过竞赛、实战演练、岗位练兵等方式来强化。我们在2020 年举行了一次全国性的竞赛，2022 年举行了一次业务数据分析实战演练，实战演练实际也是竞赛。2023 年最高人民检察院还搞了一次质量评查培训，现场提供一本卷宗，选手把案件质量评查出来。练兵要实战化，不能坐而论道，分析研判报告也是三个小时内写出来，我们当场点评，当场评出先进。

（五）"五个体系"：业务指导、评价、管控、保障和外部监督体系

这个问题涉及案管工作自身发展的格局。根据全国检察机关第二次案

件管理工作会议要求，我们计划健全业务指导、业务评价、业务管控、业务保障、外部监督于一体的案件管理体系。

一是建立以业务数据分析研判为引领的业务指导体系。2018年以来，我们建立了业务数据分析研究会商机制，为业务工作把方向、定基调、纠偏差，成为检察机关开展案件管理和发挥法律监督作用的新业态，是更高层次的业务管理和监督。

二是建立以"案－件比"为核心的业务评价体系。近年来，我们以"案－件比"评价指标为核心，设立案件质量评价指标和检察官业绩考评指标，形成了一套对院、对条线、对检察官个人的立体化业绩考评体系，以此引领检察办案求极致，效果非常明显。

三是建立以案件办理全过程为对象的业务管控体系。最高人民检察院推行案件管理机制改革，最基本的要求就是实行案件集中管理，从受理到办理，从审结到公开，各个阶段都要处于科学的管理中。从司法实践看，这一基本要求并未全面落实，仍然是一项基础性工作。

四是建立以人民监督员工作为重点的外部监督体系。长期以来，案管部门主要定位为内部制约监督部门。2014年以来，案件信息公开、人民监督员工作、公开听证管理相继划归案管部门负责，案管部门的工作方式发生了微妙的变化，引入了外部监督力量，把外部监督转化为内部监督，对于监督检察机关办案程序起到了事半功倍的效果。

五是建立以检察业务应用系统为主平台的业务保障体系。信息化建设是案管工作高质量开展的保障，高质量的业务指导、业务评价、业务管控、外部监督等工作，都要靠信息化予以实现，案管部门"事多人少"的顽瘴痼疾，也需要通过信息化方式予以解决。当前，最高人民检察院正以检察业务应用系统为平台，启动"智慧案管"工程建设，建设知识化的流程监控系统、基于大数据的智能案件质量评查系统、新型检察业务数据管理系统、全息化的案件信息公开系统、实时动态的业务需求管理系统、人民监督员一体化管理系统，从根本上提高案管工作能力。

五、案件管理的基本特征

中国特色检察机关案件管理，是在检察工作中产生、与检察办案相适应、随着检察改革不断丰富完善的一项制度机制，总结起来大致具有以下几个基本特征，概括起来就是"四个统一"。

（一）在管理主体方面，案件管理是专门管理、集中管理和同级管理的统一

检察机关设立专司案件管理的部门，集中负责案件管理工作，对同级部门的办案情况进行监督服务，**这种专门管理、集中管理和同级管理的一体化，是案件管理在主体方面的特征，也是中国特色检察机关案件管理制度最大的特征。**

首先，案件管理是专门管理。案件管理工作涉及方方面面，事务性工作多，任务琐碎繁杂，由多个部门分散行使会产生很多问题，必须设立专门部门统一做好案件管理，这是案件集中管理机制改革的初衷。当前，大多数检察院都有专门的部门承担案件管理任务，规模特别小的基层院，也应当指派专门的人员从事这项工作，否则就会走传统"条线管理"的老路。

案管工作的"专门"，指的是案管部门的主责主业是案件管理，并不否认其他部门也可以开展相应的案件管理工作。比如，办案部门既负责办案也负责管理，但其主责主业不是管理。案管部门是业务工作的中枢，是专门承担检察长、检委会宏观业务管理的机构，是专门统筹协调全院业务管理的机构，这里的"专门"主要体现在上传下达、协调各方、督促落实。

其次，案件管理是集中管理。就是全部的个案，都要由案件管理部门来集中管理，主要通过受理、流程监控和质量评查等方式实现。当前，有些案件并不是案管部门受理的，控申部门、办案部门等也受理一部分案件。如果案管部门不掌握这些案件的受理、办理情况，就无法进行有效的流程监控，管理就流于形式。因此，我们在全国检察机关第二次案件管理工作会议上提出，全院办理的案件由案管部门统一受理，暂时不能统一受理的，也要通过备案等方式告知案管部门，方便案管部门集中掌握情况、开展管理。

最后，案件管理是同级管理。典型意义上的监督，是上对下的监督，也是最有效力的监督。案管部门与办案部门是平级关系，这种监督是同级监督。不少地方反映案管工作难度较大，办案人员有抵触情绪，就有这方面的原因。一些案管人员建议提高案管部门的级别，但目前从检察机关职责配置来看并不现实。大家要认清案管工作的同级性，树立双赢多赢共赢的理念，强化在服务中监督的理念，通过转变方式，改进监督效果。同时，对于严重违反办案程序，以及实体违法的问题，可以通过报告检察长，报送上级院案管部门等方式，变同级监督为上级监督，达到更好的工作效果。

（二）在管理职责方面，案件管理是监督和服务、实体监督和程序监督、内部监督和外部监督的统一

案件管理职责概括起来分为监督和服务，具体为"三大监督"和"四大服务"。监督和服务职能只是职责类型上的区分，内在是相通的，监督中的各项职责、服务中的各项职责也是相通的，我们在履行案件管理职责时，要注意各项职责的互相联系，相互促进，一体化地做好工作。

首先，监督与服务并重。监督与服务都是案管工作非常重要的职能，在促进检察权规范运行方面都发挥着重要作用，单纯地肯定一方否定一方都是不恰当的，特别是在内设机构改革后，"四大检察"是检察机关的主责主业，我们作为案管部门，服务"四大检察"并无不妥，在这方面还是应当具有正确的认识。童建明副检察长在第二次全国检察机关案件管理业务竞赛的讲话中，特别强调，**管理的本质就是服务，高效的管理必须依托于优质的服务。要求各级案管人员心系检察工作全局，寓管理于服务之中，通过有效服务助推检察工作全面发展。**所以，在监督与服务关系方面一定要有定力、有自信，要认识到监督是我们的主责主业，对于程序监督、实体监督、数据监督，任何时候都不放松。同时，要改变监督的理念，根据现代的管理学理念，更高级的管理是以服务的形式提供的，要让被管理对象心悦诚服地接受管理。要强调的是，**在处理监督与服务的关系时，既要有两点论，也要讲重点论，这个重点，就是监督。也就是我们心中要始终牢记案管的主要职责是监督，立身之本是监督，绝对不能为了服务而服务，不能把自己淹没在纯粹的事务性工作中。**

其次，程序监督与实体监督并重。实体准确、程序公正是案件办理的

基本要求，也是案件管理的重要方面。在对办案程序的管理中，案管部门通过案件流程监控，对检察机关在办案件的办理期限、文书适用、涉案财物处置、强制措施适用等进行管理，对于违反办案程序的行为，可以发出口头纠正或者流程监控通知书。如最高检案管办每半年对各业务厅的办案情况进行通报，做到规范办案程序。在对办案实体的管理中，案管部门通过案件质量评查，对检察机关办结案件的证据适用、法律定性等问题进行管理，发现和纠正实体处理中出现的问题。当前，各地在开展案件管理工作中，普遍存在重程序管理、轻实体管理，重琐碎性问题、轻重大问题的现象，一些地方主要开展案件受理分流、流程监控等工作，不开展或者少开展案件质量评查，发现的问题多是文字错误、格式错误等，很少发现实体处理方面的错案。根据最高人民检察院案件质量评查规定，对于重点评查案件，比如批准或者决定逮捕后作不起诉处理，或者提起公诉后又撤回起诉，或者人民法院判决无罪、免予刑事处罚的案件，要逐案评查；对于普通案件，每位检察官每年被抽查的案件数不少于本人当年办案量的百分之五，且最低不少于两件，这些要求在不少地方并没有得到很好落实。希望大家更加全面地理解案件管理的职能，把更多的精力用于案件质量评查上来，这是体现案管权威和影响力的重要途径。

最后，内部监督与外部监督并重。按照案管职能包含的外部因素成分，案管工作可以分为单纯的内部监督、内外部有机结合的监督。长期以来，无论是案件流程监督、实体监督还是数据监督，都是单纯的内部监督，是一种检察机关内部各部门之间的监督和服务关系。但是，2014年案管部门开展了案件信息公开工作，2018年人民监督员工作划归案管部门负责，

2019 年建立按季度常态化公开检察业务数据机制，2022 年检察听证管理由案管部门负责，案管部门的工作方式发生了较大变化，开始引入外部监督力量，促进监督检察机关办案活动。严格来讲，人民监督员工作、公开听证工作属于检务公开的范畴，主要依靠外部监督力量促进规范司法。案件信息公开和业务数据公开也有引入外部监督的性质，公开了案件办理节点和承办人，当事人就会主动关注案件办理情况，倒逼办案人员严格规范司法。工作中，对于一些重大的司法不规范问题，特别是比较严重的程序性问题、实体性问题，以及有争议的问题，案管部门和办案部门的意见并不完全一致，刚性地开展监督往往容易事与愿违。但是，如果能够引入外部监督的力量，通过人民监督员、公开听证、案件信息公开等方式，把这些问题亮出来，办案部门就会非常重视，就会更加自觉地开展整改，达到双赢多赢共赢的目的。

（三）在管理对象方面，案件管理是针对宏观态势和微观个案、管理案件和服务检察官、办案质量数量效率效果的统一

检察机关案件管理的对象经历了一个由简单到复杂的发展过程，最初的案件管理主要针对个案的管理、对效率的管理、服务检察官的管理，经过多年的发展，当前案件管理的对象既包括个案也包括整体业务运行态势，既包括案件也包括服务检察官，既包括效率也包括质量和效果。

首先，案件管理是针对宏观业务态势和微观个案的管理。**案件管理工作可以大致分为宏观管理与微观管理**。宏观管理是指通过数据或指标，对某一区域、某一条线、某一检察院整体办案态势进行评价、指导，以发现

倾向性、苗头性问题，提前作出应对，比如业务数据分析研判会商、案件质量主要评价指标等。微观管理是指通过办案流程、办案卷宗等，对具体个案的办理程序、处理结果等进行管理，以评判个案办理优劣，比如案件质量评查、案件流程监控等。**一般情况下，宏观管理和微观管理是统一的。一个检察院的个案办得好，整体业务就会呈良性态势；整体业务态势好，也反映大部分个案办理规范。但是，宏观管理与微观管理也有本质区别，特别是宏观管理的方法和结论，并不完全适用于微观管理的个案。这一点必须高度重视，绝不能照搬照抄。**比如，一个检察院民事提请抗诉案件采纳率、民事抗诉改变率偏低，并不必然反映具体民事检察案件质量不高。因此，案件管理部门在工作中，需要把宏观管理与微观管理结合起来，进行分层次的、有针对性的、精细化的监督和服务。比如，"案－件比"总体上是一个宏观管理指标，可以评价一级院、一个条线办案质量和效率，但这一结论并不适用于个案。在评价个案的办案质量时，需要引入案件质量评查的微观管理措施，根据案件的难易程度、重大复杂程度等，分析退回补充侦查、延长审查起诉期限等行为是否必要，确定其中的"件"是否"空转"，从而实事求是地评价办案质量。

其次，案件管理是监督办案和服务检察官的管理。案件管理包括监督和服务，但在履职对象方面有所不同。**案件管理部门监督的对象是案件而不是检察官，因此需要技高一筹、敢于监督；服务的对象是检察官而不是案件，因此需要优化理念、改进方法。**在监督办案方面，通过受案审查、流程监控、质量评查、结案审核等职能，实现对司法办案从入口到出口的"闭环"管理，加强对司法办案数据、实体、程序的全面管理，以管理促进检察权规范运行。在服务检察官方面，主要是承担涉案财物管理、律师阅卷、案件受理、文书管理等事务性工作，服务检察官集中精力用于审查案件。不同的管理对象，需要案管部门不同的工作要求，不能混淆。比如，在监督案件时，要敢于监督。监督者与被监督者从来都是矛盾对立的，案管工作是得罪人的工作，如果当"圆滑官""老好人"，案管工作是做不好的，只有敢于担当、勇于监督，案管工作才能开展得好。在服务检察官时，要讲究工作方法，要热情细致地做好各项服务工作，更好地服务于"四大检察"，"四大检察"的高质量发展，成功不必在我，但成功必定有我。

最后，案件管理是针对质量、数量、效率、效果的管理。我们评价案件办得好，标准是"质量第一、效率效果并重"，质量是根本、效率是保障、效果良好是目标。修订后的案件质量主要评价指标，都是一些比率的指标，充分体现了质量第一的导向。有的人员提出，单纯的质量指标并不能全面、客观地反映整体办案质量和司法办案水平。如某院只提出 1 件抗诉案件且得到改判，改判率为百分之百，而另一院提出 10 件抗诉案件法院改判 9 件，改判率为 90%，不能简单地认为前者抗诉案件质量高于后者。其实，如果我们认真研究现行的评价机制，就会发现评价对象既有质量效果，也包括数量和效率。在这里给大家介绍一下案件质量评价与检察官业绩考核"两大指标"的关系。案件质量评价评的是一个地区、一个部门办理案件的力度、质量及效果；检察人员考核考的是除办案工作外，还包括办案之外的德、能、勤、廉等各方面。不要把案件质量评价结果直接运用到检察人员考核，而是根据案件质量评价指标宏观层面反映的业务态势、办案质量状况，调整检察官业绩指标项目、分值，将压力分解、传导至每一位检察官，引导检察官把案件办到极致。

（四）在自身建设方面，案件管理是管好案件和管好管理的统一

无论是"三大监督"还是"四大服务"，主要说的是对案件的管理。其实，案件管理部门还存在一个管好管理的问题。"管好案件"依赖于"管好管理"，"管好管理"的成效体现在"管好案件"上。案件管理是一项专业性很强的工作，案件管理人员不能"高人一等"，但要"技高一筹"。在当前情况下，检察工作全面展开，"四大检察"工作任务都很繁重，每个条线都案多人少，在案件管理条线"设机构、增人员"等并不现实，还是应当在重自强上下功夫，通过"管好管理"，深挖自身潜力。2022年上半年，最高检案管办制定了《案件管理工作主要评价指标（试行）》，研究提出6项案件管理工作主要评价指标，并定期对案件管理工作主要评价指标数据情况进行统计通报，激发案管人员的工作积极性、主动性，突出解决案管人员干与不干一个样、干多干少一个样、干好干坏一个样的问题。各地检察机关案件管理部门要高度重视评价指标的应用，围绕评价指标抓好各项工作的调整部署，既要突出重点案管工作，又不能唯指标论，全面履行案件管理职责，促进案件管理工作整体进步。

六、案件管理的发展前景

未来案管工作应该如何发展？案件管理工作10余年的经历，已经让

我们建立了一个比较完善的、系统的、相对科学的构架体系，从总体的思路、职责、中枢的定位、理念体系等，应该已经有一个比较科学的、正确的方向。案管工作的未来发展应该在落实上，在细节上，在具体化精细化上下功夫。我们在战略上已经确定，不要动不动就翻烧饼，不要动不动就在战略上做改变，要把重心放在战术上。所以第二次案件管理工作会议明确的就是战略，不能变来变去。案管工作未来发展应该是重点抓好以下几个方面：

（一）分析研判要实效

分析研判存在着一些突出的问题，即"四重和四轻"。一是重综合分析研判，轻专题分析研判。在这一点上，未来要在综合分析研判的基础上重视专题分析研判，要进行那些跨时较大间隔、跨度覆盖多个领域的专题分析。比如，对刑事案件进行了30年的分析，对未成年人犯罪的案件也是30年分析，对单位犯罪进行了3年的专题分析。专题分析是基础，要多往这个方向用力，特别是要借用大数据进行分析，专题分析对解决专门问题、促进社会治理具有重要作用，一定要重视和加强。二是重数据变化，轻背后业务工作。现在许多地方搞业务分析的时候只点出上升下降这种数据变化，只摆数据，没看见分析，没有看见分析数据变化背后的业务工作的变化及其原因，一定要透过现象分析本质，要通过数据变化分析存在问题，要通过问题分析背后原因，要通过原因分析查找对策措施，这才是业务数据分析而不是统计分析。三是重展示成绩，轻指出问题。许多分析研判，先把成绩表扬一大堆，对问题蜻蜓点水。分析研判，应该是成绩要指出来，但要以问题为导向，重点要分析问题，分析找到倾向性、典型性、异常性的问题。四是重会商的过程，轻督促落实。这是一个突出问题，会商工作措施不落实，会商就没有价值和意义，我们要经过分析研判，找出问题、提出解决措施并落实到位。最高人民检察院每次会商以后，我们都专门写一个纪要，哪些问题做了哪些部署，分到各厅，等到下一个季度再开会的时候，要把各个厅贯彻落实情况再写一个报告，放到这次会议上督促落实，没有督促落实的会商就是走形式。

（二）指标运用的科学化

现在质量评价指标体系还存在着这样那样的问题，还没有做到完全科学。未来，一是要建立常态化指标和动态化指标两类不同的指标，常态化指标原则上不再变，动态化指标是随着时间的推移而变化。二是要建立业务指标与管理指标相结合。有的是业务指标，有的是管理指标。三是要建立部门指标和通用指标，部门指标是只有某一个部门用，通用指标大家都能用。四是要建立中性的、正向的、负向的指标，有的是中性的，不能说好与不好，有的是正向的，应该是越高越好，有的是负向的，应该是越低越好。当然正向和负向指标就要设置通报值，达到一定程度了，就不再通报了，把精力放在集中提高办案质效上。五是要建立核心指标和组合指标相结合。有的是核心指标，有的是组合指标，要有不同的价值取向和用法。建立不同类型的指标，目的是让质量评价指标更加科学，更加符合检察业务实际。

（三）质量评查全覆盖

检察机关办理的每一个案件，未来都应该进行评查。由于案管部门人员少，任务重，评查要向科技要生产力。对那些三年以下的、轻缓刑的、公检法意见一致的、当事人没有申诉上访的案件，全部通过机器来评查。因为这些案件占到了绝大多数（80%以上），而这些案件本身也应该都是合格的案件（这些案件都未经评查直接归档）。我们要设置不同的评查节点、评查的标准，主要是对案件程序进行评查，特别是发现这些案件的瑕疵、问题，自动生成评查报告。因为检察机关本身90%以上的案件应该都合格，这是毋庸置疑的，若案件中20%都是不合格案件，那就麻烦大了。对机器评查的案件，要进行抽查，比如5%的比例进行人工核查。对那些捕后不诉、撤回起诉、判无罪和免予刑事处罚的，以及反复上访的申诉的这些案件，要实行逐案的人工评查。通过这两种评查方式，目的就是要做到对所有的案件进行评查全覆盖，实现每一个案件归档前必须确定是否合格、优质、瑕疵、不合格的等次标准。

（四）流程监控的智能化

应该说，流程监控是案管部门能够成立的一个重要诱因，最开始的案管职能就是流程监控。但是现在流程监控流于形式、走过场的问题非常突出，虽发现问题、提出了意见，但最终的效果不好。最高人民检察院流程监控应该还是不错的，几乎每周都能发现几个省院报送的一些案件的问题。但是基层调研时，很少有对流程监控提出问题的。而且流程监控的许多问题都是一些瑕疵，一些工作不规范，比如错别字等，而对一些办案超期、多延多退等严重问题，基层又不敢提意见，怎么办？不论是流程监控发现的小问题，还是大问题，都要监督，而这种监督就依靠智能化。通过智能软件，可以自动发现、自动反馈、自动处理、自动提醒、自动纠正办案程序存在的问题。业务部门也不会认为案管部门是找茬了，是机器告诉你哪份文书制发错误，哪个办案环节超期了。如果不纠正，下一个办案环节可能就走不下去。

（五）数据检查常态化

业务数据是业务工作的反映，是业务管理的基础。基础不牢，地动山摇。个别地区为了数据排个"好名次"，脱离办案制造数据。在第一季度的业务数据分析研判会商中，一个地方的检察院生成了针对同一单位、内容相同、文号不同的 90 份检察建议书，生成 90 个统计数据，实际上发送了 1 份检察建议书，这就是办案不规范、是数据造假。因此，**一定要强化"填录数据就是办案"**的理念。进入新时代，党和人民给予检察官很高的荣誉和待遇，也提出了更高的要求。办案不能仅停留在审查证据、适用法律上，还应包括数据填录、信息公开等。基于此，最高人民检察院制定的《检察业务数据管理办法》，确定办案检察官承担数据填录的指导、审核责任和最终责任。办案数据绝不能造假，要开展日常检查、常态化检查。通过最高人民检察院的数据检查常态化，会倒逼省院市院和基层院也要每季度进行检查。数据检查靠什么？也靠智能，目前正在研制这个软件，做到每一个季度检查 100 万个数据，然后对全国各个省业务数据准确率进行通报，效果良好。

（六）律师阅卷多元化

现在律师阅卷有三种方式。第一种方式是现场阅卷，第二种方式是互联网阅卷，第三种方式是异地阅卷。对非涉密的案件，非涉政的案件，通过互联网的方式进行阅卷，应该说现在全国都已经实行了。互联网阅卷，让律师足不出户就实现阅卷，受到了广大律师的欢迎。对涉密案件、暴恐等一些特殊的案件，采取异地阅卷，就是律师可以在他所在地的检察院的案管部门进行阅卷。所在地检察院案管部门跟律师所承办案件的那个院的案管部门进行沟通，通过我们的内网进行阅卷，这项工作各地也初步开展起来，但是还没有完全规范。应该说这种阅卷方式占我们阅卷的一个相当的比例。最后是现场阅卷，就是不管互联网阅卷、异地阅卷这两种阅卷方式怎么方便，我们也不能取消线下阅卷。因为人与人的交流，检察官与律师的交流，可能对律师阅卷更有意义。有的律师跟我讲，他承办本地的案件都到检察院进行阅卷，希望我们千万不要因为改革而取消现场阅卷。

（七）理论研究要深入

理论是实践的引领，正确的理论可以使工作摆脱低水平徘徊，丰富的理论可以更好地凝聚共识、推动工作。检察机关未检工作近年来发展这么迅速，一个重要的原因就是学界有一批专家学者支持未检工作，为未检工作鼓与呼。但是，与"四大检察"相比，案件管理工作是一项新生事物，理论基础相对薄弱，案管人员事多人少，无暇也无力开展理论研究，高等院校对案管工作关注不多，导致案管理论研究先天不足、后天乏力，难以得到长足发展。当前案件管理理论研究有这么几个平台，一定要用好、真正发挥作用。一是案件管理专业委员会。这是案件管理理论研究最重要的"阵地"，各省级院案管部门负责人、理论研究骨干都是理事。二是案件管理研究基地。最高人民检察院在中国人民大学法学院建立了案件管理研究基地，发挥专家学者在理论研究中的优势。三是《检察业务管理指导与参考》《人民检察》《中国检察官》《检察日报》等公开发行刊物。《检察业务管理指导与参考》每两月一辑，是案管条线最权威的理论研究用书。最高检案管办也与其他几个公开杂志建立了沟通机制，可以推荐优秀文章。四是案件管理教材。目前最高检案管办正在组织编写案件管理教材，争取早点出版。通过理论研究，逐步建构起具有中国检察特色的案件管理理论体系。

（八）管好管理的精细化

"管好管理"是最高检案管办最近一段时间高度重视、深入研究的一项工作。但是，各地对这种考评也提出了一些意见建议，如何规范完善，促进考评更加精细化，是下一步重点考虑的工作。对下考评总体上要把握以下几点，一是坚持正确的考评导向。最大限度地调动各地案管人员的工作积极性，发挥考评工作的积极作用，防止因导向偏差给工作带来消极作用和负面影响。二是遵循案管工作规律。充分认识案管职责的复杂性以及地区因素的差异性，综合运用多种手段和方式开展考评，重视考评又不完全依靠考评。三是定量评价与定性评价相结合。在充分发挥定量评价积极作用的同时，将定性评价纳入考评机制，增强考评工作的针对性、科学性和全面性。四是考评方式要便捷。能自动抓取，不需要下级院填报。合理控制指标数量，尽量不增加下级院考评负担。应该说，这项工作刚刚起步，无论是考评的方式、考评指标的种类，还是结果的运用等方面，都需要不断地健全完善。各地要结合本地实际，认真做好对辖区内案管工作的考评，调动案管人员主动性、积极性，防止"躺平"，不能"干与不干一个样""干多干少一个样""干好干坏一个样"。

（九）队伍建设的专业化

一是加强专业化人才的塑造和培养。最高检案管办已建立专门的案件管理的专业人才库，含理论研究、质量评查、分析研判、流程监控、业务信息化人才等，并制定专门培养规范。二是加强专题培训。比如2022年组织分析研判专题培训从不同的角度讲分析研判，从领导的角度，从写分析研判报告的角度，从各业务部门的角度，从宏观上从微观上一人讲、二人谈、三人议，从不同角度、不同对象把这个分析研判工作研究透、培训好。一个专题研究透后，下次再换另一个专题，不搞那种拼盘式的培训（举办一次案管培训，讲讲纪律，讲讲分析研判，讲讲流程监控，讲讲人民监督员工作，都讲了，又好像都没讲，每个都是浅尝辄止），2023年组织质量评查专题培训、业务信息化专题培训，通过专题培训提高专项业务能力，并把培训课件发下去，不搞重复培训。三是加强案管专业能力建设。主要是六大基本能力：政策把握能力、法律适用能力、数据统计能力、分析研判能力、程序监管能力、质量评查能力，就是要提高专业水平，我们既要做检察业务的"全科医生"，也要做案件管理的"专科医生"。案管工作不能高人一等，但要技高一等，这样在监督中才会有底气，兄弟部门的检察官才会服气。

第二讲

正确理解和适用案件质量主要评价指标[*]

2023 年 3 月,最高人民检察院印发了新的《检察机关案件质量主要评价指标》(以下简称《评价指标》),这是对 2021 年 10 月出台的《检察机关案件质量主要评价指标》(以下简称 2021 年《评价指标》)作了修订。下面,我就如何正确理解和适用新修订的评价指标与同志们进行一次交流,主要有 4 个方面。

一、研制案件质量主要评价指标的时代意义

说起案件质量主要评价指标体系,就离不开检察机关业务考评。一个单位,一个部门,工作开展得好坏,总要有个评价。地方党委政府的评价基本上就是 GDP。一个企业发展得好不好,评价指标是利润。那么,我们检察工作开展得好不好,怎么评价?

---

* 本讲内容根据 2023 年 4 月全国检察机关《检察机关案件质量主要评价指标》电视电话专题培训班讲课稿整理。

将绩效考评引入检察业务管理，最初源于地方检察机关的试点实践，后逐步扩展到各省级检察机关。随后，最高人民检察院个别业务部门开始对下条线考评。比如，大家熟知的，国家监察体制改革前反贪部门建立了一套包含立案数、撤案数等在内的考评指标，引导条线履职质效提升，从反贪开始，最高人民检察院的其他业务部门也逐步开展业务评价。从 2009 年开始，最高人民检察院就着手研究制定统一的业务考评制度。业务考评应该说是一个逐步发展、逐步完善、逐步修正的过程。主要经历三个阶段：

第一阶段（2009 年至 2010 年），"1000 分量化考评"阶段。最高人民检察院经过一年的研究论证，出台了《最高人民检察院考核评价各省、自治区、直辖市检察业务工作实施意见（试行）》《最高人民检察院考核评价各省、自治区、直辖市检察业务工作项目及计分细则（试行）》，明确了这一时期考评工作：一是由最高人民检察院统一对各地检察业务进行考评，力图解决当时存在的考评机制不统一、考评体系不完整、考评项目不协调、考评方法不合理等突出问题；二是详细规定了一套考评各省级院检察业务的指标体系，包含四大类工作 47 项指标，每类工作设置最高评价分，总计1000 分；三是考评项目多数采取人均数量的方式，用以均衡地区间案件数量差异；四是最高人民检察院对各地区的检察业务采取综合考评模式，将各业务部门工作情况纳入整体评价中。文件规定的考评项目对各地的影响非常大，有的地方至今仍在参考。优点是进行量化考评，进行排序，一目了然。缺点是指标不全面，计算复杂，且分数不易审核，正是因为第一阶段存在一些不足，所以马上就过渡到第二阶段。

第二阶段（2011 年至 2013 年），通报"主要统计数据"阶段。2011 年

4 月，中央政法委出台了《关于建立健全政法机关执法办案考评机制的指导意见》。同年 9 月，根据中央政法委的意见要求，最高人民检察院制定下发了《关于进一步建立健全检察机关执法办案考评机制的指导意见》，明确提出 1000 分的指标体系不再实行，改为定期通报各地检察业务主要统计数据，包含五大类 79 项指标，突出检察业务工作的主要方面，关注工作力度、质量、效率、效果等。各省级院按照最高人民检察院的指导意见，结合实际普遍开展考评工作。优点就是考评更加全面，突出了力度、质量、效率、效果等各个方面。存在的不足是，难以横向比较工作的优劣，同时存在一定程度上的重数量、轻质量问题。

第三阶段（2014 年至 2019 年），通报"检察业务核心数据"阶段。2014 年初，最高人民检察院再次出台《关于进一步改进检察业务考评工作的意见》，这一时期考评主要特点是，针对当时不同程度存在的重数量轻质量、重内部评价轻社会评价、重量化排名轻分析整改等问题，进一步完善检察业务考评内容，主要包括检察业务核心数据、案件质量评查情况、落实上级检察院重要业务工作部署情况、社会评价情况等。通报核心业务数据，而核心业务数据基本上是一个业务部门大概 3 个，把原来第二阶段的 79 项检察业务主要统计数据精简为 26 项核心业务数据。在第三阶段，大家更重视的是核心业务数据，而核心业务数据许多都是具体的数据项，主要通过相关办案活动的数量来反映办案的力度、质量、效果。

第四阶段（2020 年至今），"案件质量主要评价指标"阶段。近几年来，中央反复强调推进经济社会高质量发展。最高人民检察院党组也提出，要以检察工作高质量发展，服务保障经济社会高质量发展，为人民群众提供高质量的检察产品、法治产品。正是在这一背景下，2019 年，最高人民检察院党组要求组织研制办案质量评价指标，以促进和引导全国检察机关提高办案质量。最高人民检察院专门针对案件质量研制评价指标，在考核评价历史上还是第一次（2011 年、2014 年两个意见都不是专门针对案件质量的）。随着检察机关系统性、重塑性内设机构改革的深入发展，"四大检察""十大业务"新的法律监督格局已经形成，原有业务评价体系已经不能适应新时期检察工作需要，最高人民检察院正当其时，组织研制检察机关案件质量主要评价指标。2020 年 1 月，最高人民检察院检委会审议通过了《检察机关案件质量主要评价指标》（以下简称 2020 年《评价指标》），建立了以"案－件比"为核心、包含 87 项具体指标的案件质量评价指标体系，涵盖"四大检察""十大业务"主要案件类型、主要办案活动、主要诉讼流程，以及立案监督、直接受理侦查案件、抗诉、纠正意见、检察建议等所有检察监督方式。2021 年 10 月，对 2020 年《评价指标》进行了修订，修订后的 60 项案件质量主要评价指标，更加突出质量导向。2023 年 3 月，又对 2021 年《评价指标》进行了修订，修订后的指标为 46 项，评价方式总体更加科学。

从以上发展脉络可以看出，**检察机关的业务评价机制一直是随着形势发展变化而不断与时俱进，特别是从原来的对下考评到目前的业务评价，发生了本质变化，应该说是越来越合理，越来越贴近实际。**《评价指标》实行以来，充分发挥了指挥棒和风向标的作用。各级检察机关层层传导压力，逐级压实责任、抓好实施，评价指标体系作为司法质效"晴雨表"、公正司法"助推器"的积极作用逐步显现。主要体现在五个方面：

（1）刑事检察工作质量、效率、效果不断提升，"高质效办好每一个刑事案件"持续落实。"案－件比"大幅降低，办案时间明显缩短，不捕率、不诉率大幅上升情况下不捕、不诉复议复核率和复议复核率改变率均大幅下降。适用认罪认罚和确定刑量刑建议提出率、采纳率均在 90% 以上。

（2）民事检察力度、质量、效率全面向好，监督精准性不断提升。民事生效裁判监督案件审结率大幅上升，抗诉改变率、再审检察建议采纳率明显提高，民事审判违法监督检察建议采纳率、民事执行监督检察建议采纳率都在 95% 以上。

（3）行政检察监督不断加强，质效明显提升。行政裁判案件监督率、抗诉改变率大幅提高，行政审判违法监督检察建议采纳率、行政执行监督检察建议采纳率也都在 95% 以上。

（4）公益诉讼的制度价值和效能不断发挥，办案质效提升。2022 年公益诉讼立案同比上升 53.9%，诉前整改率、提起公益诉讼后法院支持率均达到 99%。

（5）能动履职能力加强，诉讼监督质量上升。刑事监督立案率、监督立案判处有期徒刑以上刑罚率上升明显，监督撤案率较 2019 年增加了 17.1 个百分点；纠正漏捕、漏诉率增加了 0.9 个百分点。书面纠正侦查活动违法采纳率增加了 15 个百分点，纠正刑事审判活动违法上升了 2.8 倍。

从案件质量评价指标运行情况来看，案件质量评价指标体系对检察业务工作的发展起到了很好的作用。但实践中，还存在着少数指标设置不科学、部分指标运用中"走样"、业务发展需要新的评价指标等问题。正因如此，从 2022 年 8 月开始，按照最高人民检察院党组的指示，我们对案件质量评价指标进行了全面调研，启动了评价指标运用以来的第二次修改。这次修改，最高人民检察院党组和应勇检察长非常重视，三次专门听取汇报。**应勇检察长强调说，评价指标体系，有，比没有好；管理，比不管理好**。关于评价要有指标，没有指标不行，唯指标也不行，但虚假指标更不行。有案件办理，就有案件管理，越强调案件办理，就应该越重视案件管理，案件办理和案件管理，如鸟之双翼、车之双轮，缺一不可。案件管理不等同于案管部门的管理。案件管理，首先是院党组、检察长的管理，其次是各业务条线在办理案件中的自我业务管理，最后才是案管部门的集中统一管理。所以，**关于案件质量评价指标的案件管理工作，是院党组、检察长的管理，案管部门主要是为院党组、检察长宏观管理提供服务**。如果理解为案管部门的管理，就狭隘了。正是因为应勇检察长的重视，我们书面征求了全国各省级检察院的意见，专门听取了最高人民检察院各业务厅的意见，然后又到 12 个省（区、市）调研，听取基层院的意见，设置了专门的意见箱，征求全国检察官的意见，在此基础上形成了新一版的检察业务质量主要评价指标。新一版案件质量主要评价指标，凝聚了全体检察人的心血和共识，是四级检察机关全体检察人员集体智慧的体现。

二、关于评价指标修改的把握原则

原则就是根本，只有原则把握准确，评价指标的修改才能符合实际。就这次评价指标修改需要把握的原则，最高人民检察院党组和应勇检察长都作出了明确具体的指示和要求，确保了这次修改的顺利进行。这次修改主要把握了四项原则。

（一）全面评价原则

应勇检察长指出，全面，就是质量、数量、效率、效果的有机统一。一定的量也是质，质量要在一定的数量中体现。原指标注重质量、效率、效果，这次修改在更加重视质量的同时，也要有合理数量作为基础，更好统筹"有数量的质量"和"有质量的数量"。比如，抗诉改变率，办1件改1件，改变率100%；办10件改9件，改变率90%，但显然应鼓励后者。所以这次修改增加了一些力度指标，比如增加"减刑、假释、暂予监外执行书面提出监督意见率"等；也修改了一些指标的含义，比如"监督立案率"指标，原指标含义体现的是受理立案监督申请的成案质量，不能反映检察机关依职权行使监督工作的力度和成效。这次修订，将指标计算的分母调整为"同期审查起诉案件受理数"，对数量、质量、效率、效果全面评价。现在指标的首要原则是力度、质量、效率、效果的统一，要全面进行评价。需要强调的是，指标体系中的"数量"并非考核绝对数，而是以比率形式体现的相对数（46项指标都是比率，而不是绝对数），实质是考核监督办案力度，也就是一定的"量"和更重要的"质"构成的监督办案"三个效果"有机统一。我们经常强调加大办案"力度"，这个"力度"实际就是办案数量、质量、效率、效果的有机统一。处理好数量、质量、效率、效果与公平正义的关系，是司法工作中一个永恒课题，"有质量的数量"和"有数量的质量"必须统筹在更加注重质量上面。

（二）整体评价原则

应勇检察长指出，评价指标是对一个检察机关、一级检察院整体业务的评价，不是对某一部门的评价，也不是对某一部门的某一项业务工作的评价。

要突出对检察院整体业务、重点工作的评价，指标要在反映检察业务的主要矛盾和矛盾主要方面，在有效引导检察职能更好发挥和克服薄弱点方面发力。整体评价，不是"眉毛胡子一把抓"，而是要基于法律监督基本职能，注重对检察机关主要业务、重点业务进行评价，反映检察业务的主要矛盾和矛盾的主要方面，所以这次修订重点突出"四大检察"的主要职责和主要环节，并非每个条线指标都等量齐观。**这里要突出强调，各业务条线不能仅凭这些指标来代替业务指导，或者有的条线没有指标或指标较少，就弱化了业务指导。**各业务条线要围绕评价指标，结合其他业务数据，加强综合分析指导。

（三）组合评价原则

应勇检察长指出，指标之间要注重协调性、关联性、整体性，从单一指标向关联、协同指标发展。这次修订，强化指标之间的相互关联和制衡，比如，力度指标与质量指标组合评价，如"刑事抗诉率"与"刑事抗诉采纳率"组合，体现"有数量的质量和有质量的数量"；比如，将有关联的不同指标组合使用，如"撤回起诉率"和"无罪判决率"组合，避免为降低无罪判决率，将法院拟判无罪案件作撤回起诉处理。组合评价指标是第一次提出，这次修改共有13组28项指标，明确为应当组合使用的指标，必须组合评价业务工作。

（四）实绩评价原则

应勇检察长指出，仅靠人坐在办公室统计，就能把数字提上去的指标，不能要。要明确业绩导向，引领检察人员通过高质效办案取得实实在在的工作成效。考核指标的设置，必须要引领检察人员作出"实绩"，这样的评价才有意义。比如，侦查活动违法监督，有地方提出将"口头纠正"纳入指标体系。但是口头纠正极易引发数据"注水"、数据造假，最终并没有纳入指标体系，这就是注重实际。这次修订删减不易客观反映工作质效、数据易有"水分"不易核查或非重点业务的指标，比如"刑事撤回抗诉率"，实践中撤回案件很少，而且相当一部分是认罪认罚被告人反悔上诉引发抗诉，之后被告人又撤诉引发撤抗。因此，设置这个指标实践意义不大，予以删除。同时，将撤回抗诉数从刑事抗诉率的分子中去除，防止撤回抗诉案件数量较大波动。

三、关于评价指标修改的主要内容

本次修改，将原来的 60 项指标精简为 46 项。其中，删除 17 项，增加 4 项，修改 11 项，保留 24 项，有 7 项涉及拆分与合并。包含力度指标 12 项、质量指标 29 项、效果指标 2 项，另有 2 项中性指标、1 项综合指标。13 组指标设为组合使用指标。

（一）核心指标

核心指标只有 1 项，"案 - 件比"。这次核心指标"案 - 件比"没有修改，但也存在一些问题需要说明。2019 年 7 月，"案 - 件比"作为一个评价指标就开始在检察机关内部试用（案管办对 1 月至 6 月全国"案 - 件比"进行分析，对指标数据过高的进行重点指导，在全国大检察官群提出明确要求），2020 年 1 月最高人民检察院印发的 2020 年《评价指标》正式列入。目前，"案 - 件比"已经成为检察机关自我加压、自我评价、自我管理的重要指标，更成为引领检察工作尤其是审查逮捕、审查起诉工作的"指挥棒"，切实有效地推动着检察工作机制、检察办案作风的实质性转变。以全国检察机关刑事检察工作为例，2019 年至 2022 年，"案－件比"分别为 1∶1.87、1∶1.43、1∶1.15、1∶1.1，"件"的数值同比分别减少 0.02、0.44、0.28、0.05 个点，相当于分别压缩了约 2.9 万、41.2 万、45.2 万、6.6 万个非必要办案环节，程序空转问题得到有效解决。

应当说，"案－件比"指标运用以来成绩很大，但调研中发现的问题也很多，特别是基层院检察官意见尤其大，主要集中在三个方面：一是部分检察院为追求数据好看，不顾实际情况、不管案件类别差异，严格控制退回补充侦查和延长审查起诉期限，造成"该退不退、该延不延"，导致案件证据不足起诉到法院后又撤回起诉等。二是有的检察官为了降低"案－件比"，采取取保候审、监视居住等强制措施，虽然减少了"三延两退"环节，但是办案时间不降反增。三是有的检察院把"案－件比"指标直接套用在每个检察官身上，定期通报，增加了检察官的压力。不同检察官办理的案件类型不同，案件的难易复杂程度不同，把评价一个检察院整体办案工作的"案－件比"指标，套用在一个检察官身上，最后反噬出来的结果就是，认为"案－件比"指标有问题。

针对这些问题，这次修改过程中，主要有两种不同的意见和修改方案：一是建议调整"件"的选取范围，比如问题最突出的"一延一退"，建议将"一次退回补充侦查""一次延长审查起诉期限"扣除。二是建议增加"平均办案时长"指标，2023 年 2 月向全国征求意见的《征求意见稿》中就有这个方案。

应当说，这些问题是客观存在的，提出的意见也具有针对性，但最终没有采纳，主要原因是，这些问题不是指标设置产生的，而是指标运用不正确产生的。**应勇检察长明确指出，"案－件比"指标不需要优化，"案－件比"指标运用需要优化。**追根溯源，造成上述问题的原因，就是没有严格遵照最高人民检察院的要求，在指标运用中走形了。最高人民检察院三令五申对达到通报值的指标，不得通报具体数值、不得再排名。最高人民检察院对刑事检察"案－件比"设置了通报值1.33，同时，结合普通犯罪、职务犯罪、重大犯罪、经济犯罪等不同情形，分类设置了1.3、1.6、1.6和1.8的参考值。根据基层院的具体情况，又增加了全国基层院参考值1.25。2022年全国"案－件比"均达1.33的通报值，最高的地方"案－件比"也才1.22，最低已经达到1.02，几乎接近1∶1。而各地在达到通报值以后，还在无限追低，造成了没有最低，只有更低。就是因为达到了通报值还要通报排名，才促使检察官挖空心思地采取取保候审、监视居住等措施来降低"案－件比"，增加了办案时长。在达到通报值后，各地就不要通报具体数值、也不要再排名，让检察官把主要精力放在提高办案质效上去，自然就没有过重的压力，也就没有必要挖空心思地通过取保候审、监视居住这种方式搞变通，更不会"该退不退、该延不延"带病起诉。病因找到了，问题消除了，自然就不需要修改了。而且"一延一退"占"三延两退"的83.8%，删除后就等于掏空了"案－件比"的实质内容，也不利于通过"案－件比"对办案工作的宏观评价。另外，增加"平均办案时长"重复评价办案效率，办案人员为了追求更短的办案时间，审查起诉认定的10项犯罪事实中只查证七八项就可能诉出去，感觉效率提高了，实际上是牺牲了办案质量，影响了司法公正。

所以综合考虑，我们对该指标没有修改。对"案－件比"指标的运用，这里要强调两点：第一，正确理解。我们往往把"案－件比"指标当成一种效率指标，这是错误的。"案－件比"指标是核心指标，牵一发而动全身；**"案－件比"指标是综合指标，全面反映办案质量、效率和效果，甚至包括力度。**一个案件，只有一个程序高质量办好了，才可能减少不必要的程序，这就要求办案的高质量；减少了办案程序，自然提高了办案效率；办案质量、效率提高，司法资源耗费减少，当事人讼累减轻，人民群众正面感受就更好。只有从质量、效率、效果三个维度去正确理解"案－件比"，才能认识到"案－件比"作为核心指标的地位和作用。如果把"案－件比"当成效率指标，压缩办案的时长，压缩办案的环节，实际是为了效率，降低了质量，牺牲了效果。第二，正确运用。就是**达到"案－件比"通报值后，地方各级院不得再通报具体数值，不得再排名。检察官破除"退""延"思想负担，切实从保证案件质量出发，该"退"的要"退"，该"延"的要"延"。**这样减轻了办案压力，"反管理"现象也会相应减少。

（二）通用指标

通用指标，就是整个检察业务都适用的、具有共性特征的一些指标，例如检察机关参与社会综合治理领域的相关工作、对被害人的权利救济、落实监督办案一体化要求等方面，各项检察业务都与之息息相关。这次修改，通用指标新增1项、修改3项、删除3项。修改后通用指标共4项：刑事申诉纠正率、内部移送法律监督线索成案率、社会治理检察建议采纳率、司法救助率。

1. 刑事申诉纠正率

这次修改，"被刑事申诉纠正率"指标名称修改为"刑事申诉纠正率"，一字之差，但有本质区别。2020 年印发《评价指标》时确定了"刑事申诉纠正率"这项指标，作为控申检察的主要评价指标。在适用过程中，大家分不清是对原案办理质量的评价，还是对刑事申诉案件办理质量的评价，也有同志认为这项指标既是对审查逮捕、审查起诉工作的负面评价，又是对控申工作的正面评价，存在矛盾。所以 2021 年修订时，对该指标进行了两个方面的调整：一是将该指标纳入通用指标，不再作为控告申诉检察案件的评价指标，也就不存在对控告申诉工作的负面评价。二是将指标名称修改为"被刑事申诉纠正率"，这里的"被"字从无到有，明确了是对原案办理质量的评价。

这次修改，有同志提出，"被刑事申诉纠正率"的"被"字更多体现的是检察机关内部不同业务部门之间的责任关系，表述不清，也容易造成误解。经研究，又把"被"字删除了，这里的"被"字从无到有、又从有到无，虽然和 2020 年指标名称相同，看似回到起点，实际上是螺旋式上升了：第一，评价的仍然是原案办理质量；第二，体现了对一级院业务的整体评价，而不是对某个条线或者系统内上下级工作的评价。

2. 内部移送法律监督线索成案率

这是新增指标。增加该项指标的主要考虑有三点：一是为了促进检察一体化履职。检察机关是领导体制，最高人民检察院领导地方各级检察院和专门人民检察院的工作，上级检察院领导下级检察院的工作，这是法律的明确规定。发挥检察机关的领导体制优势，就要实现检察一体化履职，这是检察权行使方式和检察改革的方向，有利于强化法律监督职能、规范检察权运行、优化检察资源配置。增设内部移送法律监督线索成案率指标，目的就是推动检察机关内部上下级之间、各部门之间的监督配合，促进上下联动、一体化履职，以融合促质效提升。二是为了进一步推动检察机关内部移送法律监督线索的工作衔接。2022年5月，最高人民检察院印发《人民检察院内部移送法律监督线索工作规定》，具体规范了检察院各部门在工作中发现或者收到执法司法等方面的问题、反映，需要人民检察院其他相关部门开展监督线索的移送问题。该规定实施以来，2022年5月至12月，各地检察机关共内部移送法律监督线索2.5万多件，已办结2万件，成案1.7万多件，成案率为75.3%，取得较好成效。但各地法律监督线索移送数量还很不平衡，有5个省（区、市）共移送线索占总数的45.4%，8个省（区、市）移送线索数量均在200件以内，说明有的地方尚未对发现并移送法律监督线索工作予以重视，衔接工作不到位，有相当部分线索可能流失了。而增加了该指标，就会引起各级检察院和全体检察人员对这项工作的重视，做好内部移送法律监督线索的工作衔接。三是为了进一步规范法律监督线索的移送。目前，法律监督线索移送、接收、办理的规范化程度还不够高。比如，有的地方发现法律监督线索后未严格按照规定通过案管部门移送，有的线索移送材料不齐全，报表信息填录不准确，审批流程不规范等。这些问题都需要通过增加该项指标来有效解决。

这里需要着重说明的是，在增设内部移送法律监督线索成案率指标的同时，删除了原有的"移送涉嫌犯罪线索立案率"指标。主要考虑是，移送涉嫌犯罪线索后相关部门是否立案不易核对，比如移送公安机关、监察机关的涉嫌犯罪线索是否最终得以立案，不能及时得到反馈，而系统填录的相关数据也无法核对，数据易失真。考虑到已经新增了内部移送法律监督线索成案率指标，因此，将该指标删除。

如何理解和运用好内部移送法律监督线索成案率指标，在工作中要把握好以下三点：

一是准确把握内部移送法律监督线索的范围。按照《人民检察院内部移送法律监督线索工作规定》规定，内部移送法律监督线索，是指人民检察院各部门在工作中发现或者收到执法司法等方面的问题、反映，需要人民检察院其他部门开展监督的线索。也就是说，该线索办理不属于本部门职责范围而属于检察机关内部其他部门职责范围，在这种情况下需要内部移送。正常流转的线索，比如控告申诉部门接收的信访线索；本条线办理的线索，比如需要本条线上级或下级业务部门办理的线索；外单位办理的线索，比如需要监委、公安调查侦查的线索，都不属于内部移送法律监督线索的范畴。

二是明确内部移送法律监督线索的程序。如果需要本院其他部门办理的线索，由案管部门直接移送；如果需要本辖区内上、下级院办理，或者不属于本辖区内检察院办理的线索，按照"先横后纵"的原则，统一横向移送案管部门，由案管部门移送至有管辖权的检察院的案管部门。这类线索都要统一经过案管部门后移转相关部门，目的就是避免线索的先成案后移送问题。

三是注重线索移送的质量。这项指标之所以采用"成案率"而不是"移送率"，主要考虑是，仅按移送线索的数量评价容易产生较大"水分"。

"成案"侧重反映移送线索的质量，现阶段在抓数量的同时更要强调抓好质量，有利于该项工作的长远发展。

3. 社会治理检察建议采纳率

这项指标是从"社会治理及其他检察建议采纳率"指标修改而来，更加突出对社会治理类检察建议的评价，反映检察机关参与社会综合治理等领域工作的主动性和工作质效。大家对这个指标都比较关注，社会治理检察建议是检察机关强化监督职能、服务社会治理的重要途径，也是检察机关更好发挥监督职能的重要载体，对提升社会治理水平、促进社会治理法治化方面具有十分重要的作用。近年来，全国各级检察机关在办案中发现问题，紧紧围绕社会治理领域通过制发检察建议，成效显著。但突出问题是，2022年检察机关共发布社会治理类检察建议 4.8 万余份，其他检察建议 1.5 万余份。"其他检察建议"数据水分较大，一些无法归入再审检察建议、纠正违法检察建议、公益诉讼检察建议、社会治理检察建议的，都作为"其他检察建议"，比如针对律师执业中存在的违规问题向律所发出检察建议，有的院就将其归入其他类检察建议。这次为了突出重点，修改后的指标更侧重于对社会治理类检察建议工作情况评价。

如何理解和运用好该指标，在工作中要把握好以下三点：

一是严格把握社会治理检察建议的范围。要认真对照《人民检察院检察建议工作规定》第十一条列举出来的六种情形：（一）涉案单位在预防违法犯罪方面制度不健全、不落实，管理不完善，存在违法犯罪隐患，需要及时消除的;（二）一定时期某类违法犯罪案件多发、频发，或者已发生的案件暴露出明显的管理监督漏洞，需要督促行业主管部门加强和改进管理监督工作的;(三)涉及一定群体的民间纠纷问题突出,可能导致发生群体性事件或者恶性案件,需要督促相关部门完善风险预警防范措施,加强调解疏导工作的;(四)相关单位或者部门不依法履行职责,致使个人或者组织合法权益受到损害或者存在损害危险,需要及时整改消除的;(五)需要给予有关涉案人员、责任人员或者组织行政处罚、政务处分、行业惩戒,或者需要追究有关责任人员的司法责任的;(六)其他需要提出检察建议的情形。这里的"其他需要提出检察建议的情形"与《人民检察院检察建议工作规定》第五条规定的"其他检察建议"是不同的,是社会治理工作中存在的,除了上述前五种情形之外的,需要有关单位和部门提出改进工作、完善治理的检察建议。不能不看是不是属于社会治理工作相关的建议,就直接放到"其他社会治理检察建议"里面,为了指标数据好看,从原来的其他检察建议"大口袋"装到社会治理这个"其他"的"小口袋"。

二是严格把握社会治理类检察建议的审核程序。近日,中央政法委将"社会治理检察建议落实情况"纳入平安中国建设考评体系,作为"全面深化政法改革、维护公平正义"考核项目的计分点之一。为做好相关工作,推动各地社会治理水平和治理效能不断提升,我们在社会治理类检察建议工作中就要高度重视,严格标准、强化程序规范,严格按照《人民检察院检察建议工作规定》的规定进行审核。对于承办检察官而言,在报送检察长之前,要把社会治理检察建议送本院负责法律政策研究的部门进行审核;负责法律政策研究的部门重点审核社会治理检察建议书的必要性、合法性、说理性,制作《检察建议审核意见》,详细阐明审核意见,有具体修改意见的,要写明具体修改意见,并将审核意见及时反馈承办检察官。**这里要着**

重强调，正是中央对社会治理类检察建议的重视和认可，我们检察机关更要严格依法、谨慎用权。该发的建议一定要发，不该发的建议一份也不能发。绝对不能为了所谓政绩，凑数发检察建议，这样检察建议才更加权威，更有刚性，检察形象、尊严也才能在全社会更好树立。

三是其他检察建议虽不纳入评价指标，仍然可以进行检察建议工作的统计分析。根据《人民检察院检察建议工作规定》第五条，检察建议包括（一）再审检察建议；（二）纠正违法检察建议；（三）公益诉讼检察建议；（四）社会治理检察建议；（五）其他检察建议。检察建议的这五种分类，都有其重要意义，虽然没有全部纳入主要评价指标，但作为统计数据也要发挥应有作用。

4. 司法救助率

司法救助率指标，在检察机关坚持"以人民为中心"发展理念，深入开展国家司法救助工作中发挥了较好的引导作用，从 2018 年 1.3 万余件上升到 2022 年的 8.1 万余件，发放救助金额从 1.9 亿余元上升到 8.6 亿余元，并在 2020 年消灭司法救助空白院。应该说成效显著，但实践中也存在一些问题：一是一些无被害人案件不具有司法救助需求，各地无被害人犯罪占比差异大、测算基础不平衡，造成指标数据失真，主要是危险驾驶罪，全国年均审查起诉 20 多万件，占总数的 20% 以上，有的地方达到 50%、60%，甚至更高。不同检察院危险驾驶案件数量差别较大，有的甚至十分悬殊，造成司法救助率指标评价司法救助工作的失真。对此，地方反响强烈。二是一些地方将救助金"摊薄"，尽可能多增加人数，导致没救助必要的也救助，最该救助的未最大化救助，且各地经费保障差异大，指标不能客观反映工作好坏。如 2023 年第一季度，案均发放司法救助金额从去年同期每件 1.34 万元下降到每件 0.97 万元。针对这些问题，地方提出两种方案：一是建议分母中去除"无被害人的案件"；二是建议删除司法救助率指标。对此，在广泛征求意见基础上，我们研究认为，虽然目前司法实践中存在这些问题，但不能"因噎废食"，直接删除该指标不是解决问题的治本之策，比如虽然发放人数增加、案均发放金额减少，但发放总金额是上升的，第一季度发放司法救助金 1.2 亿元，同比上升近七成。也就是说这项指标发挥了较好的正向引导作用，所以这次修改"司法救助率"指标，只是优化调整了计算公式分母的取值范围，限定为"有被害人刑事案件数"，对没有被害人的案件不再纳入统计。而对司法救助金"摊薄"问题，最高人民检察院第十检察厅提出要加强针对性指导，案件管理部门也要加强对这类案件的数据检查和质量评查。

5. 删除了原有的两项指标

删除"刑事申诉案件息诉率"和"刑事赔偿率"。应该说，这两项指标发挥了积极作用，刑事息诉和赔偿工作都得到了长足发展，但这两项指标在运行中也存在一些问题：一是根据 2020 年 11 月在广州召开的全国检察机关信访积案清理和集中治理重复信访专项工作会议上，明确了落实检察长包案、公开听证等治理重复信访"十大措施"，针对治理过程中办结的标准不统一问题研究制定了信访积案办结"九条标准"。"息诉"是以案件办结后半年内未重复信访为标准，但结案后超半年又申诉也符合受理条件，故对是否"息诉"的标准不易把握，也容易导致数据失真。二是"刑事赔偿率"指标存在的问题是，因该指标为负向评价，造成有的该启动赔偿而不启动。2022 年全国"刑事赔偿率"仅为 0.1%。而检察机关办理的刑事赔偿案件多为无罪逮捕案件，对此已有"无罪判决率"等指标进行评价，因此予以删除。

（三）审查逮捕业务指标

审查逮捕业务指标删除了 2 项指标，修改后仅保留了"不捕率""不捕复议 / 复核改变率" 2 项指标，并进一步强调"不捕率"是中性指标，作为"不捕复议 / 复核改变率"的参照指标，用于综合评价不批准逮捕案件的质量。

删除的 2 项指标为"捕后不诉率""捕后判轻缓刑、免予刑事处罚率"。这个问题是地方反映较为集中的问题，删除"捕后不诉率"的主要考虑有两点：

一是逮捕和起诉的标准存在差异，"捕后不诉率"不能完全反映批捕的质量。

二是对犯罪嫌疑人认罪认罚的轻微刑事案件依法作出相对不起诉决定，符合我国当前的刑事司法政策，既能化解矛盾，又能提高诉讼效率、优化司法资源配置，对促进社会和谐稳定具有重要意义，值得提倡。但将捕后不诉率作为评价指标，不符合司法实际，实践中也一定程度地影响了认罪认罚从宽制度的适用。

删除"捕后判轻缓刑、免予刑事处罚率"的考虑有两点：

一是捕后判处缓刑不意味着逮捕质量存在问题。判处免刑是对被告人做了有罪判决，与逮捕的条件并无冲突，不能就此评价审查逮捕质量。

二是大部分案件是由于和解、赔偿、认罪认罚等因素判处缓刑，一些免刑案件的判处也是由于和解、赔偿、认罪认罚等因素。

在检察机关积极开展刑事和解、认罪认罚等工作中，为了更加精准地评价审查逮捕质效，重点抓好对法院判处无罪等案件的评价，删除了"捕后不诉率""捕后判轻缓刑、免予刑事处罚率"两个指标。

另外，审查起诉业务指标中的"判处免予刑事处罚率"因同样理由，也一并删除。删除这些指标，不是说这些数据就不分析了，统计分析中仍然还要用，只是不再作为负向的评价指标了。

（四）审查起诉业务指标

修改后审查起诉业务指标共 7 项：不诉率、不诉复议/复核改变率、认罪认罚适用率、确定刑量刑建议采纳占比率、诉前羁押率、撤回起诉率、无罪判决率。重点介绍本次修改的几项指标：

1. 确定刑量刑建议采纳占比率

认罪认罚从宽制度相关指标原来有 3 项，其中认罪认罚适用率是原来就有的，这次予以保留，通报值从 85% 调整为 80%。另外，将"确定刑量刑建议提出率""确定刑量刑建议采纳率"合并为"确定刑量刑建议采纳占比率"。为什么合并？一是精简指标。使用法院采纳确定刑量刑建议人数占认罪认罚案件提出量刑建议总数的百分比，这样既精简了指标，也能够明确评价的导向。这次修改还给这项新指标设置了通报值 85%。之所以设置为 85%，是我们测算，2020 年全国数值为 70.8%，2021 年为 89.5%，2022 年为 95.2%。为了更好推动新指标的适用，综合考虑原"确定刑量刑建议提出率"75%、"确定刑量刑建议采纳率"90%的通报值设置，同时也为了推动认罪认罚从宽制度良性、健康发展，最终将新指标的通报值设为85%。二是突出确定刑量刑建议的导向。引导检察官提升量刑建议，特别是提出精准量刑建议的能力，大力推动确定刑量刑建议的提出，提倡多提确定刑量刑建议，少提幅度刑量刑建议。

2. 增设"诉前羁押率"通报值为35%

关于诉前羁押率指标，需要注意以下两点：

一是关于诉前羁押率的指标名称。叫"审前羁押率"还是"诉前羁押率"，存在不同认识。学术界使用"审前羁押率"的概念，用来评价在法庭审判前被告人被羁押的比例。这次修改过程中，有的建议指标名称更改为"审前羁押率"。应当说"审前羁押率"更符合国际上的通用称谓，但我们之所以使用"诉前"而不是"审前"概念，主要有三个原因：第一，我国批捕权在检察机关，而国外相当多国家的批捕权在法院。所以国外用"审前"羁押更合理，我们用"诉前"羁押更合理。同时，在统计上也更便利。第二，检察机关不起诉制度也决定了，有一部分羁押案件做了不起诉处理，而不起诉是终结性处理决定，如果这部分案件不计算在内就不完整、不科学，也不符合实际。第三，检察机关起诉到法院及开庭审判前这一阶段，法院变更被告人羁押强制措施的数据我们无法及时掌握。因此，使用"诉前"而非"审前"，更全面反映犯罪嫌疑人在刑事诉讼检察环节的强制措施状态，也是对检察机关工作的客观评价，否则就名不副实。这次修改未变更指标名称和指标含义。

二是关于诉前羁押率的通报值设置。经过测算，自该指标适用以来数据不断下降，特别是 2021 年和 2022 年诉前羁押率分别是 42.7%、26.7%，呈现大幅下降趋势，2022 年最低的省份诉前羁押率为 15.9%，且有 27 个省份低于 35%。可能会导致应该羁押的没有羁押，造成犯罪嫌疑人不在案影响诉讼，或者再次犯罪影响社会治安。因此，为防止从一种倾向走向另一种倾向，将诉前羁押率限定在一定的合理区间内，设置了 35% 的通报值。

另外，需要说明的是，为防止一些地方追求较低"诉前羁押率"而导致非羁押的犯罪嫌疑人脱管，原拟增设"提起公诉时被告人到庭率"指标，与"诉前羁押率"组合使用。但调研时地方提出，实践中被告人提起公诉时无故不能到案的极少。据统计，2022 年因被告人不到案被退回案件 1415 件，仅占检察机关审查起诉审结案件数的 0.14%，非正当理由不到案的占比极少，评价意义不大，因此没有新增该指标。

3. 将"撤回起诉和无罪判决率"拆分为"撤回起诉率""无罪判决率"

将"撤回起诉和无罪判决率"拆分为"撤回起诉率""无罪判决率"主要出于三点考虑：一是原来"捕后不诉和无罪判决率""撤回起诉和无罪判决率"两项指标中的"无罪"数是重复统计的。二是无罪数远低于捕后不诉和撤回起诉数，在同一指标中衡量，容易给社会造成"无罪案件多"的错误认识。三是"撤回起诉率"和"无罪判决率"对审查起诉业务的质量评价程度是不同的。撤回起诉可能的情形较多，有七种情形：（1）不存在犯罪事实的；（2）犯罪事实并非被告人所为的；（3）情节显著轻微、危害不大，不认为是犯罪的；（4）证据不足或证据发生变化，不符合起诉条件的;(5)被告人因未达到刑事责任年龄,不负刑事责任的;(6)法律、司法解释发生变化导致不应当追究被告人刑事责任的;(7)其他不应当追究被告人刑事责任的。尤其是因为"证据发生变化,不符合起诉条件""法律、司法解释发生变化导致不应当追究被告人刑事责任"两类情形撤回起诉的,不能说明起诉质量存在问题。其他撤回起诉情形也是检察机关发现错误主动纠错主动撤回,因此指标分开更有利于客观掌握不同指标的情况,特别是无罪判决的情况,突出评价重点。因此,删除了"捕后不诉和无罪判决率",将原"撤回起诉和无罪判决率"拆分为"撤回起诉率"和"无罪判决率"。

4. 删除其他三项指标

一是删除"判处免予刑事处罚率",理由前面介绍"捕后判轻缓刑、免予刑事处罚率"删除理由时已经提到。二是删除"促成当事人双方和解率"和"开展追赃挽损工作率"。删除的主要考虑是,两项指标的数据不易核查,容易失真,不能完全客观反映各地工作实际。

（五）刑事诉讼监督业务指标

对诉讼活动的监督,始终是检察机关法律监督工作的重点,同时也是我们目前工作的薄弱环节,应勇检察长也特别指出,诉讼监督只能加强不能削弱,事关检察机关法律监督职能、充分反映法律监督质效的指标必须保留,甚至有必要的可以增加。所以这次修改仅删除刑事撤回抗诉率1项指标,其余都保留。修改后指标共10项:监督立案率,监督立案判处有期徒刑以上刑罚率,监督撤案率,侦查活动违法监督率,书面纠正侦查活动违法采纳率,纠正漏捕、漏诉率,纠正漏捕、漏诉判处有期徒刑以上刑罚率，刑事抗诉率，刑事抗诉采纳率，刑事审判活动违法监督采纳率。

1. 修改"监督立案率"指标含义

关于立案监督业务指标，共有 3 项，分别是监督立案率、监督撤案率、监督立案判处有期徒刑以上刑罚率。这 3 项仅修改了"监督立案率"指标含义。原指标含义是监督侦查机关立案数占同期立案监督案件受理数的百分比，体现的是受理立案监督申请的成案质量，不能反映检察机关依职权行使监督工作的力度和成效。特别是有的地方受理申请数较少而依职权监督数量较多，指标就会出现超百分之百的情况。因此，将指标计算分母调整为"同期审查起诉案件受理数"，就是要引导"多监督"、有质量的监督。

需要特别强调的是，监督立案率、监督撤案率、监督立案判处有期徒刑以上刑罚率，这三项指标要组合起来使用，一方面要求我们增加监督的力度，防止有案不立造成放纵犯罪，或者该撤不撤导致冤枉无辜；另一方面还要突出监督重点，加强对可能判处有期徒刑以上刑罚的案件的立案监督，防止出现片面追求监督立案数的消极现象。

2. 修改"侦查活动违法监督率""书面纠正侦查活动违法采纳率"指标说明和计算规则

按照《关于健全完善侦查监督与协作配合机制的意见》，检察机关依托侦监协作办公室对侦查活动违法监督有三种方式：口头纠正、侦查活动监督通知书和纠正违法通知书。为了进一步发挥侦查监督与协作作用，强化法律监督，这次修改将"侦查活动监督通知书"纳入"侦查活动违法监督率""书面纠正侦查活动违法采纳率"的统计范围。

考虑到口头纠正极易引发数据"注水"、数据造假。经研究，最终确定，未将"口头纠正"纳入指标体系。但实践中，不能因为"口头纠正"未纳入指标体系，实践中就有所偏废。侦查监督与协作仍作相关统计，作为一种监督形式灵活、对方更易接受的一种方式，要在实践中继续探索应用，发挥作用。

3. 删除"刑事撤回抗诉率"

主要原因是，实践中撤回抗诉案件很少。而且，认罪认罚被告人反悔上诉引发抗诉、之后被告人又撤诉引发撤回抗诉的还占相当一部分，约占4成。所以设置这个指标的意义不大。删除"刑事撤回抗诉率"指标后，为了防止刑事撤回抗诉出现大起大落，这次修改将撤回抗诉数从"刑事抗诉率"指标的分子中予以去除。如果撤回抗诉数量多，就会直接降低刑事抗诉率指标的数值。通过这种方法，把删除这项指标可能造成的负面影响降到最低。

（六）刑事执行检察业务指标

这次修改，刑事执行检察业务的指标变化很大。原来刑事执行检察业务指标有5项，目前变成了4项，看似只少了1项，事实上做了很大的修改，把具体业务指标都打散了，做了系统整合。刑事执行检察业务最重要的工作大体可以分为两类：一类是对刑罚执行的监督，另一类是日常监管活动的监督。因此，这次修改增加"减刑、假释、暂予监外执行书面提出监督意见率"，与原有的"减刑、假释、暂予监外执行书面监督意见采纳率"作为一组指标，评价对减刑、假释、暂予监外执行不当的监督力度和质量；将原来的"监狱、看守所监管活动书面监督意见采纳率""监外执行书面监督意见采纳率""财产刑执行书面监督意见采纳率""事故检察书面监督意见采纳率"4项质量指标，合并到新增的"刑罚执行和监管活动严重违法行为书面监督意见采纳率"，与新增的"刑罚执行和监管活动严重违法行为书面提出监督意见率"作为一组指标，评价对刑罚执行和监管活动严重违法行为的监督力度和质量。

修改后的刑事执行检察业务指标共4项：（1）减刑、假释、暂予监外执行书面提出监督意见率；（2）减刑、假释、暂予监外执行书面监督意见采纳率；（3）刑罚执行和监管活动严重违法行为书面提出监督意见率；（4）刑罚执行和监管活动严重违法行为书面监督意见采纳率。这样，通过增加两项力度指标，合并三项质量指标为一项指标，保留一项质量指标，就更加突出了刑事执行检察业务的主责主业，也突出了监督的重点，同时实现了工作力度与质量的平衡。

为了防止"扔一个烟头发一个书面意见"这类凑数情况的发生，在指标说明中明确了"严重违法行为"的范围，也就是20种严重违法情形的内容。具体包括：

（1）应当收监而拒绝收监的或者不应当收监而收监的；

（2）应当释放而没有释放或者不应当释放而释放的；

（3）安全防范警戒设备不完备存在重大安全隐患的；

（4）违法违规使用禁闭、戒具、临时固定约束、单独关押、严管等措施的；

（5）超时超体力劳动等侵犯被监管人合法权益的；

（6）殴打、体罚、虐待被监管人的；

（7）混管混押的；

（8）违法违规传递信件、物品或者违法违规安排会见的；

（9）未落实直接管理被监管人的；

（10）违法留看守所服刑的；

（11）监管场所存在违禁品的；

（12）存在警察脱岗等失职、渎职行为的；

（13）社区矫正对象报到后，社区矫正机构未履行法定告知义务，致使其未按照有关规定接受监督管理的；

（14）违反规定批准社区矫正对象离开所居住的市、县，或者违反人民法院禁止令内容批准社区矫正对象进入特定区域或者场所的；

（15）社区矫正对象违反监督管理规定或者人民法院的禁止令，未依法予以警告、未提请公安机关给予治安管理处罚的；

（16）公安机关未依法将应当收监执行的社区矫正对象送交看守所、监狱，或者看守所、监狱未依法收监执行的；

（17）财产刑执行立案活动违法或者延期缴纳、酌情减少免除罚金，中止执行、终结执行违法的；

（18）被执行人有履行能力、应当执行而不执行的；

（19）刑事裁判全部或者部分被撤销后未依法返还或者赔偿以及执行的财产未依法上缴国库的；

（20）其他严重违法行为。

以上20种情形中，前12种是监狱、看守所监管活动中的严重违法情形；

后 4 种是财产刑执行严重违法情形，其余是社区矫正严重违法情形。列举的都是三大执行监督中监督过程中严重违法情形，突出监督重点。

（七）直接受理侦查案件业务指标

直接受理侦查案件业务指标原来有 3 项，"撤销案件率""直接受理的侦查案件不起诉率"和"直接受理的侦查案件有罪判决率"，均为质量指标。这次修改，将这 3 项指标合成 1 项，即"立案直接受理侦查案件有罪判决率"。通过直接受理的侦查案件法院判处有罪人数占同期直接受理侦查案件立案人数的比率，一方面可以规制侦查部门立案后又撤销案件的情况，另一方面也可以科学反映和评价侦查案件的办理质量，将原来孤立的 3 项指标，有机结合在一起。

需要说明的是，虽然这次直接受理侦查案件业务没有增设力度指标，但并不是说直接受理侦查案件不需要加强办案力度，而恰恰是因为直接受理侦查案件的办案力度指标太重要了，怕设置的指标不科学、影响办案力度，才没有设置。为了设置一个直接受理侦查案件的办案力度指标，通过广泛深入调研，与最高人民检察院第五检察厅专题研究，先后提出四种不同方案：一是参照原反贪考评做法，增设人均办案量指标；二是按照办案的"三年基数"进行考评；三是增加"直接受理侦查案件起诉占比率"，横向与本地监察机关办理职务犯罪案件进行比较；四是以直接受理侦查案件起诉数除以本地区司法人员总数等。四种方案各有利弊，经过反复研究讨论，尚未找到一项较为科学合理的指标。在这点上，也希望各地积极探索。

（八）民事检察业务指标

民事检察业务指标整体调整不大，删除了1项"民事提请抗诉案件采纳率"，保留了其他5项指标：民事裁判案件监督率、民事抗诉改变率、民事再审检察建议法院采纳率、民事审判违法监督检察建议采纳率、民事执行监督检察建议采纳率。

删除"民事提请抗诉案件采纳率"的主要考虑是，"民事提请抗诉案件采纳率"反映的是上级检察机关对下级检察机关提请监督质量的监管，属于内部监管，所以予以删除。

民事检察业务指标主要是修改通报值，5项指标都增设或者调整了通报值。民事检察业务增加如此多的通报值，是出于什么考虑？其实，通报值的设置就是要根据实践运行情况进行适时调整的，以符合实际情况。

（1）增设"民事裁判案件监督率"通报值为10%。从法院再审规律来看，最高人民法院进入再审程序并改判的案件比率一般不超过5%。民事检察监督在审判监督程序之后，应该也不会太高。为遵循民事监督规律，在结合全国数据情况，为工作留有余地的情况下，最终设置通报值为10%。

（2）增设"民事抗诉改变率"通报值为75%。调研中，地方普遍反映，压力比较大。就这个问题，我们和最高人民检察院第六检察厅专门进行了研究，认为数据不断攀高可能会产生数据"掺水"问题。综合考虑实际情况，也为防止指标数据大起大落，设置通报值为75%。

（3）增设"民事再审检察建议法院采纳率"通报值为70%。近年，该指标全国数据都超过90%。根据全国数据情况，设置通报值为70%。

（4）"民事审判违法监督检察建议采纳率"和"民事执行监督检察建议

采纳率"通报值均由 90% 调整为 80%。修改的主要考虑在于，一是给工作留有余地；二是在调研中，业务厅和地方都反映，现在 90% 以上的数据，是设置 90% 的通报值造成的，实际压力过大。为科学引导民事检察工作良性发展，根据实践运行的客观情况对原通报值予以调整。

应当说，民事检察业务指标通报值的设置，本着符合实际、留有余地的原则，通报值都不畸高、畸低，正常工作都是能够达到的。

（九）行政检察业务指标

行政检察业务指标的修改主要有两方面的考虑：一是进一步加强对行政诉讼活动的监督；二是平衡民事检察和行政检察指标设置，保持基本统一。

将原来的"行政裁判案件提出监督意见采纳率"指标拆分为"行政抗诉改变率"和"行政再审检察建议法院采纳率"2 项指标，就是为了与民事检察指标相一致。保留原行政裁判案件监督率、行政审判违法监督检察建议采纳率、行政执行（含非诉执行）监督检察建议采纳率、行政裁判案件化解行政争议率 4 项指标。

修改后行政检察指标共 6 项：行政裁判案件监督率、行政抗诉改变率、行政再审检察建议法院采纳率、行政审判违法监督检察建议采纳率、行政执行（含非诉执行）监督检察建议采纳率、行政裁判案件化解行政争议率。

考虑到民事审判违法监督检察建议采纳率和民事执行监督检察建议采纳率均已设置通报值，并且这次修改将两个指标通报值调整为 80%，所以行政检察业务指标修改增设"行政审判违法监督检察建议采纳率"和"行政执行（含非诉执行）监督检察建议采纳率"通报值为80%。

（十）公益诉讼业务指标

这次修改，公益诉讼业务指标未调整，仅新增"诉前整改率"通报值为85%。公益诉讼业务指标存在的问题主要在于，公益诉讼诉前整改率整体偏高。为了扭转公益诉讼只注重数量不追求监督质量等"不精"的问题，鼓励各地多办"硬骨头案"，这次通报值设定为85%。

（十一）未成年人检察业务、知识产权检察业务指标

未成年人检察业务指标做了较大修改，突出了主要职责、重要工作和特色亮点工作，保留"附条件不起诉率"1项指标，将通报值从20%调整到30%；增加了"综合履职适用率"指标；删除了"性侵未成年人案件引导侦查取证率""督促监护率""社会调查适用率"3项指标。知识产权检察业务，也增加了"综合履职适用率"指标。

1.增加"综合履职适用率"指标

未成年人检察与知识产权检察具有特殊性，很难量化、考核，前面的一些刑事、民事等指标有的有所涉及，设计专门的指标，怎么体现特色，比较难。为了推动集中统一履行未成年人、知识产权刑事、民事、行政、公益诉讼职能，实现未成年人、知识产权"四大检察"协同发展和贯通融合，体现业务特色和亮点，这次修改增加了"综合履职适用率"指标。

为了对未成年人检察与知识产权检察综合履职情况进行精准评价，通报时，将对该指标分两项通报。但指标还是46项中的一项指标。

2.调整"附条件不起诉率"通报值

"附条件不起诉率"通报值从 20% 调整到 30%。经对适用率较高的省（区、市）进行专题调研，附条件不起诉质量总体较好，目前绝大多数省（区、市）适用率都已经超过 20%。因此，当时有一种方案提出，如果通报值继续设置为 20%，会导致绝大多数省（区、市）的通报中没有未成年人检察的指标数据，不利于各省级院掌握情况，建议对该指标正常通报，不再设通报值。后来，通过调研发现，不设通报值可能导致附条件不起诉率盲目追高，不符合未成年人办案实际。因此，最终将通报值调整为 30%。目前，达不到 30% 通报值的只有 6 个省。

对于附条件不起诉的适用，要注意三点：一是达到通报值就不要再追高了，凡是涉及通报值的指标，都会反复强调。二是不能为了追求附条件不起诉率，将原本符合不起诉条件的案件，按照附条件不起诉处理。三是可以结合附条件不起诉后又起诉率等统计数据进行综合分析研判。

3.删除三项指标

删除"性侵未成年人案件引导侦查取证率""督促监护率""社会调查适用率"三项指标。主要考虑是，这些类型不是未成年人检察业务最核心最具普遍性的问题，而且，引导侦查取证实践中难以把握，容易出现凑数、虚高；督促监护业务作为一项新兴业务，标准尚未完全定型；有的地方为追求"社会调查适用率"指标排名，多次反复开展社会调查，有的社会调查适用率甚至高达 600%，反而给未成年人造成新的伤害。因此，删除这 3 项指标。

（十二）控告申诉检察业务指标

考虑到"首次控告申诉信访案件化解率"指标需要以案件办结后半年内未重复信访作为化解标准，不易对"化解"作出客观、科学评价，本次修改予以删除。

修改后控告申诉检察业务指标1项，为"国家赔偿决定改变率"指标。这次修改将"本院逾期未作出赔偿决定，上级检察院或法院赔偿委员会直接决定赔偿案件数"纳入"本院赔偿决定改变数"。这样更加客观、全面评价国家赔偿工作情况，各地在执行中要注意指标修改的工作导向。

四、关于理解和适用评价指标需要把握的几个问题

（一）关于中性指标的理解和适用

这次修改进一步强调了不捕率、不诉率是中性指标。其实，2020年1月首次发布2020年《评价指标》时就明确不捕率、不诉率是中性指标。本次修改是针对实践中存在的错误认识进行的再一次强调，是因为这两个指标在实际运用中出现了许多问题。我们在调研中发现，许多地方把这两个指标当成正向指标，追求越高越好，有的地方把它当成核心指标，这就是运用错误。

1.中性指标的含义

中性指标是相对于正向或者负向评价指标而言，顾名思义就是符合司法实际的客观存在。之所以说不捕率、不诉率是中性指标，是因为审查逮捕、审查起诉应当严格按照法律规定，当捕则捕、当诉则诉，不能人为提高或降低批准逮捕、提起公诉的标准。**不捕率、不诉率的高低，不是由检**

察官决定的，而是与公安机关办案质量密切相关。公安机关提请逮捕案件、移送起诉案件把关严格，检察机关作出不捕决定、不诉决定的案件就可能少，不捕率、不诉率相应就可能低；公安机关提请逮捕、移送起诉案件把关不严格，检察机关作出不捕决定、不诉决定的案件就可能多，不捕率、不诉率相应就可能高。而且，公检两家对于逮捕、起诉标准还存在认识把握的差异程度。因此，**不能将不捕率、不诉率的高低简单等同于检察机关审查逮捕、审查起诉办案质量的高低**。如果我们人为将这两个指标设定为正向指标，或者是负向指标，都是不符合实际的。这也是确定不捕率、不诉率是中性指标的根本原因。

2. 中性指标修改的必要性

调研中我们发现错误理解和运用中性指标的情况多发，比如把不捕率、不诉率错误地理解为正向指标，甚至有的省区市将其设为核心指标，要求下级院不断追求不捕率、不诉率越高越好，2022 年全国不捕率 43.4%，不诉率 26.3%，个别省区市不捕率达到 56.6%，不诉率达到 37.2%。有的公安机关对此意见较大。针对这些问题，修改过程中，大家提出了不同的意见。一是建议不捕率、不诉率指标设置通报值，防止各地盲目追高指标数值。二是建议从评价指标中去除不捕率、不诉率指标，仍然将其放在统计数据分析中使用。

应当说，这两种建议看似有道理，但经不起推敲。关于设置不捕率、不诉率的通报值，我们也曾经考虑过，但有两点理由不能设置：第一，从理论上讲，既然不捕率、不诉率是中性指标，就不具备正向或者负向评价功能，就不是越高越好，也不是越低越好，当然不能设置通报值。第二，从实践上讲，设置通报值可能会造成审查逮捕、审查起诉工作的不严格执法。一方面，因为不捕率、不诉率高低与公安机关办案质量高低密切相关，如果设置通报值，比如 30%，那么当公安机关办案质量高、检察机关不捕率、不诉率低于 30% 时，检察机关为了达到 30% 通报值，就可能出现应当捕而不捕、应当诉而不诉；另一方面，当公安机关办案质量低、检察机关不捕率、不诉率高于 30% 时，为了降到 30% 的通报值，就可能出现不应捕而捕、不应诉而诉。所以一旦设置通报值，就可能带来很大的执法办案负面效果。另外，**要特别指出，设置不捕率、不诉率指标通报值，还可能导致公安机关误解检察机关办案下指标**，比如我们设置不捕率、不诉率 30% 的通报值，出发点是防止不捕率、不诉率太高，最好不要超过 30%，也就是 100 个案件，不捕、不诉的不要超过 30 件。但公安机关对不捕率、不诉率 30% 的通报值，在理解上可能与我们截然相反，他们可能认为移送检察机关 100 个案件，检察机关至少要有 30 个案件作出不捕、不诉决定。

关于建议取消不捕率、不诉率评价指标的问题。应勇检察长指出，审查逮捕、审查起诉是检察机关的基本职能，也是检察机关两项最基本的业务，不捕率、不诉率是两项基本指标。不捕率、不诉率是反映审查逮捕和审查起诉基本情况、反映检察系统内外在办案过程中落实司法政策、办案理念、工作机制等方面情况的重要参考指标，对业务决策、宏观指导起到重要作用，一定要用好。所以，这次修改仍予保留。

3. 中性指标的适用

一是严格把握中性指标的特点，不能追求不捕率、不诉率越高越好，不能排名，更不能设为核心指标。它更多的是检察机关评价检察业务参考的数值。二是从有利于科学指导办案角度，最高人民检察院各业务部门、各省级院可以结合本条线、本地区实际情况，通过近几年的相关数据，结合司法政策的调整等，从数据变化情况分析数据异常性、典型性、倾向性问题，加强相关业务指导。可以根据不同情形分类细化应用，比如，可以从不捕情形、不诉情形、罪名等不同维度对不捕率、不诉率进一步细化分析。三是可以将中性指标进行组合运用。一方面，应当根据评价指标的明确要求进行组合运用，比如前面提到过的"不捕率"与"不捕复议／复核改变率"组合运用；另一方面，可以将中性指标与未列入评价指标的统计数据指标进行组合运用。比如，将提请逮捕率与不捕率组合运用，如果提请逮捕率与不捕率同高，就有必要分析"少捕"理念是否向公安机关传导到位。

（二）关于组合指标的理解和适用

这次修改，明确了 13 组指标设为组合使用指标。分别是：

（1）不捕率与不捕复议／复核改变率；

（2）不诉率与不诉复议／复核改变率；

（3）认罪认罚适用率与确定刑量刑建议采纳占比率；

（4）撤回起诉率与无罪判决率；

（5）监督立案率与监督立案判处有期徒刑以上刑罚率；

（6）侦查活动违法监督率与书面纠正侦查活动违法采纳率；

（7）纠正漏捕、漏诉率与纠正漏捕、漏诉判处有期徒刑以上刑罚率；

（8）刑事抗诉率与刑事抗诉采纳率；

（9）减刑、假释、暂予监外执行书面提出监督意见率与减刑、假释、暂予监外执行书面监督意见采纳率；

（10）刑罚执行和监管活动严重违法行为书面提出监督意见率与刑罚执行和监管活动严重违法行为书面监督意见采纳率；

（11）民事裁判案件监督率、民事抗诉改变率与民事再审检察建议法院采纳率；

（12）行政裁判案件监督率、行政抗诉改变率与行政再审检察建议法院采纳率；

（13）诉前整改率与对到期未整改的案件提起诉讼案件率。

对组合指标的理解和适用要把握好两点：

一是要组合评价业务工作，切忌单个指标的单独评价。组合评价指标，就是根据检察业务工作的内在联系，确定一组相互关联、相互制衡的指标，来科学、全面评价检察业务，切实防止评价指标单打一，出现非此即彼、顾此失彼的现象。所以在适用组合评价指标时，不能看单个指标上升下降来确定这项业务开展得如何，而要看这组指标的总体情况。比如"撤回起诉率"和"无罪判决率"这组指标，如果"无罪判决率"降低了，但"撤回起诉率"上升了；或者"撤回起诉率"下降了，但"无罪判决率"上升了，这两种情况下，都不能简单凭借"无罪判决率"和"撤回起诉率"单一指标上升或下降，来判断审查起诉这项业务开展情况。组合指标这种指标之间的正相关或反制衡关系，就能科学、全面评价检察业务，也能有效防止人为操控数据造成指标此消彼长的问题。

二是明确应当组合、可以组合和引入组合的区别，全面加强组合评价。（1）应当组合运用的指标，是明确规定必须组合评价运用的指标，比如上述 13 组指标都是应当组合使用的指标，必须组合评价业务工作。（2）可以组合运用的指标，是虽未明确规定但通过相关指标的组合，可以更全面评价某项业务工作质效。这些指标也是评价指标，只是没有明确是组合指标。比如，诉前羁押率、不捕率、不捕复议/复核改变率，能从捕、不捕、羁押状况等方面组合评价逮捕质量和效果，或者从审查逮捕、审查起诉、法庭审理等诉讼环节取不同指标，综合评价检察办案质效。（3）可以引入组合运用的指标，是指各地可以根据检察业务质效管理实际，在案件质量主要评价指标之外设置反映检察权运行态势的指标。比如，可以将"刑事案件审结率"与刑事检察"案－件比"进行组合运用。对这三种组合指标，都要应用好，才能全面分析、研判、把握和指导好检察业务工作。

（三）关于通报值指标的理解和适用

什么是通报值。通报值，就是对一些指标设定一个数值，指标数据达到这个数值之后，上级检察院在通报各地指标时，对达到该数值的地区，就不再通报该指标的具体数字，只标明这个地方该项指标达到通报值。这种做法从 2021 年 3 月开始探索。

1. 为什么要设置通报值

研制案件质量评价指标本来旨在科学评价办案质量，鼓励先进，鞭策后进。但实践中却出现了不顾办案实际追求数据排名，盲目攀比，一味追求数字的无限高或者无限低，影响正常办案的情况。比如，刑事检察"案－件比"指标，2022 年数值为 1 : 1.11，已经很低了，有的甚至接近 1 ： 1，但有的地方还在使用各种手段无限追低，造成有的案件该退不退、该延不延。为了改变这种现象，最高人民检察院党组提出，案件质量评价指标要围绕督导从

"做起来"到"做好做优"转变，对一些已经达到一定数量、已经"做起来"的工作，从科学管理上不再做量的排序，而要更深更实做质的考核，让检察人员把更多精力放在提升质效上。所以开始研究探索对某些指标设置通报值。

2. 如何设置通报值

通报值的设定，主要是根据全国数据的平均值、中位值、最高值、最低值等，综合考虑各业务实际，确定一个合适的数值。当然，无论是设置通报值的指标项目，还是每一个通报值具体设多少，都是以过往经验为基础，并非一成不变，可以根据工作需要作动态调整。

3. 通报值的修改

原通报值共有 13 项，本次修改后共有 14 项指标设置了通报值，删除 7 项，增设 8 项，保留 3 项，修改 3 项。其中核心指标通报值 1 项；刑事检察业务指标通报值 3 项，刑事执行检察业务指标通报值 1 项，民事检察业务指标通报值 5 项，行政检察业务指标通报值 2 项，公益诉讼检察业务指标通报值 1 项，未成年人检察业务指标通报值 1 项。具体包括：

（1）刑事检察"案－件比"1∶1.33；

（2）认罪认罚适用率 80%；

（3）确定刑量刑建议采纳占比率 85%；

（4）诉前羁押率 35%；

（5）减刑、假释、暂予监外执行书面监督意见采纳率 90%；

（6）民事裁判案件监督率 10%；

（7）民事抗诉改变率 75%；

（8）民事再审检察建议法院采纳率 70%；

（9）民事审判违法监督检察建议采纳率80%；

（10）民事执行监督检察建议采纳率80%；

（11）行政审判违法监督检察建议采纳率80%；

（12）行政执行（含非诉执行）监督检察建议采纳率80%；

（13）诉前整改率85%；

（14）附条件不起诉率30%。

怎样科学适用通报值。最高人民检察院明确规定，达到通报值的不再通报具体数值，也不得排名。但实践中，有些地方对达到通报值的指标，仍然通报排名，这个要进行调整。一是严格落实要求，对达到通报值的指标不得通报和排名，不能无限追求更高或者更低。通报值也不等于最低值，应该是一定幅度的中间值。比如，通报值设定在70%，那么65%也不一定就是错误的，也是可以接受的。二是不得对通报值层层加码。如认罪认罚适用率，最高人民检察院通报值80%，有的省级院提高到85%，到基层院就提高到了90%，一线检察官苦不堪言。省、市、县三级检察机关不仅都要了解通报值的指标和数值，还要理解设置通报值的初衷，正确运用。各地对过去存在的不正确做法要及时予以纠正。

（四）关于正确认识评价指标与相关工作的关系

科学应用案件质量主要评价指标，要统筹推进指标运用、系统建设和考核应用，确保"指挥棒"指向准、运用好。在这个过程中，要重点认识和把握三组关系。

1. 正确认识评价指标与业绩考核的关系

除了案件质量评价指标之外，全国检察机关也开展了检察人员业绩考核工作。二者是完全不同的，但在目标、作用、导向以及内在要求等方面总体上是一致的，都是为了激励先进、鞭策落后，促进检察工作质效不断提升。如果结合使用得好，对于加强案件质量管理和检察队伍管理，必然会发挥积极作用。但同时，二者也存在一定的区别，比如，二者的评价对象不同。评价指标评价的对象是一个地区、一个检察院所办案件的质效，主要是工作业绩，属于宏观层面的管理；业绩考核评价的对象是检察人员个体的工作数量和质效，包括德、能、勤、绩、廉等全面情况，属于微观层面的管理。调研中发现，一些地方将二者混用，如"案－件比"，用来评判一个地区、一个检察院在整体办案质效上的情况，是一个综合性、宏观性的评价指标，既然是综合宏观指标，里面就会既包含一些不应当发生的环节，也会有一些正当的办案环节被计算在内，像证据不足的退查、认罪认罚中的延长办案期限等。但一些地区对该指标层层分解，直接规定某个检察官的"案－件比"指标不能超过多少，导致有的案件该退不敢退、该延不敢延等，这就是混淆了宏观和微观评价的差异和尺度。各地在运用两套评价机制时，要注意综合运用，政工部门、业务部门、案管部门要在指标设计上加强沟通协作，有效发挥二者的不同功能，不能互相代替而要相互配合，实现对案的评价和对人的考核同向发力、相互结合。

2. 正确认识评价指标与业务指导的关系

评价指标和业务指导息息相关。但是，评价指标评价的是一级检察机关，是对检察院整体业务全面的评价，是对重点业务、重点环节的评价，是对主要矛盾和矛盾的主要方面的评价。业务条线的指导，跟评价指标有关系，但不能互相代替。这次修改评价指标，一些业务条线希望多增加本条线的指标，助推条线业务工作开展，这些都可以理解。但要厘清一个误解，即没有纳入评价指标，这项工作就没办法评价或者没办法向下指导和推动。这次的指标只有 46 项，有相当多的比较重要的业务都没有放进来，并不是说这些业务就不重要了。各条线指导推动相关业务工作，固然可以通过评价指标来实现，但评价指标不能解决所有的业务问题。因此，各条线除了通过主要评价指标抓重点、强实效外，更要通过"业务指导数据"指导工作。检察统计系统有海量的指标数据，包括这次删除的一些指标，都可以继续作为业务指导数据，在条线指导时使用。比如，案件管理部门的数据准确率指标就没有进入评价指标，但是数据准确率也很重要，我们是按季度进行通报的。再如，原来的刑事执行检察四个指标合为一项，但监狱看守所监管活动监督、监外执行监督、财产刑执行监督、事故检察等不同类型的业务，仍然可以进行细化统计分析，以此对各类不同业务进行针对性指导。所以说，评价指标和业务指导是正相关的关系，但是两者也不能相互代替。

3. 正确认识评价指标与业务数据分析研判的关系

业务数据分析研判是院党组、检察长及时全面动态把握全国或者是本地区办案态势的一种有效手段，能够发现倾向性、典型性、异常性问题。对业务工作的评价和分析是多方面、多维度的，最高人民检察院每季度的分析研判都是重点围绕评价指标进行的分析，但也不仅仅局限于评价指标，还包括其他司法办案统计数据。比如，最高人民检察院第一季度的分析研判报告有 850 多项，全年分析研判报告的数据有 1200 多项。在实际工作中，要注意把握好二者之间的区别和联系。

一是侧重点不同。评价指标反映的是检察业务的主要方面和重要工作，体现"小而重"的特点；而统计数据包括检察业务的方方面面，具有"大而全"的特点。

二是作用不同。评价指标体现的是"指挥棒""风向标"的作用，对办案质量具有评价意义；而统计数据对于全面把握司法办案态势、指导和部署工作开展具有重要的分析意义。

三是使用方式不同。评价指标通过对案件质量的评价，引领业务工作的发展方向；而统计数据通过业务分析研判，整体把握办案趋势，动态发现和纠正典型性、倾向性、苗头性问题等。

同时，二者对于科学决策都具有重要意义。实践中，要善于用好这两种不同的机制，吃透、用好各类评价指标和统计数据。在分析研判时，既要紧紧围绕评价指标进行分析，还要对与评价指标有密切联系的其他数据进行分析，这样的分析研判才更全面、更客观，才能及时、全面、动态地发现和纠正倾向性、苗头性问题，作出的部署决策和工作指导才更科学与更具针对性。

最后，再着重强调一点，要树立正确的政绩观，科学理性地应用案件质量主要评价指标。评价指标制定的初衷，是为了科学指导检察工作，有针对性解决突出问题，促进高质效办好每一个案件，维护公平正义。健全完善和科学应用案件质量评价体系，要整体系统予以评价，淡化考核的功能和作用。大家要领会、落实这些理念，就要坚持严格依法、实事求是，把注意力放在高质效办好每一个案件上，放在整体工作质效上，而绝不是为了排名"好看"弄虚作假，急功近利、不顾实际地"争先恐后"，违背司法规律。因此，**不能有"政绩冲动""数据冲动"，要坚决防止简单以数量论英雄**，对一些已经达到一定量的标准、已经"做起来"的工作，就不再通报具体数字，防止不切实际的攀比甚至层层加码、弄虚作假，**真正做到让检察官不被数据所困、不被考核所累，把精力聚焦到"高质效办好每一个案件"**上。但有些地方至今仍然存在"唯数量""唯规模""唯排名"等倾向，监督办案单纯奔着数字去、奔着考核去，片面追求排名靠前、追求数字"好看"。有的地方要求各项指标都要拿第一，有的地方不注重整体的法律监督质效，片面追求一两个数据排名，这些都是违背客观司法规律的，也是政绩观出了偏差。争先创优的积极性要鼓励、要保护，但前提是实事求是、遵循规律。我们是党绝对领导下的人民检察院，要立足党的检察事业长远发展履职办案，站在司法为民的高度公正司法。在履职、评价、管理中，不能忘了司法为民这个"初心"、司法公正这个"核心"。

检察机关业务数据分析研判会商机制研究[*]

检察业务数据分析研判会商工作，是检察机关的一项重要工作，也是案管部门的一项核心工作。2018 年 6 月，《最高人民检察院业务数据分析研判会商工作办法》（以下简称《会商办法》）出台，标志着业务数据分析研判会商机制正式建立。2020 年 7 月，最高人民检察院对《会商办法》作了修改，使这一制度机制更加完善，内容更加丰富。最高人民检察院领导高度重视业务数据分析研判会商工作，强调要建立以数据为中心的业务指导管理机制，定期在检察长的主持下，开展检察统计数据（即检察业务）分析研判。实践中，全国四级检察院都建立了业务数据分析研判会商机制，对全国和当地业务工作开展的整体情况和专项情况进行把脉问诊。从 2018 年 7 月最高人民检察院第一次组织开展检察业务数据分析研判会商工作至今，只有五个年头，虽然还是一项崭新的工作，但几年来已经成了检察机关领导决策、部门业务指导不可或缺的一项重要的基础性工作。

---

　　* 本讲内容根据 2021 年 10 月最高人民检察院领导干部业务讲座讲课稿充实、更新。

一、业务数据分析研判会商的背景

有办案就会有数据，有数据就应该有分析研判。但只是最近几年，业务数据分析研判会商才真正成为检察机关管理业务工作的重要平台，这一发展趋势具有深刻的时代背景、工作背景和条件背景。

（一）数字经济时代的到来，是开展业务数据分析研判会商的时代背景

当今时代，随着新一轮科技革命和产业变革兴起，以数据为核心生产要素、以数字技术为驱动力的新的生产方式蓬勃发展，人类社会正在快速步入数字经济时代。2019 年 10 月，党的十九届四中全会提出"健全劳动、资本、土地、知识、技术、管理、数据等生产要素由市场评价贡献，按贡献决定报酬的机制"。第一次把数据列为生产要素。2020 年 4 月 10 日，中共中央、国务院《关于构建更加完善的要素市场化配置体制机制的意见》正式公布，这是中央第一份关于要素市场化配置的文件，提出了土地、劳动力、资本、技术、数据五个要素领域改革的方向，数据作为一种新型生产要素写入文件。"十四五"规划和 2035 年远景目标纲要设立专章部署"加快数字化发展　建设数字中国"，强调"打造数字经济新优势"。生产要素的增加是一个渐进的过程，也是一个引领生产力发展的过程，更是促使国家富强的一个过程。农业社会的劳动和土地是两个基本生产要素；而以机器为代表的资本在生产和财富增长的作用越来越大，资本成为第三个生产要素后，意味着进入资本主义社会，实现生产力的一个大跨越。伴随着工业革命的发生，整个西方世界创造的生产力和财富总量很快超过农业

革命以前人类社会几千年所创造财富的总和。管理，也就是企业家才能作为第四个生产要素被提出后（马歇尔在《经济学原理》中把"企业家才能"增加为生产的四要素之一），通过加强管理、创新，就能够实现前三个生产要素的价值最大化，进一步提高效率和质量。20世纪50年代、60年代直到80年代，知识和技术进步开始变成经济增长的第五和第六要素，这个世界的财富增长也迈向了向知识、技术和创新要贡献的新发展阶段，由此诞生了第三次和第四次科技革命。站在生产要素发展的这一逻辑上，我们完全可以想象，在劳动、资本、土地、企业家才能、知识、技术之外的第七生产要素——数据，肯定会带来生产力和社会财富的再一次增长契机。从对生产要素认识的深化来看，提出"二要素论""三要素论"以及"四要素论"的研究者大多数来自英国，提出"五要素论""六要素论"的研究者大多数是美国，这与近现代经济中心从英国到美国的轨迹相一致。我们提出"数据"生产要素，这是适应数据时代的要求，是新的生产方式的要求，重视数据、运用数据是整个社会的观念、理念、方式、方法的一次大变革，检察机关也概莫能外，否则就会被时代抛弃。检察机关掌握着刑事诉讼、民事诉讼、行政诉讼、公益诉讼监督的大量数据信息，理应顺应时代发展，让数据说话，通过业务数据分析研判会商，透视业务工作，找准短板和不足，指导检察工作更好发展，这是信息化时代的必然要求。

（二）最高人民检察院党组的高度重视，是开展业务数据分析研判会商的工作背景

在检察机关，有案件办理，就有案件管理。这里的案件管理，不仅仅

是我们案管部门的管理，是一个广义的案件管理。包括检察长、检委会、业务部门负责人、案管部门、检务督察部门等的管理，也包括上级院对下级院业务工作的管理。案件管理的方式很多，比如，制定司法解释、下发指导意见、开展个案指导、印发指导性案例等，但通过检察机关的业务数据，来分析检察业务运行情况，无疑是一种更加客观、科学、全面的方式。最高人民检察院党组对分析研判会商工作高度重视，多次强调要通过业务数据分析研判，掌握全国检察机关业务运行情况，发现存在的问题，及时进行指导解决。2018 年 4 月 2 日，最高人民检察院领导在案管办调研时明确要求："要加强业务数据分析研判工作，更好地服务大局，服务领导决策；要有宏观的把握，微观的、精心的分析和研究；要加大数据的分析；要建立会商机制，与相关业务部门共同分析研究数据变化背后反映的问题。"同年 6 月 14 日最高人民检察院印发了《最高人民检察院业务数据分析研判会商工作办法》。同年 7 月 13 日，最高人民检察院组织开展了第一次业务数据分析研判会商会议。2019 年 7 月在大检察官研讨班上，最高人民检察院领导明确要求："要建立以数据为中心的业务指导管理机制，定期在检察长的主持下，开展检察统计数据分析研判，省级院每两个月或一个月开展一次会商，市县区检察院每个月开展一次。"2020 年 6 月在贯彻全国两会精神电视电话会议上，最高人民检察院领导再次强调："各省级院要每两个月开展一次业务数据分析研判，并将分析报告和检察长讲话报最高人民检察院。"最高人民检察院领导先后 7 次在 24 个省级院分析研判会商材料上作出批示，要求案管办对各地开展此项工作的情况进行总结、宣传，研究思考如何督促指导各地进一步提高分析研判水平。截至目前，最高人民检察院已经开展了 21 次会商，会商会议已经成为最高人民检察院党组管理调度检察业务工作的重要平台。2023 年 7 月，最高人民检察院领导在 2023 年第二季度分析研判会上，强调要加强业务数据分析研判，通过办案质量管理，推动高质效办好每一个案件，切实维护公平正义。在最高人民检察院示范带动下，各地检察长高度重视，亲自研究部署和主持召开业务数据分析研判会商会议，对本地业务工作开展的整体情况和专项情况进行把脉问诊，深化业务运行和犯罪态势分析，深究异常数据变化原因，积极转化分析研判成果，充分发挥业务数据分析研判的监督作用。

（三）新的数据采集模式产生海量检察业务数据，是开展业务数据分析研判会商的条件背景

业务数据分析研判会商的基础是数据，检察机关统计工作是一项传统的工作，但是近年来，我们的业务数据统计方式、统计技术发生了重大变化，能够提供海量的业务数据，为分析研判奠定坚实的数据基础，才使得分析研判会商可以实行。以 2017 年统计子系统部署应用为开端，检察业务数据采集、生成和呈现方式发生根本变化。过去的 AJ2003、AJ2013 统计系统中，检察业务数据的生成与检察办案过程是相互分离的。**检察机关检察业务应用系统统计子系统全面使用后，真正实现了办案、管理、统计三项功能于一体的设想，办案人员网上办案的过程，就是案件信息填录的过程，同时也是信息采集和检察业务数据（统计数据）生成的过程。**业务数据由系统在办案和监督管理中采集的信息自动、实时生成，每天汇总到最高人民检察院，由信息化系统实时呈现。这一重大变革带来的积极效果

是：一是统计周期从月集中报送到可以按日统计的转变。原来都是从上个月的 26 日到本月的 25 日是一个月报周期，每月进行一次报送。现在每天都能从系统中生成数据，我们可以随意设置统计的时间节点。二是从专人负责统计填录到全员填录的转变。三是报表数量海量增加，统计报表从原来的 63 张发展到现在 370 多张，真正形成了检察业务大数据，为更广泛、更深入的数据应用提供更庞大的资源、更宽阔的舞台。

二、业务数据分析研判会商的概念

根据《会商办法》，结合工作实际综合理解，检察业务数据分析研判会商，是指检察机关通过对检察业务数据变化的专门分析，把握检察业务工作动态和趋势，发现和找准重点领域、重点环节、重点区域检察业务工作中存在的带头性、倾向性、典型性问题，有针对性地采取措施加以解决。从而对内发挥业务监管、指导作用，对外发挥法律监督、社会引领作用的一项检察活动。准确理解这一概念，需要着重把握以下几个方面。

（一）业务数据分析研判会商的主体是所在的检察院

业务数据分析研判会商的主体，是指由谁来启动、开展、推进会商，解决的是会商的责任部门和工作隶属问题。在这方面，不少检察人员认为业务数据分析研判是案管部门的工作，其他业务部门在会商中是帮助案管部门开展工作。这种观点没有正确认识会商的重要意义，降低了会商的层次，不利于会商的科学发展和作用发挥。**应当说，检察业务数据分析研判会商，是检察长、党组宏观管理办案工作的重要方式，是对办案工作的定**

期把脉问诊，确保工作健康发展。 在会商中，虽然案管部门承担了大量的工作，但会商绝对不是案管部门一家的事情，而是检察机关共同的责任。总体来看，会商是一个不断深化的过程，大致可以分为分析和研判两个阶段。在分析阶段，主要由案管部门汇集检察业务数据，对检察业务数据进行初步分析，提交分析报告，这一阶段主要由案管部门负责。在研判阶段，主要是召开由院领导以及各业务部门和相关部门负责人参加的会商会议，研判检察业务运行状况，提出下一步业务工作的意见和建议，由检察长主持，院领导、业务部门和案管部门共同参与，主要是分析研判办案态势，查找倾向性、典型性、异常性问题，分析原因，提出对策措施。综合会商整个过程，我们可以看到，会商是一项全院的工作，由院领导和业务部门、案管部门等共同开展，其责任主体应当是所在的检察院。

（二）业务数据分析研判会商的对象是检察业务工作

业务数据分析研判会商的对象，是指在会商会议中，会商主体重点从哪些方面、哪些角度发表意见，解决的是会商指向的具体内容问题。有些人提出，检察业务数据分析研判的对象是业务数据和信息。这种观点是片面的，没有从现象中认清会商的本质，以此指导会商工作，容易导致会商走形式、走过场。在会商中，虽然会涉及大量的检察业务数据，但业务数据和业务工作属于不同的概念，**业务数据是现象，业务工作是本质，会商的目的是通过业务数据变化这个现象，探究业务工作态势这个本质内容，因此会商的对象是检察业务工作。** 具体而言，在会商过程中，各参与人员面对的是数据变化情况，但主要工作任务是分析数据变化背后反映的业务工作问题，分析数据为什么升、为什么降，分析检察业务运行态势，发现检察业务运行中存在问题及其原因，提出相应解决意见和建议，这才是会商的关键。如果各会商主体重点说明数据变化情况，那变成了就数据论数据，是统计分析，降低了会商的层次和价值。

（三）业务数据分析研判会商的基础是真实准确的数据

业务数据分析研判会商的基础，是指会商要达到指挥调度检察业务工作的目的需要的前提和条件，解决的是会商准备是否充分的问题。成功的会商，当然需要熟悉检察业务工作、高素质的参会人员、初步的研判、科学的会中管理等，但最重要的是真实准确的数据。从逻辑顺序上看，先有业务数据呈现的客观状态，才有对数据的分析研判和运用。从现象与本质的辩证关系看，我们之所以能够通过业务数据这个现象研判业务工作这个本质内容，是因为本质是事物的根本性质，是组成事物各个基本要素之间相对稳定的内在联系，现象则是事物的外在联系，是事物本质的外在表现，二者有着必然的内在联系。**如果业务数据不准确，那么业务数据与业务工作的内在联系就会中断，无法以业务数据为向导研判业务工作，会商就会成为沙上之塔、空中楼阁，可能出现差之毫厘、谬以千里，甚至出现南辕北辙，也就不可能对检察业务工作开展提供科学的指导。**因此，要不断夯实业务数据真实准确这个基础，为会商的科学开展提供坚强保障。

（四）业务数据分析研判会商的原则是实事求是、客观准确、问题导向、突出重点、及时有效

业务数据分析研判会商的原则，是指会商需要遵循的基本要求，是贯

彻会商整个过程的主线，解决的是如何科学地开展会商的问题。总体来看，高质量的会商必须坚持实事求是、客观准确、问题导向、突出重点、及时有效。实事求是的原则，要求会商根据数据变化情况，客观分析检察业务运行情况，是问题就分析不足，是成绩就总结经验，不做无谓的辩解，不体现部门本位和主观倾向。客观准确的原则，要求会商依据的数据必须真实准确。**问题导向的原则，要求会商主要目的是发现检察业务工作中的倾向性、典型性、异常性问题，通过解决问题促进业务工作开展，不能回避问题、掩盖问题，更不宜把会商开成经验交流会。**突出重点的原则，要求在兼顾全面业务工作的同时，结合不同时期、不同区域情况，突出检察重点工作，比如，近期的认罪认罚从宽、检察建议、企业合规、公开听证等，更好地突出会商的价值。及时有效的原则，要求在月初业务数据汇总后，马上开展会商研判，尽可能消减数据本身的滞后性因素，最大程度增强会商成果的转化，为检察业务工作提供更加及时的指导。

三、业务数据分析研判会商的主要内容

最高人民检察院于 2018 年 7 月 13 日召开的第一次业务数据分析研判会商会议，拉开了全国检察机关定期召开业务数据分析研判会商会议的序幕，之后每个季度，最高人民检察院都会召开分析研判会商会议。截至目前，共召开分析研判会商会议 21 次，形成并下发全国各地涵盖"四大检察""十大业务"的综合分析报告 21 篇、会议纪要类材料 21 篇，作出专题分析报告 40 余篇，对外发布和解读主要业务数据 16 次，已经基本形成了

集业务数据提醒、业务数据分析、业务数据会商、业务数据会商意见部署与反馈、业务数据发布与解读五位一体的业务数据分析研究会商机制。

（一）业务数据提醒

定期将一段时期内变化异常的办案数据提供给相关业务部门，称之为业务数据提醒，目的是为了业务指导增强针对性和及时性。业务数据提醒是整个业务数据分析研判会商中的一项基础工作。以最高人民检察院为例，根据不同时间和提醒后的不同工作要求，一般采用以下三种方式进行。

第一种方式，每个季度第一个月，案件管理办公室分别向各业务厅室提供上个季度（含）之前时间段的业务数据分析报告（季度、半年、年度分析报告），内含异常数据（一般指"数量"类同比上升、下降幅度为 10% 以上的数据以及"比率"类同比增加、减少 2 个以上百分点的数据），各业务部门要重点围绕业务数据反映的规律、趋势、特点、影响、问题以及需要提出对策的事项等进行深入分析，在季度业务数据分析研判会商会上共同研究。

第二种方式，每个季度第二个月，案件管理办公室分别向各业务厅室提供当年度上个月之前时间段的业务异常数据，由各业务部门自行掌握分析。各业务部门针对异常数据采取的具体工作部署或措施可以反馈给案件管理办公室。

第三种方式，每个季度第三个月，案件管理办公室分别向各业务厅室提供当年度上个月之前时间段的基本业务数据，内含异常数据。各业务部门要根据本业务条线的实际工作情况，认真分析基本业务数据，并撰写分析报告，提供给案件管理办公室，为季度分析报告做准备。

应该说，通过逐月的数据提醒，让业务数据会商有了最为直接的抓手，并且是一种持续更新的抓手；更重要的是让各业务厅研究本条线业务工作，开展对下指导有了可视化的参考依据。

（二）业务数据分析

数据是对业务工作的抽象表达，要掌握数据中隐含的信息，就要对数据进行分析。业务数据分析，顾名思义，就是对业务数据进行横攀竖比，解析变化原因、判断发展趋势。一句话就是发现数据隐含的价值信息，让冰冷的数据可视化，主要载体是定期分析研判报告和专题分析研判报告。这是业务数据分析研判会商机制的核心材料。

1. 定期分析研判报告

为定期开展业务数据分析研判会商会议准备的报告，称之为定期分析研判报告。以最高人民检察院为例，定期分析报告涵盖"四大检察""十大业务"的各项工作，**重在客观上展现一个时期各项业务工作开展的总体情况，既反映成效，也反映弱项、问题和不足，是从数据角度对各条线业务的一个客观总体评判，因此分析报告重点反映的是业务发展趋势、特点和值得关注的问题。**

2. 专题分析研判报告

就某一个领域或者某一项业务活动开展的分析，称之为专题分析研判报告。这里既有对检察机关办案质效的分析，也有通过检察业务数据对其他机关履职情况、社会运行状况的分析。比如检察机关服务三大攻坚战情况分析、检察机关开展公开听证情况分析、诉前羁押状况分析，未成年人犯罪情况分析、网络犯罪情况分析、金融犯罪情况分析、虚假诉讼情况分析，等等。**专题分析研判报告注重的是长跨度、宽领域深度分析，往往要形成有事实有数据、有表象有原因、有比较有分析、有趋势有对策的分析报告，时间跨度上可以一年、三年、五年甚至更长的时间。**专题分析报告往往可以直接发挥对业务工作的指导作用，对社会治理体系和治理能力现代化建设有较大的推动作用。

（三）业务数据会商

这里的会商是业务数据分析研判会商机制的一个具体环节，就是院领导与业务部门负责同志围绕办案数据研究业务工作。比如，最高人民检察院在每个季度第一个月的中旬开展上个季度业务数据的会商会议，参加人员为院领导、检察委员会委员和办公厅、第一至第十检察厅、法律政策研究室、案件管理办公室、检务督察局、新闻办公室、检察技术信息研究中心等部门的主要负责人。会商时，一般先由案件管理办公室简要汇报业务工作总体情况、各业务部门的分析情况和上一季度会商议定事项的落实情况，提出需要关注和讨论的问题。参加会商的人员重点就各项业务数据分析研判报告中反映的工作成效、态势、问题以及原因、对策等发表意见。这一环节是会商机制的核心和关键，已成为院领导与业务部门透过办案数据，研究、部署业务工作的重要平台。这种会商会议可以定期召开，也可以根据工作需要，临时举行针对专门问题的会商会议。

（四）会商意见部署与反馈

这是确保会商意见落地的重要制度安排，主要载体是会议纪要和会商报告。每次会商会议后，检察机关要制作会议纪要，将透过数据发现的业务问题，继而经过会商会议作出的工作安排，用会议纪要的形式记载下来。以最高人民检察院会议纪要为例，每次会议纪要都要部署安排30项左右的业务工作。会商会议纪要和业务数据分析报告经检察长批准后，印发院领导、业务部门和下级检察院检察长，直接指导业务工作开展。最高人民检察院领导强调，各级院检委会特别是最高人民检察院检委会作为检察机关业务决策机构，要站在党和国家工作大局，检察工作发展全局的高度，针对分析报告反映的问题研究提出改进措施，并带头抓好落实。为确保会议纪要落地见效，每次会商会议召开前，我们通常还要将上一次会商会议纪要的落实情况，一并提供给会商会议研究。

（五）业务数据发布与解读

这是及时转化业务数据分析研判会商成果的又一举措，就是将主要检察业务数据在会商会议召开之后一周内向社会发布。最高人民检察院于2019年10月30日首次向社会发布全国检察机关主要办案数据。现在已形成制度化。这是检察机关落实以人民为中心的发展思想、深化司法公开、接受人民监督、确保检察权始终在阳光下运行重要举措，也是落实党的十九届四中全会精神，用数据透视社会矛盾，引导司法执法机关提升工作能力，引领社会树立法治观念重要手段，为社会各界了解、研究检察工作提供一个重要窗口和平台。业务数据对外发布，主要采取两种形式呈现，即主要业务数据发布稿和解读稿。从历次发布的材料看，内容上呈现以下特点：

（1）全景式展示了检察机关的主要工作。细看历次数据发布内容都涵盖了"四大检察""十大业务"的主要业务数据，同时还包括检察机关开展的重点工作数据，比如，入额院领导的办案数据、检察长列席审委会的数据、开展公开听证的数据，等等。

（2）多维度呈现检察机关的办案实际。发布的检察业务数据既有与前一年度相比上升的数据也有下降的数据；既有体现办案数量的数据也有体现办案效果的数据；既有时间维度纵向对比的数据也有空间维度横向对比的数据。总之，公开主要检察业务数据遵循了办案规律和办案实际情况，体现了实事求是的原则。

（3）重点式聚焦党和国家工作大局。历次数据发布都将党和国家工作大局在检察办案中的反映予以重点呈现，比如，全国检察机关开展扫黑除恶专项斗争的情况、检察机关服务保障民营经济发展的情况，等等。

（4）及时性回应社会重大关切。数据发布紧扣人民群众切身利益。比如每次都发布了检察机关办理民事虚假诉讼监督的案件数据，2020年第一季度还及时发布了检察机关办理妨害新冠肺炎疫情防控犯罪的有关数据，疫情防控期间，利用电信网络手段实施犯罪的数据等。

（5）深层次解读重点数据变化。定期发布的检察业务数据，不是简单的数据罗列，而是让数据说话，用数据反映检察业务运行情况和存在的问题，运用数据语言描述检察权运行的现象、规律。每次数据发布都附之数据解读，在数据呈现的基础上，对重点数据变化趋势、背后的原因等进行深度解读，便于社会更加全面、深入了解数据变化情况。

以上五个方面是一个相互联系、层层递进的整体，共同形成了业务数据分析研判会商从启动到落地成果转化的运行模式。

四、业务数据分析研判会商的基本要求

做好业务数据分析研判，开展成功的会商，对分析研判人员的基本素质提出了要求，特别是对案管人员提出了具体要求，简单地说就是要把握"四大检察""十大业务"的基本职责，把握检察业务数据的基本情况。

（一）把握"四大检察""十大业务"的基本职责

1. "四大检察"

有的同志认为，业务是各业务部门的事情，做统计的同志不可能掌握，这句话过于片面。业务是业务部门的事情没错，但案件管理办公室也是业务部门（这里的业务部门和我们平时讲的业务部门是没有区别的），所以案管部门要配备员额检察官，统计作为案管办的一个职能分支，毫无疑问从事的也是业务工作。另外，我们进行的是业务数据分析研判，不是其他人员、计财数据的分析研判，从这项职能上来讲，不掌握检察业务也是不能胜任的。当然，案件管理办公室是综合业务部门，我们统计部门也不办理具体的案件。所以，**我们对具体的业务知识不一定掌握得十分精准，但这并不代表我们不需要掌握。要掌握到什么程度？仅仅知道刑事、民事、行政、公益诉讼四大检察肯定不够，而要知晓各自的基本工作内容**，以下以刑事检察业务为例。

2018 年，检察机关内设机构调整后，刑事检察更突出专业化。总体上说，刑事检察的主要任务有两类：捕诉和监督，或者说只有一类就是刑事诉讼监督，很长一段时间以来，将起诉也作为监督的一项内容。为了便于理解我们暂且分为捕诉和监督。

第一，捕诉。审查逮捕是检察机关刑事检察重要业务。从我们的办案流程来看，审查逮捕的结果当然是逮捕或者不捕，审查逮捕之前，检察机关可以提前介入侦查；决定逮捕或者不捕之后，可以提出继续侦查取证的意见，当然也可以进行非法证据的排除，还可以纠正漏捕，对于不捕主要又可以分为三种情形，分别是：不构成犯罪不捕、因证据不足不捕、无逮捕必要不捕。审查起诉也是检察机关刑事检察重要业务，审查起诉也可以提前介入，之后可以退回补充侦查或者延长审查起诉期限，当然也可以进行非法证据的排除以及纠正漏诉，审查起诉的结果当然就是起诉、不起诉或者附条件不起诉，不起诉又可以分为法定不起诉、证据不足不起诉、情节轻微不起诉。起诉后检察机关可以撤回起诉，法院可以退回已起诉的案件，在法院审理阶段，检察机关又可以提出延期审理建议。之后就到法院的审判阶段。以上就是审捕审诉需要重点分析的环节。

第二，刑事诉讼监督。根据刑事诉讼法，共有以下几项内容：

（1）立案监督，就是对侦查机关该立案不立案、不该立案而立案的监督，具体程序为发现问题要求公安机关说明不立案或者立案的理由，公安机关仍不立案或者撤案的，检察机关发出立案或者撤案通知书。

（2）侦查活动监督，就是对侦查活动中是否存在违法行为进行监督，包括非法取证，基本程序就是发现违法行为后，提出纠正意见。

（3）审判活动监督，对法院的审判活动是否存在违法行为进行监督，基本程序就是发现违法行为后，向人民法院提出纠正意见。

（4）羁押必要性审查，也就是对犯罪嫌疑人、被告人被逮捕后，人民检察院仍应对羁押必要性进行审查。基本程序就是，经审查认为不需要继续羁押的，向公安机关或者人民法院，建议释放或者变更强制措施。这项职能以前由刑事执行检察部门行使，现在改为负责捕诉的部门了（《人民检察院刑事诉讼规则》第五百七十五条）。

（5）刑事判决、裁定监督，这是常规监督，基本程序就是，发现错误判决，提出抗诉，这里包括二审抗诉和按照审判监督程序提起的抗诉。

（6）死刑复核监督，这也是常规监督，基本程序就是，经复核，向人民法院提出检察意见。

以上就是刑事检察的基本业务。

另外还有一个对行政机关和公安机关的监督（行刑衔接），一方面，建议行政执法机关移送涉嫌犯罪案件，目的是防止行政机关以罚代刑，监督他们该移送公安机关立案的要移送，并且监督公安机关在行政机关移送后要及时立案。另一方面，检察机关做出不起诉后，需要行政处罚的，要向公安等行政机关提出检察意见，防止不诉了之。

2. 十大业务

检察机关内设机构改革后，最高人民检察院刑事检察分为四个检察厅，他们是根据刑法罪名来分的，业务内容没有区别，掌握了刑法中的480多个罪名，也就掌握了他们的分工。下面就十个检察厅业务作简要介绍：

第一检察厅，也是普通犯罪检察厅：具体负责刑法第四章侵犯公民人身权利、民主权利罪除去故意杀人罪的其他罪名（42个），第五章侵犯财产罪中除去抢劫罪、职务侵占罪、挪用资金罪、挪用特定款物罪的其他罪名（10个），第六章妨害社会管理秩序罪中除去有关计算机信息网络方面的犯罪、邪教犯罪和毒品类犯罪的其他罪名（113个），第七章危害国防利益罪（23 个），第十章军人违法职责罪（31 个），另外加上第二章中危害公共安全罪中的危险驾驶罪、交通肇事罪、妨害安全驾驶罪，大概 222 个罪名。

第二检察厅，也是重大犯罪检察厅：具体负责刑法分则第一章危害国家安全罪（12 个），第二章危害公共安全罪中除去危险驾驶罪、交通肇事罪、妨害安全驾驶罪（51 个），另外加上故意杀人罪、抢劫罪、涉邪教犯罪（2 个）以及毒品类犯罪（12 个），大概 79 个罪名。

第三检察厅，也是职务犯罪检察厅：具体负责刑法分则第八章（14 个）、第九章（37 个）以及其他各章中由监察机关负责调整和检察机关负责侦查的职务犯罪。

第四检察厅，也是经济犯罪检察厅：具体负责刑法分则第四章破坏社会主义市场经济秩序罪除侵犯知识产权犯罪 8 个罪名，共 7 节 102 个罪名，像金融诈骗罪、食药品安全类的犯罪都在里面，另外还有计算机网络类犯罪（7 个），第五章侵犯财产罪中职务侵占罪、挪用资金罪、挪用特定款物罪以及电信网络诈骗罪，大概 112 个罪名。

每一个罪名的基本犯罪构成，我们不一定掌握，但是这种基本的分类，还是需要比较清楚地了解，否则分析时就不可能厘清不同刑检条线的职责边界。

第五检察厅，也是刑事执行检察厅。具体业务活动可以归纳为三大类：

（1）立案侦查司法工作人员有关职务犯罪，共 14 个罪名，分别是：徇私枉法罪，刑讯逼供罪，暴力取证罪，非法搜查罪，非法拘禁罪，玩忽职守罪，滥用职权罪，民事、行政枉法裁判罪，执行判决、裁定滥用职权罪，执行判决、裁定失职罪，虐待被监管人罪，徇私舞弊减刑、假释、暂予监外执行罪，私放在押人员罪，失职致使在押人员脱逃罪。一般程序是：发现线索、开展初查、决定立案、侦查终结移送审查起诉。

（2）刑罚执行监督，具体包括：对刑罚变更执行监督，即对"减假暂"的监督；因是否在监管场所服刑，又可分为对监管执法监督，社区矫正监督；另外，还有财产刑执行活动监督、死刑执行监督、罪犯又犯罪的监督。监督程序就是：发现违法行为，提出纠正意见。

（3）其他与刑事执行有关的监督，主要包括：羁押期限监督（羁押必要性审查由捕诉部门负责，羁押期限的监督还是由刑事执行检察部门负责）；交付执行监督，主要是生效判决后各单位之间交付衔接的监督；强制医疗执行活动的监督，主要是对依法不负刑事责任的精神病人的强制医疗的交付执行、医疗、接触等活动的监督；事故检察，主要是被监管人死亡和监管场所其他重大事故的监督。

第六检察厅，民事检察厅，民事检察工作比较多，但也更为有条理：

（1）对民事生效裁判的监督。具体程序就是对法院的生效裁判，检察机关经审查，认为错误的，可以提出抗诉、再审检察建议，提出抗诉后，法院可以改判、调解、发回重审或和解撤诉；提出再审检察建议后，法院可以采纳或者不采纳。

（2）对民事审判活动的监督。基本程序就是，发现违法行为，提出检察建议。

（3）对民事执行活动的监督。基本程序就是，发现违法行为，提出检察建议。

（4）支持起诉。就是指人民检察院对损害国家、社会公共利益或者个人民事权益的行为，支持受害的单位或者个人向人民法院起诉或者参与诉讼的活动。

（5）跟进监督。这项工作主要针对人民法院审理民事抗诉案件作出的判决、裁定、调解书仍有明显错误的；对人民检察院提出的再审检察建议未在规定的期限内作出处理并书面回复的；人民法院对检察建议的处理结果错误的，继而跟进监督。

（6）复查纠正。复查纠正主要针对下级院向法院或者有关机关、个人作出的不支持监督申请，进行复查，发现错误予以纠正。

当然对于民事检察，也存在实体上的问题：比如生效裁判，按照民法典的内容，又有人格权的纠纷，婚姻家庭、继承纠纷，物权纠纷，合同、无因管理、不当得利纠纷，侵权责任纠纷，等等。

第七检察厅，行政检察厅，与民事检察工作比较类似：

（1）对行政生效裁判的监督。具体程序就是对法院的生效裁判，检察机关可以提出抗诉、再审检察建议，提出抗诉后，法院可以改判、调解、发回重审或和解撤诉；提出再审检察建议后，法院可以采纳或者不采纳。

（2）对行政审判活动的监督。基本程序就是，发现违法行为，提出检察建议。

（3）对行政执行活动的监督。基本程序就是，发现违法行为，提出检察建议。

（4）跟进监督。

（5）行政争议实质性化解。

行政检察也有实体上的内容：比如处罚类的行政决定，强制措施类，变更、中止、撤销许可证、执照类，确权类，侵犯经营自主权类，违法要求履行义务类，申请证照类，保护人身、财产权类，抚恤金类，侵权类，等等。

第八检察厅，公益诉讼检察厅。从公益诉讼检察的办案程序来讲，受理公益诉讼案件线索后，符合立案条件的予以立案。立案后，进入诉前程序，对于行政公益诉讼案件，可能要提出检察建议；对于民事公益诉讼案件，要发布公告。经过诉前程序，仍然没有解决问题，就要向法院提起公益诉讼。另外，对于公益诉讼案件，办案领域非常重要，检察机关办理公益诉讼案件有"4+10"个法定领域，"4"指的是生态环境和资源保护、食品药品安全、国有财产保护、国有土地使用权出让4个领域，"10"指的是英雄烈士保护、未成年人保护、军人地位和权益保障、安全生产、个人信息保护、反垄断、反电信网络诈骗、农产品质量安全、妇女权益保障、无障碍环境建设领域。民事诉讼法第五十五条第二款、行政诉讼法第二十五条第四款，针对公益诉讼的案件范围除了上述"4+10"领域之外都用了一个"等"字，我们将"4+10"之外的领域称为新领域。党的十九届四中全会《决定》中提出，拓展公益诉讼案件范围，指的就是拓展新领域。最高人民检察院认真落实党的十九届四中全会会议精神，将检察机关对新案件探索原则从"稳妥、积极"调整为"积极、稳妥"，紧盯安全生产、妇女儿童权益保护、网络侵害以及文物和文化遗产保护等领域的公益诉讼案件。

第九检察厅，未成年人检察厅，未成年人检察工作已经由刑事检察扩展到了涵盖"四大检察"的业务，当然现在主要还是未成年人刑事检察工作，这与前面的一般刑事检察工作内容是完全一致的，包括捕诉和刑事诉讼监督，另外还包括未成年人刑事检察的特殊关注点。

（1）更加注重宽严相济，所以不捕率、不诉率高于普通刑事犯罪案件。

（2）对未成年被害人的特殊关怀，比如开展心理疏导、心理测评、协助开展生活安置、提供临时照料，等等。

（3）对未成年人犯罪嫌疑人、被告人的特殊教育，比如开展社会调查，通过访谈、心理辅导、亲职教育等对不批捕、不起诉、被判处刑罚、未达刑事责任年龄不受刑事处罚人员等开展特殊教育。

（4）对未成年人的特殊预防，比如现在法治副校长讲课，法治巡讲、法治讲座，等等。

第十检察厅，控告申诉检察厅，这里主要是检察机关接收社会信访的窗口。首要的业务就是接收信访，第二是申诉业务，第三是国家赔偿，第四是司法救助。

法律政策研究室负责入额院领导办案、院领导列席审委会和社会治理检察建议。

案管办负责检察听证和人民监督员工作。

说完业务厅的工作，我们需要了解的就是检察机关的基本业务工作和与之相关的实体法，不求特别精准，但要基本知晓。说完业务就要说数据了。

（二）把握数据情况

1.报表数据

报表数据，也就是直接通过统计子系统呈现的数字。目前，我们基本上将所有业务活动的数量都通过报表的形式予以呈现。四大检察现在共有370多张报表在用，这些报表最长的行有1300多行，最长的列有200列，能产生千万数据点。

如反映审查逮捕工作情况，目前比较有用的有11张统计表，分别是：010101审查逮捕工作情况基础总表一、010201审查逮捕工作情况基础表二、010301捕后处理情况基础总表、010401不捕后处理情况基础总表、010501审查逮捕审结有关案件情况基础总表、010502逮捕有关案件情况基础总表、010503不捕有关案件情况基础总表、010601批准逮捕涉嫌刑事犯罪人员情况基础表、010701不批准逮捕涉嫌刑事犯罪人员情况基础表、010801决定逮捕涉嫌职务犯罪人员情况基础表、010901决定不予逮捕涉嫌职务犯罪人员情况基础表。

所有的报表都是二维形式呈现内容的，大家掌握了行项的内容，基本上就掌握了业务活动涉及的实体，掌握了列项也就掌握了检察业务工作的各个办案程序数据。比如010101号表，横项是1000余个罪名，以及四级检察院办案数据；列项反映了9大类内容，上期受理未结、受理、移送单位撤回、辩护权利保障、证据审查、审结处理、定性变更、期末未结、执行情况。这当中的每一类又包含了很多小项。比如，审结处理就包括了3类：合计、批捕、不批捕。不批捕中又包含了合计、不捕情形、属于补查后重报不捕的情况、不批捕已说理、不捕案件造成的伤亡。不捕情形中，又包含了不构成犯罪不捕、证据不足不捕、不符合徒刑条件不捕、无逮捕必要不捕、符合监视居住不捕和其他不捕；证据不足不捕中又包含调查后排除非法证据，无逮捕必要不捕中又包含认罪认罚或刑事和解的数量。以上都是我们需要掌握的。实际上掌握到这个程度只是掌握了表面，需要更深层次的掌握。比如，定性变更，我们仅看字面意思就可能产生误解，他并不是变更定性的数据，而是为了平衡表内关系的数据。**掌握了报表行项和列项的内容只是第一个层面，第二个层面要掌握每一个行项列项表达的具体意思，多数是能够通过字面意思理解的，但也有个别不是字面的意思，这就要深入地了解。**

要清楚这些数据项中，哪些是必填项目生成的，哪些是非必填项目生成。因为目前来讲，非必填项目承办人基本是不填的，所以生成的数据也是没法用的，领导要想获取这方面的数据，我们需要通过其他途径解决，不能仅仅看报表。比如，实践中，抗诉案件来自二审抗诉、审判监督程序抗诉，申诉部门的抗诉，等等。这都来自不同的报表。

2.案卡、文书和节点类数据

严格说这里是一些数据信息，这些数据信息有些通过报表具象化后转化为了数字，有些暂时不需要还没有转化，应该说是广义上的数据。对于案卡又可以分为生产库案卡（办案案卡）和统计库案卡两种。

第一，生产库案卡，是办案过程中办案人员需要填选项目的案卡，也是我们平时所说的案卡。检察业务应用系统1.0上线时共有331张案卡，7712个案卡项目。目前案卡和案卡项目都有所增加，现在案卡1121张，案卡项目14000余项。

第二，统计库案卡，为了统计需要而建立的案卡，用以对接生产库案卡的信息。目前统计库案卡有175张，12461个项目。统计库案卡办案人员是见不到的，主要是方便案管部门的统计分析。

3. 系统自动留痕数据

相对于报表、案卡、文书、节点等显性数据，我们的检察业务应用系统还有大量的隐性数据，比如，制作一份起诉书时长的系统自动留痕数据、对案卡修改的系统自动留痕数据、办案节点来回折返的系统自动留痕数据、对某一个案卡项目点击的快慢、频率等形成热点数据，等等。这些数据还没有统一的名称，我们暂且叫作系统自动留痕数据，这类数据还没有开发利用起来，随着大数据的应用，这些数据也要开发利用起来，我们就能够计算不同检察官、不同罪名的实际办案时间等，从而更有效、合理地配备司法资源。

五、起草业务数据分析研判会商报告的基本方法

（一）明确"一个定位"、把握好"两种方法"、坚持"三个突出"、做到"四个有"

1. 明确"一个定位"

就是分析研判的定位是什么，或者说为什么要开展分析研判。许多起草分析研判报告的同志对这一点并不清晰，或者不完全清晰。第一，绝大多数人把它当成统计分析，紧紧围绕着数字上升下降去分析，淹没在数据的汪洋大海中，最突出的表现是面面俱到、不突出重点。第二，相当一部分人当成案件管理分析，站在案件管理的角度找问题，居高临下，容易以偏概全。第三，站在业务部门的角度，着重分析成绩、经验，提出的问题不疼不痒，分析研判走过场、流于形式。**正确的定位是站在检察长的位置，**

全面审视业务工作情况，注重办案态势分析，研判存在的倾向性、典型性、异常性问题及其原因，提出客观、全面、有针对性的意见措施，服务业务决策，指导业务开展。只有定位准确，才知道下一步怎样写分析研判报告。这里最重要的是要站在检察长的位置对检察业务工作进行全面审视，要做到公正、不偏不倚。关键是要提出客观、全面、有针对性的意见，如果各种分析后没有这种结论性的意见，这个分析研判就是不合格的。目的是要服务业务决策，指导业务工作。如果提出的意见不能服务业务决策、指导业务工作，那么分析研判会商工作就没有价值和意义。所以说定位是最重要的，是整个分析研判报告的立足点，也是评价标准。

2. 把握好"两种方法"

第一种方法是从观点到数据证明；第二种方法是从数据分析到总结观点。一些同志面对海量的数据无所适从，这种情形比较常见。根本原因是没掌握好分析方法。我们调研的方法，最常见的就是有一些观点、想法，然后通过调研去论证是否可行，有哪些需要完善补充。所以调研之前要发调研提纲，有针对性地准备。还有一种方法，就是没有明确的目的性，或者目的比较宽泛，通过调研发现问题，然后进行研究汇总，推导出观点结论。

第一种方法是从观点到数据证明。这是最常用的方法。**这里说的观点是一个广义的概念，实际是要求、想法，主要指想了解的工作情况。也就是从工作要求到数据实证。**比如中央提出扫黑除恶专项行动，那就需要这方面的数据分析，比如，长江经济带建设，那就需要分析沿江省市打击非法捕捞犯罪的数据；比如，最高人民检察院党组重视"案－件比"，就需要分析"案－件比"的 15 个数据，最高人民检察院党组重视认罪认罚从宽制度推进情况，就要分析适用率、采纳率、律师参与率等数据。比如，最高人民检察院第五检察厅开展巡回检察，就要分析巡回检察工作情况；最高人民检察院第八检察厅开展新领域公益检察探索，就要分析新领域公益案件相关数据。**这种方法就是先有观点，再去找数据证明是否符合观点，符合了就总结经验成绩，不符合就要找出问题、教训、提出改进措施。**

第二种方法是从数据分析到总结观点。这种方法不常用，但也必不可少。主要是案管部门的一些自由裁量权，**就是发现一些数据变化比较大，或者一些数据常年没变化等，要有敏感性，要分析背后的原因。**比如我们发现诉前羁押率一直比较高，多少年变化都不大，进行专门分析，后来在综合分析中作为一个部分，得到了领导的肯定。

两种方法要以第一种为主，第二种为辅，相互结合适用。

3. 坚持"三个突出"

第一，突出业务部门；第二，突出地方办案；第三，突出个罪情况。比如，对审捕审诉的数据在总的分析之后，就要突出刑事检察的一、二、三、四厅的数据，普通犯罪、重大犯罪、职务犯罪、经济犯罪的占比情况；然后是各省较好的前五名、较差的后五名，像法院判处无罪、不负刑事责任案件数量、"案-件比"、适用认罪认罚等；最后再分析个罪审捕审诉的前五名、后五名等情况。比如，危险驾驶罪超过盗窃排名第一，现在占比较高。

4. 做到"四个有"

就是分析研判要有观点、有数据支撑、有典型案例、有原因分析。第一，要有观点。**一些分析报告把数据升降一摆，没有结论，任你猜想，这**

是错误的。有观点包括两个方面：**一是整体工作要有观点，有一个明确评价**。比如 2021 年第一季度分析研判报告关于行政检察工作部分，就是这样的一个观点评价：2021 年 1 月至 3 月，全国检察机关行政检察办案工作开局良好，办案数量、质量继续提升，公开听证、行政争议实质性化解持续推进，但是抗诉案件改变率、执行监督采纳率明显下降，部分地区发展不均衡现象依然突出，还需进一步加强指导督导。**二是单项分析也应该有观点**。比如关于行政争议化解部分，观点评价是：行政争议实质性化解进展平稳，但有些单位推进缓慢。第二，**要有数据支撑。分析研判要证明观点正确，唯一的支撑就是数据，要用数据说话。这里突出强调，观点和数据一定要一致**，季度分析因为时间紧张，要先做一个预分析，预分析是两个月的数据推导出的观点，而到一个季度三个月的数据时，可能数据不再支持原来的观点，就会出现矛盾情况。第三，要有典型案例。一个案例胜过一打文件。在数据支撑的基础上，案例的证明更加有典型性和说服力。所以**分析研判时一定要会用案例、巧用案例，从而起到出其不意的效果**。比如 2021 年第一季度的行政公益诉讼，同期行政机关纠正或履行职责 14752 件，同比上升 19.1%；逾期未纠正违法或履行职责 64 件，同比下降 22.9%，行政机关实际整改率为 99.6%，同比增加 0.3 个百分点。应该说数字都是正面的，应予肯定。但是值得注意的是，行政公益诉讼诉前程序依然存在同一检察院同一时间就同一类事项向同一行政机关发出多份检察建议或者在系统中登记为多份检察建议的现象。比如系统数据反映，某省一个检察院 1 月 1 日就交警对当事人交通肇事、醉酒驾驶未吊销机动车驾驶证等不依法履职问题，向某公安局交通警察大队发出 24 份行政公益诉讼检察建议。应引起重视。这种效果就非常好，突然回转，出其不意。第四，要有原因分析。原因分析一定要准确、简洁，比如，第一季度开设赌场罪起诉17897人，位居起诉人数第五位，同比上升49.2%，这主要与打击跨境赌博专项活动，惩治跨境赌博犯罪工作力度不断加大有关。

（二）坚持问题导向、因果联系观点和两点论

1. 问题导向

分析研判一个重要目的就是发现工作中存在的问题，**如果一篇分析报告中没有发现明显问题，或者一个部门工作中没有发现明显问题，这就是平淡的分析研判报告，或者说是一个没有价值的分析研判报告。**坚持问题导向，就是要找到三个方面的问题：一是典型问题，或者说普遍性问题。比如在分析审查逮捕质量、严把审查逮捕关时，对不构成犯罪不捕、证据不足不捕、无逮捕必要性不捕三种类型进行分析，会发现无逮捕必要性不捕占比较低，应当说无逮捕必要性不捕应当排第一，但一些检察官都不想承担嫌疑人脱逃等责任，构罪即捕，这是一个典型问题，常年存在、普遍存在。对这个问题，就要持之以恒地关注、指导、纠正。二是倾向性问题。就是发现工作中一些苗头性问题，就要及时指出来，分析原因，予以指导，防止形成普遍性问题。比如某年第一季度不起诉率13.8%，其中，普通犯罪不起诉率15.4%，重大犯罪不起诉率4.3%，职务犯罪不起诉率3%，经济犯罪5353人，不起诉率10.5%，而检察机关立案侦查的司法人员有关职务犯罪不起诉率17.5%，既高于全国平均水平，也远高于职务犯罪3%的水平。因为以前我们强调14种犯罪的办案数量多，对质量关注不够，所

以发现这个苗头后，应该高度警惕，否则就会造成案件质量低、社会效果差。三是异常性问题。**就是工作大起大落，很反常的问题。特别是有的数据看起来是很大成绩，但对这种不正常一定要敏感**。比如在分析某年第一季度"案－件比"时，发现"案－件比"为 1∶1.14，"件"同比减少了 0.9 个百分点，同比减少了 32 万个"件"，而上一年全年才减少 40 多万个"件"，大幅度下降，很不正常。我们经认真研究发现，这与上一年下半年办案系统对采取取保候审强制措施案件取消了原设定办案期限为 1 个月的限制有关，没有了 1 个月的限制，各地对采取取保候审强制措施案件适用 1 年的办案期限，也就不存在需要延期办理的问题，个别需要通过退回补充侦查的，也可能变相通过线下协调公安机关的方式解决，这也大大减少了"案－件比"中的"件"。我们就以某省为例，1 月至 3 月，该省已审结的采取取保候审强制措施的一审公诉案件中，未经退回补充侦查或延长审查起诉期限的有 10806 件，其中办案周期超过 1 个月的有 1385 件，占 12.8%。而上一年同期，该类案件办案周期超过 1 个月的仅 162 件，占 2%，两者相差比较大。通过异常性问题分析，我们发现了人为调减"案－件比"的问题。

2. 因果联系观点

所谓因果联系的观点分析数据变化，就是要根据影响一个数据变化的可能原因的相关数据进行分析，建立数据之间的因果联系，由果及因、再由因及果地反复分析过程。**要抛开根据数据升降直接下结论、推导原因的浅层次分析方法，而要由表及里，抛开现象探究本质，查找影响业务工作的深层次原因、直接原因**。这是我们分析研判人员需要重视的一个突出问题，也是某些领导认为我们的报告是统计报告、不是分析报告的原因。比如关于逮捕质量，有的一看见不捕率上升就说严把逮捕关，不捕率低就是审查逮捕工作开展的不好。在同等条件下，这种判断是正确的。但如果运用联系的观点分析影响逮捕率高低的各种原因后再作出结论，可能就会南辕北辙。比如某年第一季度，全国不捕率最高地区与最低地区相差 34.2 个百分点，差异明显。一方面，不捕率与公安机关提请逮捕情况密切相关。比如，最高的省公安机关将 70% 以上的刑事案件都提请检察机关批准逮捕，而最低的省仅为 30.5%。另一方面，不捕率与检察人员的司法理念密切相关。部分地区在公安提请逮捕数量较多的情况下，不捕率仍较低，尤其是无逮捕必要不捕率占比也低，说明该地区检察人员仍持有"构罪即捕"理念。比如，某省提请逮捕率为 96.5%，不捕率为 25.8%，无逮捕必要不捕仅占 28.2%，远低于全国平均水平。这种分析就是因果联系的观点，就是实事求是，更有针对性、更有说服力。

3. 两点论

这种方法是我们 2020 年第三季度总结出来的。**所谓两点论，就是分析要辩证，下结论在突出主导倾向一面时还要兼顾另一面倾向，不能搞非黑即白的绝对化。也就是说，不能一看见正向数据上升就只说好，负向数据下降就只说不好，把握不好分寸，走极端，要么全盘肯定，要么全盘否定，造成的结果是表扬时像歌功颂德，批评时像落井下石。**比如分析发现办案数量上升、力度加大，在予以肯定时要提出注重加强质量，反之亦然。比如某年第三季度分析审捕审诉案件质效，采用的标题"审查逮捕、审查起诉案件质效总体向好，多数指标呈现积极变化，但不起诉复议复核改变率、捕后不起诉率较高""适用认罪认罚从宽制度落实情况总体向好，但上诉率同比上升"。比如对公益诉讼工作的总体评价："随着全国疫情防控形势持续好转，前三季度全国检察机关公益诉讼检察办案数量呈现持续增加趋势，受理数、立案数、诉前程序均已超过去年同期水平，尤其是新领域案件数量增加更为明显。但同期部分反映公益诉讼办案社会效果的数据同比下降幅度较大，值得重点关注。"

（三）坚持变化和注重规范

1. 坚持变化

分析研判报告不能总是一副面孔，体例、内容要有新意、有变化。当然这是很难的事情，但这也正是体现是否与时俱进、是否紧跟工作发展，体验水平能力的关键。比如某年第一季度报告中就有四点变化。

一是同比时间的变化，由于上年第一季度处于疫情防控的特殊时期，办案基数相对较小，第一季度同比不能完全反映本年度工作，所以在同比基础上，增加了与上一年第一季度同期的对比，目的是更为准确地反映办案变化趋势。

二是选取业务指标的变化，由于检察业务主要评价指标体系正式建立，并向全国第一次通报，所以第一季度分析研判尽量选用评价指标分析办案质量和效率，引导各地充分适用质量评价指标体系。同时尽量兼顾了上年设定的 12 项指标通报值。

三是一些重点内容的变化，随着扫黑除恶专项工作告一段落、全面建设小康社会、疫情防控平稳等，相关内容进行精简并不再单列，而是突出了对知识产权犯罪、洗钱犯罪、企业犯罪、《刑法修正案（十一）》新增罪名等类案的分析。

四是篇幅内容的变化，考虑到之前分析报告篇幅过长，很难短时间完成会商内容，篇幅缩减后重点更加突出。

2.注重规范

变化和规范既对立又统一。规范有两个方面：

第一，总体规范。**整体分析研判报告的基本内容、基本数据要相对固定，也就是说要有连续性，不能变来变去，让人无所适从。**比如总的方面，我们按照"四大检察""十大业务"来展开，最后是重点关注工作情况（入额院领导办案、检察长列席审委会）。刑事检察按照数量、质量、效率、效果来展开。刑事执行检察按照立案侦查职务犯罪案件、刑罚执行监督、刑事强制措施执行监督、监管事故等展开。

第二，细节规范。细节决定成败。好的分析研判报告一定要注重抠细节。就是要注意"十统一"。

（1）体例结构相统一。一篇分析报告，从开始到结束，体例结构一定要一致，否则就显得凌乱。最重要的是一级标题，一定是一个"辈分"，不能相互包含。同理，二级标题也是这样。另外，内在体例结构上也要大体一致，比如民事检察和刑事检察的体例结构要大体一致。

（2）内在逻辑相统一。我们写分析报告，习惯性的写法就是三段论，认识问题、分析问题、解决问题。实际上每一个二级标题下面甚至每一段的内容都要有一定的逻辑顺序，可以是简单的数据呈现、可以是内容分类、可以是原因分析、可以是正面要求后反面禁止、也可以是反面禁止后正面要求，总之逻辑统一。

（3）数据与观点相统一。论据体现论点，数据为观点服务，两者要有机统一起来。切忌观点和数据相悖，闹出笑话。

（4）观点之间相统一。每一个条线的分析研判报告，都会涉及总观点，报告中的每一部分都会有分观点，每一段中也会有小观点，这些观点体系之间一定要统一。比如说"民事检察工作总体向好"是一个总观点，"民事裁判监督发展不平衡"是一个分观点，"民事再审检察建议采纳率提高"是一个小观点，这些观点可以不一样，但汇总起来，一定是多个小观点支持分观点，多个分观点支持总观点。

（5）数据之间相统一。业务数据分析研判往往有整体数据，还有分类数据，这两者要一致，**分类数据之和等于总体数据**。比如某部分写的不起诉 600 人，其中法定不起诉 120 人，证据不足不起诉 200 人，情节轻微不起诉 300 人。这样三类加在一起就不等于总数。**同一类数据在一篇分析报告中可能多次出现，前后一定要一致、不矛盾**。比如前面介绍总体情况数据时立案办理相关职务犯罪案件是 236 人，到后边写到这个数字时，就变成了 263 人。这就是数据的矛盾，一定要避免。

（6）文字表述相统一。一篇文章类似内容的表述要统一，比如同比问题，数量上一般表述为上升或下降；比率上一般表述为增加或减少，有些分析报告往往将两者混用。

（7）数据表述相统一。按照最高人民检察院案管办的统一规范：数据上升 5% 以上，表述为"有所上升"；上升 5%—10%，表述为"上升"；上升 10%—20%，表述为"明显上升"；上升 20%—50%，表述为"较大幅度上升"；上升 50%—2 倍，表述为"大幅度上升"；上升 2 倍以上，表述为"很大上升"。数据下降 5% 以上，表述为"有所下降"；下降 5%—10%，表述为"下降"；下降 10%—20%，表述为"明显下降"；下降 20%—50%，表述为"较大幅度下降"；下降 50%—200%，表述为"大幅度下降"；下降 200% 以上，表述为"很大下降"。**所以一篇分析报告，不论是刑事部分，还是民事、行政、公益部分，前后的数据表述都要一致。**

（8）黑体标注与强调程度相统一。**在分析报告中标注黑体字的目的，一是内容重要，二是着意强调。**那么一定要注意这种着意强调，必须与内容重要性相匹配。还要指出的是，即使内容重要，也不要在一页中大量标黑。黑体字要坚持少而精、画龙点睛，主要就是为了引起注意。一页中有一句或两句标黑即可。

（9）图表与数据展示相统一。图表要选择好，比如用占比的图表，最好选择是圆形比例图；想要体现变化比较明显的，就用柱状图；想要体现变化趋势的，就用折线图。内容需要图表时用图表，不需要时不要为了图文并茂，硬用图表。

（10）标点符号相统一。一篇文章类似内容的标点也要统一，比如罗列办案数量较多的地区，后面往往是"："，紧跟的内容如果只写各地的一项内容，地区之间用"、"，如果写两项内容，地区之间用"；"。不要一会儿用"、"，一会儿用"，"；一会儿用"；"，一会儿用"。"。标点符号统一，就体现行文严谨、规范。

（四）坚持四个结合

1. 与党和国家工作大局相结合

对于这个结合，我们要有深入的理解。中国特色社会主义最本质的特征是中国共产党的领导，最大优势也是中国共产党的领导。我们党和国家开展的一切工作、一切社会活动都是在党的集中统一领导和全面领导这一根本领导制度下开展的。这一根本领导制度居于党的十九届四中全会总结的我国国家制度和国家治理体系的 13 个方面的显著优势之首，接下来居于第二、第三位的是人民当家作主、依法治国。实际上这三者是居于统领地位的制度，三者融为一体，这是中国特色社会主义国家制度、国家治理体系中的一个贯通全局、指导全局、覆盖全局的重大指导方针。这是第一层级。接下来居于第四位的就是坚持全国一盘棋，调动各方面积极性，集中力量办大事的显著优势。检察工作当然在这个棋盘当中，这就是中国特色社会主义政治制度形成的最大优势。检察工作是政治性极强的业务工作，也是业务性极强政治工作。这就说明，检察工作必须也理所当然要服从并服务于党和国家工作大局。政法工作要坚持党的绝对领导。因此，**我们在分析时，要把握的首个分析方法或者分析点就是与党和国家工作大局相结合。**

当前党和国家的工作大局主要是："六稳""六保"，克服新冠疫情带来的不利影响，促进恢复正常经济社会秩序；扫黑除恶专项斗争，保障国家政治安全和社会治安稳定；服务保障三大攻坚战，确保不出现系统性风险，确保如期实现脱贫攻坚，全面建成小康社会，努力实现天蓝、地绿、水净；服务非公经济发展，保障经济平稳健康发展；依法守护食品药品安全，切实保障民生。这些就是党和国家的工作大局，并且与检察工作息息相关。

联系了这些大局，就能够找到一些数据变化的原因。比如联系了新冠疫情的影响，就能够找出刑事检察办案数量为什么下降；联系了扫黑除恶专项斗争进入收官之年，就能够说明为什么黑恶犯罪案件逮捕数量下降的幅度大大超过起诉案件的下降幅度；联系了"六稳""六保"、非公经济保护，就能够说明为什么对非国有公司、企业事业单位人员犯罪的不捕率、不诉率高于整体刑事犯罪；联系了脱贫攻坚进入收官之年，就能够说明司法救助大幅上升的原因。有的同志会说，从我们那里的数据看不出正相关的数据变化，如果出现这种情况，就更说明有问题，说明我们的工作方向有偏差，这正是我们分析的价值所在。

同时，我们找到了党和国家的工作大局，也就找到我们进行专项分析的第一类选题，结合上面的分析方法，就能拟出一篇推进社会治理的分析报告。当然，党和国家大局工作也会随着时代发展而有所调整，那么我们也要与时俱进，紧紧跟着调整。

2. 与最高人民检察院重点部署相结合

除了服务党和国家工作大局方面的工作，**最高人民检察院党组部署推动的重点工作，也是分析研判关注的重点，同时这类数据也会随着工作发展而变化。**比如领导干部办案、比如检察长列席审委会，这在每一期的分析报告中都有所涉及。再比如，开展公开听证。公开听证是检察机关主动转变司法办案理念，接受外部监督的一项制度创新，是满足新时代人民群众在民主、法治、公平、正义、安全、环境等方面新需求的重要举措，是进一步提升检察人员办案能力，努力做到案结事了的重要途径。为此，最高人民检察院按照平等参与、司法公开、对话协商、办案安全的原则，专门研究制定《人民检察院审查案件听证工作规定》，推动各地加大公开听证工作力度，对一些疑难案件公开听证，摆事实、举证据、释法理，取得显著成效，上半年多数办案数据大幅上升，全国检察机关共对刑事不起诉案件开展公开审查1468人，同比上升1.5倍；对民事监督案件开展公开听证1645件，同比上升80.4%；对行政监督案件开展公开听证95件，同比上升2.1倍。所以，**一定要紧紧围绕最高人民检察院的重点工作部署来选取数据、深入分析、发现问题、提出对策**。

3. 与各业务部门工作开展相结合

为配合党和国家的中心工作，检察机关要开展一些专项活动，这在第一个结合中，我们都可能想到。但**还有些是未列为党和国家中心工作的内容，同时又关乎人民群众的切身利益，社会反映强烈的问题，检察机关各业务部门可能以开展专项活动为抓手，推动相关案件的办理。这些同样需要纳入分析的范围**。

（1）2018年2月，最高人民检察院部署民事行政非诉执行监督专项活动，重点针对人民法院对行政非诉执行申请的受理、审查、裁决和实施情况开展监督。部署之后，成果体现在哪里？直观体现在办案数据上。在2019年各季度的分析报告中，我们就加入了这个分析点，2018年相关数据已有所反映。随着专项活动的深入开展，2019年，提出检察建议数量仍呈现出大的上升趋势，1月至9月提出检察建议同比上升1倍多，第三季度提出检察建议，较前两季度分别上升8倍、2倍。专项活动已于2020年10月底结束，这类案件，还会有一定的延续期，但增长的幅度可能会有所缩小。

（2）最高人民检察院从 2019 年 10 月开始在全国检察机关开展"加强行政检察监督，促进行政争议实质性化解"专项活动。针对的具体案件，既包括行政检察部门正在办理的案件和控告申诉检察部门受理的行政申诉案件，还包括部分办结案件，即检察院已经作出不支持监督申请决定，但当事人仍在申诉或上访的案件。也就是说，无论是在办案件还是已办案件，只要进了检察院的门或曾经进过检察院的门、当事人仍然向检察机关明确表示不服，都可以列入活动范围之内，这也要求我们办理每一起行政诉讼监督案件都要有化解行政争议的意识，担负起化解行政争议的责任。这里当然包括法院裁判错误致使行政争议未能得到实质性化解的；也包括法院驳回起诉又难以提起抗诉但当事人的诉求合理合法、有矛盾化解可能的案件。这一类案件并不少，通过开展此项活动，就可能引起这类数据的较大变化，这方面的数据变化情况值得关注并加强专门分析研究。

4.与法律法规、司法解释相结合

检察机关是法律监督机关，我们的工作和现行所有法律都会产生交集，**这就需要我们随时掌握法律、法规、司法解释的变化包括最高人民检察院业务部门出台的相关规定，对数据的变化产生影响。**

（1）民事检察方面，2013 年《人民检察院民事诉讼监督规则》第三十二条，对人民法院作出的一审民事判决、裁定，当事人依法可以上诉但未提出上诉，向人民检察院申请监督的，人民检察院一般不予受理，应该说有了这一条规定后，之后的受理民事裁判监督案件一直呈现下降趋势。直到 2018 年 9 月，最高人民检察院下发了《关于停止执行〈人民检察院民事诉讼监督规则（试行）〉第三十二条的通知》，当事人针对人民法院作出的已经发生法律效力的一审民事判决、裁定提出的监督申请，无论是否提出过上诉，只要符合民事诉讼法第二百零九条的规定，均应依法受理，对民事裁判监督案件量产生一定影响。比如在 2018 年第四季度受理民事生效裁判监督案件就同比上升 43.2%，环比上升 1.9%。

（2）刑事检察方面，这方面的例子就更多了。比如，认罪认罚从宽制度，2018 年刑事诉讼法改革后，最突出的变化就是不起诉案件的增加，刑期的降低，上诉案件的下降；再比如，监督行政执法机关移送案件线索一直是检察机关重要职能，早在 2001 年，就"两法衔接"机制，国务院出台了《行政执法机关移送涉嫌犯罪案件的规定》规定了检察机关对公安机关的立案监督职能。2011 年，中央办公厅、国务院办公厅联合转发了最高人民检察院等单位加强"两法衔接"的意见，明确了人民检察院发现行政执法机关移送或者逾期未移送的，应当向行政执法机关提出意见，建议其移送的职能。但是新修订的刑事诉讼法和人民检察院组织法没有将检察机关在"两法衔接"中的监督职能予以吸收。是否履行这项职责，地方检察机关把握不清，就造成这类数据的大幅下降。2021 年 8 月 7 日，国务院对《行政执法机关移送涉嫌犯罪案件的规定》进行了修订，保留了行政执法机关移送涉嫌犯罪案件，应当接受人民检察院和监察机关依法实施的监督。最高人民检察院正在起草通知，有了明确的监督依据，接下来这方面的办案数据就会有大幅的上升，就需要重点关注和分析研究。**案管部门要想做好分析研判工作，必须时时关注有关法律法规、司法解释的变化情况。**

六、业务数据分析研判会商存在的主要问题和完善路径

当前，各级检察机关认真落实最高人民检察院工作要求，定期开展业务数据分析研判会商，充分发挥业务数据的指导、引领、监督作用，会商已经成为各级检察院管理调度检察业务工作的重要平台。但与检察工作新时代、新理念、新要求相比，会商还存在一些亟待解决的突出问题，比如个别人员对会商重视不够，存在认识误区；个别会商走形式、走过场，深度及针对性不强；个别会商成果转换滞后，运用不及时不充分；个别地方分析人才匮乏，能力不足；会商依托的数据基础仍存在瑕疵，不够准确等。下一步要认真贯彻落实最高人民检察院关于会商的要求，坚持问题导向，结合本地实际，重点做好以下几项工作。

（一）提高会商定位，真正把会商作为一项全院性工作

检察业务数据作为检察机关办案活动的真实记录，是院领导了解业务工作质效，进而了解社会运行状况的一个重要载体。通过对检察业务数据的分析会商，能够了解检察机关服务党和国家工作大局的情况、检察机关重大部署的落实情况、检察机关履职活动取得的成效、履职过程中的不足和短板，找到检察机关改进工作的着力点。《"十四五"时期检察工作发展规划》明确要求，完善业务数据分析研判会商机制。**各级检察机关的院领导尤其是检察长要充分认识到信息化时代数据的重要价值，充分认识会商是一项全院性的工作，真正重视业务数据、分析业务数据、运用业务数据，**查找数据变化原因，分析数据变化趋势，转化分析研判成果，在更高层面上履行法律监督职能。增强数据意识、树立数据思维、挖掘数据价值，善

于从数据中发现问题、研究解决问题。

（二）优化会商内容，选好会商的题目和角度

业务数据分析研判会商除了对"四大检察""十大业务"定期整体呈现外，**要注重选择重点业务、突出类案、异常数据、社会热点开展深度分析研判，为领导提供更加主动、更具前瞻性、更务实有效的参谋服务。**一是紧扣党和国家工作大局，注重检察机关参与社会治理类数据分析，找出工作薄弱点，提升检察机关服务大局的成效；二是关注社会热点问题，注重类案分析，透过案件看社会，通过检察建议等各种方式延展分析研判成果，为化解社会矛盾、推动行政机关履职贡献检察力量；三是抓住业务工作中的突出问题，注重办案质效分析，充分运用案件质量评价指标，找出业务工作的短板和弱项，提出针对性举措，推动办案实现政治效果、社会效果、法律效果的有机统一；四是深挖数据价值，注重数据背后的原因分析和趋势判断，坚持个案类案剖析与数据分析相融合，宏观研判与微观剖析相衔接，找对原因判准趋势提实建议，让分析研判成果真正转化为推进工作的务实举措。

（三）搭建会商平台，形成会商的工作合力

牢固树立双赢多赢共赢的理念，**加强案管部门与办案部门的合作，从报告选题、架构、关键点及数据标准的确定等方面，发挥案管部门数据归集分析和办案部门业务指导的优势。**注重案管部门与办公室、法律政策研究部门的沟通，发挥后者在分析维度、分析方法、政策理论把握方面的优势，实现业务分析研判、典型案例分析及理论研究文章等成果相互借鉴，

做到职能相互融合、知识相互补位、成果相互提升；加强案管部门与信息技术部门的联系，争取有力的信息技术保障，提高数据填录、数据审核、数据分析的信息化、自动化、智能化水平；加强案管部门与法院、公安机关的联系，定期共享不捕（不诉）复议复核、撤回起诉、无罪判决等办案数据，更加全面客观公正反映检察机关办案质效；加强案管部门与新闻媒体的沟通，搭建数据分析研判成果展示和转化平台，让优秀分析研判报告通过新闻媒体宣传出去，成为检察机关履行法律监督职能，参与社会治理，推进国家治理体系和治理能力现代化的重要渠道与手段。

（四）筑牢会商基础，促进会商依托的业务数据真实准确

充分认识业务数据在确保会商中的基础性作用，认真做好数据填录、数据审核、数据通报等工作，确保数据真实准确。**要做好数据填录工作，把数据填录作为司法办案的一部分，及时、完整、准确录入各种案件信息，确保信息资源准确、可靠、可用；**要做好数据审核，持续加强日常数据审核，实时跟踪确认数据入库情况，定期开展数据专项核查，加强对重点数据的审核把关，适时开展数据通报，督促纠正不当的案卡填录问题。做好业绩考评，对错填、漏填的责任人严肃追责，倒逼规范填录、审核数据。做好智慧借助，完善检察业务应用系统 2.0 版本，优化案卡填录项目的逻辑验证规则，对互斥、异常数据，增加自动拦截、提醒、预警功能，通过技术手段提高数据填录、采集、审核、管理的智能化水平。

（五）提高会商能力，建设领导有力、素质全面的会商团队

成事之要、关键在人，真正发挥会商的积极作用，尤其需要依靠高素

质的会商团队。首先，主持会商的院领导是核心。通过较强的管理智慧、全面的业务能力、深刻的洞察力，加强对会商议程、重点的指挥调度，对参会人员观点、意见的总结评析，指导业务工作科学发展。其次，组织会商的案管部门是基础。上级院要组织辖区案管人员，以挂职方式专职参与本院业务数据分析研判工作，形成以点带面、自上而下的良好局面。**要探索运用上下一体工作机制，有效整合全省、全市分析研判人才，集中完成重大分析研判任务**。要把分析研判与评先评优、检察官遴选、优先外出培训结合起来，设定加分分值，让能干事、会干事、干成事的干警得到看得见、感受得到的实惠。最后，参加会商的业务部门是关键。既然会商的对象是业务工作，参加会商的业务部门自然责无旁贷，需要充分发挥熟悉业务工作的优势，对案管部门的数据提醒、初步分析等进行认真研究，由异常数据提炼出业务工作存在的问题，提出改进工作的意见建议，更好地发挥会商在引领业务工作方面的积极作用。

案件质量评查体系的检视与重构 *

案件质量是检察工作的生命线，提高案件质量是检察工作的永恒主题。案件质量评查工作，是评估案件质量的最直接形式，是促进案件质量提高的最有效手段。 作为检察机关案件管理部门核心业务的案件质量评查工作，对实现案件管理，规范司法行为，提高办案质效，提升检察机关的司法公信力具有重要作用，特别是在当前司法责任制改革、检察机关内设机构改革、刑事检察部门"捕诉一体"办案模式改革、认罪认罚从宽制度改革等刑事诉讼制度改革的大背景下，加强案件质量评查工作更凸显其现实意义。下面，我就案件质量评查体系检视与重构问题，从五个方面和大家进行交流。

一、案件质量评查工作的历史发展

（一）萌芽时期（2003—2010 年）

应当说，20 世纪 90 年代是国家经济大发展时代，也是检察工作大发

＊本讲内容根据 2020 年 10 月案件管理工作联系点专题培训班讲课课稿整理。

展的时代。这一时代，检察工作偏重于工作力度、数量规模，对办案质量、效果关注不够。正因如此，当时案件数量不断上升，但案件质量没有显著上升，反贪案件大立大撤、起诉率低、判决实刑率低，一般刑事案件办案程序不规范、执法随意性大、办案质量不高等问题突出，在此背景下，规范执法活动、加强案件管理提上日程。2003 年 5 月 27 日，最高人民检察院出台了《关于加强案件管理的规定》，对办案流程管理、办案考评等做了原则性规定。各地在开展案件流程管理和办案考评工作中，有的检察院集中人员、抽取案件、调取卷宗、个案检查，这是开展案件质量评查的早期雏形，主要是办案流程检查、通报办案瑕疵等，发现的主要是表层问题、程序性问题。

（二）探索发展时期（2011—2017 年）

2011 年 11 月 10 日，最高人民检察院印发《关于成立最高人民检察院案件管理办公室的通知》（以下简称《通知》）。最高人民检察院设立案件管理办公室，标志着作为综合业务的案件管理工作走到台前，也标志着案件质量评查工作开始了积极探索。《通知》中第一次出现了"办案质量评查"的概念，对案管办明确提出，要组织对最高人民检察院各业务部门办理的案件进行定期评查；对投诉最高人民检察院各业务部门办案质量问题的案件，组织个案评查；组织、协调最高人民检察院各业务部门对全国检察机关办理的案件进行评查，并对各部门报送的评查报告进行备案、汇总。同时成立案件质量管理处，专司案件质量评查等案件质量管理工作。2012 年 2 月 29 日，最高人民检察院通过了《最高人民检察院案件管理暂行办法》，专章规定了"办案质量评查"，就评查的组织、原则、内容、方法等作出了原则性规定。

这两个文件，对指导案件评查工作开展起到了积极作用。这一时期，各地陆续成立了案件管理办公室，对案件质量评查工作大胆探索，积累了大量经验，取得了长足发展。**在初期探索阶段，**主要是案管部门与业务部门共同开展案件质量评查，评查模式主要为上级案管部门组织或本院组织评查；评查力量主要依靠各业务部门，案管部门既是组织者，又是参与者；评查内容偏重于办案程序，基本上是办案流程检查。**在后期发展阶段，**主要是以2013年1月施行的修订后刑事诉讼规则为标志，以2013年5月全国检察机关检察业务应用系统的正式上线为基础条件，案件质量评查工作迎来了较大发展的时期。修订后刑事诉讼规则增加了"案件管理"专章，明确了案管部门"案后评查"职能，这一规定引起了各级检察院领导的高度重视。而全国检察业务应用系统的正式上线运行，全面实行了网上办案，这就为案件质量的网上评查创造了条件，网上评查的最大优势是不需要调阅纸质卷宗、减少评查人力成本，由此案管部门的评查地位逐渐上升，真正成为案件质量评查的组织者和主力军，通过系统授权开展网上日常评查，有的还组织开展交叉评查。总的来讲，这一时期案件质量评查工作在探索中有了较大发展，各地的探索主要集中在形式上，发现的问题也主要集中在办案的程序、形式上，对案件实体的评查参差不齐，但评查的效果逐步显现出来，案件管理部门的地位有了较大提高。案件质量评查工作得到了各级检察院领导的高度重视，也发展成为案管部门的一项核心业务。

（三）规范发展时期（2018年至今）

2018年1月1日，《人民检察院案件质量评查工作规定（试行）》（以下简称《评查规定》）开始施行，标志着案件质量评查工作进入了规范发展的新时期。其中对案件质量评查的目的、原则，工作组织、计划与执行，评查种类、内容、标准与结果等次，评查程序与结果运用等都作出了全面规定，对规范和指导各地案件质量评查工作发展具有里程碑意义。从此，质量评查工作也进入了规范发展的新阶段。2018 年最高人民检察院案件管理办公室工作计划要点明确提出，要以实施《评查规定》为契机，推动案件质量评查工作深入开展。2019 年又提出健全完善案件质量评查制度，探索逐步从评查程序性问题为主向评查实体性问题为主、办案效果为主的转变。应当说，近三年来各地案件质量评查工作是一个逐步规范时期，也是一个大发展时期。总的来看，省一级院开展评查工作最积极、组织开展的效果也最好，比如北京、江苏、浙江、上海、四川、河南等地。一些省（区、市）还研制了案件质量评查智能辅助软件，大大提高了评查效率。这一时期是规范发展时期，主要有四点标志：第一，最高人民检察院专门出台了案件评查的规范性文件；第二，全国普遍开展了案件质量评查工作；第三，案件质量评查内容逐步从对办案程序向办案实体深入，评查出一批不合格案件；第四，案件评查的智能辅助软件逐步使用、推广，信息化水平迈出较大步伐。

二、案件质量评查的基本理论

案件管理部门是检察机关一个新兴业务部门，作为这一新兴部门的新兴业务，案件质量评查工作本身就是在探索发展过程中，更不用说形成完整的框架理论体系了。但是，随着当前形势发展，已经到了对案件质量评查从理论高度进行研究探讨、定位思考的时候，建构案件质量评查的理论体系已经势在必行。主要表现在"四个需要"上：一是司法改革大背景下案件质量评查的重要性凸显，需要理论支撑。检察机关内设机构改革、"捕诉一体"办案模式改革、认罪认罚从宽制度改革等，**强调对检察官放权不放纵，加强个案监督管理的呼声高涨，案件质量评查作为加强案件管理的一个有力抓手，从没有像今天这样重要、这样被重视。**所以，从理论上说清楚案件质量评查是什么就显得尤为迫切。二是案件质量评查工作的多年探索发展，需要把成熟经验上升到理论。实践是理论的沃土。鲜活的经验一定来自基层。经过多年的探索发展，我们取得了案件质量评查的一些成功经验，有的已经比较规范、比较科学。案管办近年来转发了一大批这方面的经验，我们有必要把最新的实践经验进行固化，逐步上升到理论；把一些理论研究的成果进行总结，逐步体系化。三是案件质量评查工作发展目前遇到了瓶颈，需要理论指导。虽然案件质量评查工作得到了长足发展，取得了积极成果，但目前看各地的实践探索也都大同小异，如何让这项工作更加深入、更加规范、更加有效果、更加有生命力，就要在理论上研究，打破束缚实践的瓶颈。四是对案件质量评查存在分歧，需要正本清源。当前对案件质量评查工作，不同部门、不同人员也是众说纷纭，有的说案件质量评查是"事后诸葛亮"，于事无补；有的说案件质量评查是"自己人搞自己人"、没事找事；有的说案件质量评查没有发现多少不合格案件，劳民伤财、多此一举；有的案管人员认为质量评查是软任务，可多可少、可有可无，等等。这些都需要在理论上予以厘清。因此案件质量评查工作能否行稳致远，必须首先统一思想认识，树立正确理念，把握基本理论，从而构建一套理论体系。

（一）案件质量评查的内涵与外延

案件质量评查或检查这项工作本身并不是一个新鲜事物，公检法各机关都有对案件质量进行检查的制度，政法委、人大等也会组织对案件质量进行检查。但专门制定案件质量评查规定、明确质量评查概念的，检察机关还是走在前列的。《评查规定》第二条规定："本规定所称案件质量评查，是指对人民检察院已经办结的案件，依照法律和有关规定，对办理质量进行检查、评定的业务管理活动。"

这是检察机关第一次对案件质量评查作出了"下定义"式的规定。从这一定义中我们能够看出，案件质量评查这一概念的内涵，就是对案件的办理质量进行检查、评定；这一概念的外延，就是检察业务管理活动。应当说，内涵和外延都很明确。

（二）案件质量评查的性质与目的

1. 评查的性质

或者说评查的本质。在这一点上，思想认识上存在较为严重的分歧，也就体现在"评查"这两个字上：一种观点认为评查的重心在"查"上，《评查规定》的三种分类"常规抽查、重点评查和专项评查"也都把重心放在了检查上。这种观点是目前的主流观点。另一种观点认为评查的重心在"评"上，"查"只是"评"的手段，评查的结果就是要确定案件质量等次。这种观点不是主流，但很有意义。笔者认可第二种观点。因为第二种观点才明确指出了案件质量评查的本质。笔者认为，案件质量评查的本质就是对案件质量进行检验、确定等次。正如工厂生产产品要经过质检部门进行产品质量检验一样。我们经常说检察机关要为人民提供优质的司法产品、检察产品，可我们办理的案件如果没有贴上质量检验部门的标签，那么这个产品的质量是要打个问号的。**一个产品要经过三个阶段：生产、检验合格、销售。一个案件也应该经过三个阶段：办结、质量评查、归档。一个产品只有检验合格才可以销售，一个案件只有检验合格才可以归档。所以说，案件质量评查的本质就是确定案件质量的等次，是案件办结后、归档前的一个必经程序。**

2. 评查的目的

评查的目的或者说指引，就是实行案件管理既是对微观个案的管理，也是**通过个案评查汇总实现对客观办案工作的管理。**案件管理部门的职责是管理案件，案件质量评查是管理案件的一种方式。正因如此，我们在开展评查时，不能确定完案件质量等次后就万事大吉，还要注意总结分析四类案件特别是不合格案件、瑕疵案件的特点、成因以及改进工作的意见建议，这样才能通过对个案的质量评查发挥对整体办案工作的指导和管理作用。

（三）案件质量评查的主体与对象

1. 评查的主体

实践中，案件质量评查的主体比较多，有案管部门，业务部门，院里统一组织、各部门参与，政法委、人大等组织、公检法机关参与，等等。在案件质量评查的概念中，没有明确规定案件质量评查的主体。但《评查规定》第六条规定："案件质量评查工作应当在检察长的统一领导下，由案件管理部门、办案部门依照本规定第十五条的分工组织开展。"在这一规定中，明确了案件质量评查的主体是案件管理部门和办案部门。应当说这是对案件质量评查主体的现行最权威规定。但从理论上讲，办案部门作为案件质量评查的主体是不适格的，既负责办案，又负责给自己所办案件评定等次，就是既当运动员又当裁判员。所以**案件质量评查的主体，应当只有作为履行案件管理职责的案件管理部门才是适格的**。当前之所以这样规定，是因为我们也没有把案件质量评查作为办结案件归档前的必经检验程序，没有做到每案必须质量评查。

2. 评查的对象

案件质量评查的对象是案件。但这个案件有一个定语是"办结的"案件。如何界定办结的案件？从最高人民检察院规定看，似乎"办结的案件"范围很明确，并不值得讨论，但在司法实践中，有的案件虽然已经在检察机关办结，但案件的诉讼程序还在继续。比如审查逮捕案件，刑事诉讼法规定，人民检察院和人民法院有权对犯罪嫌疑人是否逮捕作出决定。对犯罪嫌疑人是否逮捕，只是诉讼过程的一个环节，根本不是诉讼过程的结束，案件最终的诉讼结果有三种：一是侦查机关撤销案件，二是检察院作出不起诉决定，三是法院判决。因此对审查逮捕案件，不能以检察院已经办结，就对其开展质量评查，而是应该等案件诉讼程序最终结束，才对案件开展评查。再如对公安机关监督立案案件的评查，公安机关立案后，检察院的诉讼监督程序就已经办结，但对监督立案的案件质量的评价，必然会涉及案件的最终处理结果，所以也应等到公安机关撤案、检察院不诉、或法院判决后开始质量评查。从以上两类案件看出，**如果静态地、机械地理解案件的"办结"，就不能全面评价案件办理的质量**。所以案件质量评查的对象，是指诉讼程序终结的案件。

（四）案件质量评查的功能与价值

1. 评查的功能

主要有四个方面：一是监督功能。**严格意义上讲，质量评查是案件管理部门对办案工作的一种事后监督**。通过这种监督，能够发现检察官办案质量情况，既体现检察机关"管办分离"的原则，也是检察机关加强自身监督、促使检察权依法规范运行的一项工作机制。二是纠错功能。这一功能容易被忽视，同时也存在不同认识。但如果通过质量评查发现案件存在质量问题，比如存在冤假错案，如果发现承办检察官存在违纪违法线索，当然应当提出意见建议，纠正冤假错案，对相关责任人员进行责任追究。否则，质量评查光贴标签，不纠正实体错误，那就是走形式了。三是考核功能。这一功能主要是通过案件质量评查与业绩考核评价相结合来实现。**评价一名检察官，最重要的就是承办案件质量情况，主要体现在承办案件的不合格案、瑕疵案，以及优质案和合格案**。要把检察官承办案件的评查结果纳入绩效考核体系，作为遴选、评价、奖惩检察官的重要依据，从而推动实现对检察官优胜劣汰的动态管理。四是指导功能。虽然质量评查是对案件的事后评价，但这种评价对随后的司法办案活动确实是一种事前指导。主要表现有两点：一是个案指导。承办检察官对所办案件的质量评查等次和结论意见一定会高度关注，并根据评查意见规范自己今后的办案行为、提高案件质量。二是宏观指导。就是通过案件质量评查通报、反馈答疑和落实整改建议，特别是评选出来的优秀典型案件、法律文书，以及创造出来的可复制、可推广的工作经验，可以引导更多检察官学习和借鉴。

2. 评查的价值

直接价值，就是规范司法行为、提高案件质量。间接价值，就是维护司法公正权威，维护司法机关形象。

（五）案件质量评查的理念与原则

1. 评查的理念

主要有四点：一是树立职责平等理念。这是评查工作的出发点和立脚点。从履行职责上讲，办案与评查是不同职责，两者相辅相成、职责平等，**评查检察官不能以监督者自居，也不应该存在高人一等的优越，而应树立职责平等的理念，确立技高一筹的高标准。**二是树立公开透明理念。这是评查工作的生命。要摒弃评查工作的神秘主义，评查组织、程序、标准、人员、作出结论等都要公开透明，受监督、可预期。这样才能维护评查工作的公正和权威。三是树立双赢多赢共赢理念。这是评查工作可持续的根本保障。只有评查主体与被评查对象在评查工作中实现双赢多赢共赢，才能相辅相成，使评查工作良性发展。如果不能实现双赢多赢共赢，随着评查工作的深入开展，评查的负面影响就会越积越多，最终就是四面楚歌、难以为继，甚至领导只好"挥泪斩马谡"。四是**树立终身承担司法责任理念。评查者一定要对所评查案件的质量等次承担终身司法责任，这是保障案件质量评查质量的根本。**为什么一些评查走形式，不仅是因为怕伤人、当好人，更重要的是对评查结果不负责任。这主要体现在两个方面：一方面，把合格案件评定为不合格案件，要承担相应责任；另一方面，把不合格案件、瑕疵案件评定为合格案件，或者把合格案件评定为优质案件，也要承担相应责任。我们对前者关注多、强调得多，所以更慎重；而对后者关注少、强调得少，造成了一部分人在评查时当老好人，走形式。如果对评查案件采取定量抽查，发现问题也要承担司法责任。这方面问题就会大大减少。

2. 评查的原则

主要有四项原则：一是坚持地位中立与结论独立。这是质量评查最根本的原则。评查检察官必须持中立的立场，不戴任何有色眼镜，如果涉及私情私利等特殊情况要申请回避或指定回避（应当有回避的专门规定）；对证据采信、事实认定、等次评定意见等都要独立作出，不受任何外在因素的干扰。二是坚持实体评查与程序评查并重。**办案程序涉及执法规范，办案实体涉及执法对错，应该说两者都属于评查的范围，不可偏废。**当前，对质量评查存在重程序、轻实体，评查流于形式、走过场的突出问题的同时；也要反对重实体、轻程序，提出以实体评查为主、程序评查为辅等错误观点，防止从一个极端走向另一个极端。三是坚持查、评、处相结合。案件检查、评定等次和提出处理意见有机结合，查是基础，在查的基础上确定等次，在确定等次的基础上提出处理意见，三者之间环环相扣、一脉相承。绝不允许不查而评，不评而处。四是坚持个案评查与宏观指导相结合。**在个案评查的基础上，要善于总结评查发现的普遍性、倾向性、典型性问题，提出针对性意见，加强对类案的工作指导。**这是防止就个案评查而评查，只见树木不见森林。**把个案评查与宏观指导结合起来，才能最大限度地发挥案件质量评查的作用。**

三、案件质量评查的组织开展

组织开展案件质量评查活动，应当明确评查种类和工作程序、评查内容和重点、评定等次的确定和标准、评查报告的撰写这几个基本步骤。

（一）评查种类和程序

理论与实践总是存在落差。评查应该是每案必查，在此基础上为了检验评查的效果，对评查过的案件再进行抽验抽核。也就是只有两种评查，即常态化评查和抽验抽核。但现实是我们的人力精力都做不到，最关键是我们还没完全实现从高速发展向高质量发展的转型。所以当前的质量评查，应该说是基本符合当前的工作实际。最高人民检察院《评查规定》确定了常规抽查、重点评查、专项评查相结合的评查模式。

1.评查种类

（1）常规抽查。关于常规抽查，《评查规定》没有明确的定义。但可以从《评查规定》第十二条总结出常规抽查的三个特点：第一，是以独任检察官和检察官办案组为单元，进行随机的抽查；第二，抽查的案件有一定量的规定，即每位检察官每年被抽查的案件数不少于本人当年办案量的百分之五，且最低不少于二件；第三，抽查应当在每年业绩考核工作开始前完成。**常规抽查是检察机关对所有检察官所办全部案件按照一定比例或数量进行的质量评查，主要指向是检察官，主要解决的是在司法责任制背景下案件质量评查工作在选取案件上的公开、公平和公正。**

（2）重点评查。关于重点评查，根据《评查规定》第十三条规定，可以总结出三个特点：第一，明确了重点评查的四类案件，即批准或者决定逮捕后作不起诉处理，或者提起公诉后又撤回起诉，或者人民法院判决无罪、免予刑事处罚的案件；在流程监控等管理活动中发现存在严重程序违规、不当干预、缺少制约程序等问题的案件；案件质量评查智能辅助系统提示可能存在重大问题或者与类案偏离度较大的案件；最高人民检察院、省级人民检察院确定的其他需要重点评查的案件。第二，明确了对重点评查案件要逐案评查，不存在一定比例和数量的规定。第三，重点评查应当在案件办结后或者发现问题之日起三个月内完成。相较于常规抽查，重点评查不是例行评查，它更重要、需要更重视。**重点评查是对容易存在或发现存在重大质量风险、重大质量问题的案件进行针对性评查，主要指向是特定案件，主要解决的是防范和化解案件质量问题，要一案一查，逐案分析，逐案评定。**

（3）专项评查。专项评查，是对特定类型案件或者案件的特定环节、特定问题开展的质量评查。专项评查应当每年至少开展一次，且在每年10月底前完成。对于专项评查的案件，应当对有关情况进行深度分析研究，并形成评查情况专项报告。专项评查主要指向：一是特定类型的案件，比如性侵未成年人案件、直接受理侦查案件、刑事申诉案件等类罪案件，也可以包括故意杀人案件、危险驾驶案件、毒品案件等个罪案件，开展专项评查。二是特定环节的案件，比如捕后不诉案件、退回补充侦查案件、不捕案件、撤回起诉案件等，开展专项评查。三是特定问题的案件，比如对检察文书不规范问题、认罪认罚从宽制度适用不当问题、涉案财物管理问题、案件信息公开问题、公开听证问题、诉讼权利义务告知问题等，对审查逮捕阶段不捕案件文书质量、公诉阶段起诉书质量、法律文书的公开情况进行评查，开展专项评查。**相对于常规抽查、重点评查，专项评查最大特点是可选择性，也就是选取评查的特定类型案件、环节和问题，没有法律性规定，而是完全由评查组织自主决定；专项评查能否取得预期效果，最关键的是选择评查的特定类型案件、环节或问题是否典型，是否抓住了主要矛盾。**

2. 评查程序

案件质量评查程序主要包括选案、审查、拟评、评定、反馈、纠正六个程序。

（1）选案。开展案件质量评查的第一步就是选取被评查案件，常规抽查是按照一定比例或数量随机抽选案件，重点评查是对重点案件的全部选取，专项评查是对确定的类型、环节、问题的案件的选取。

（2）**审查。这是质量评查最重要的环节，能否取得好的评查效果关键就在审查环节能否深入、负责，能否严格依法开展。**在审查环节，评查人员一是要审查全案，依托检察业务应用系统，以网上审查为主、网下审查为辅。对于依照规定未在检察业务应用系统运行的案件和有关材料，可以调阅纸质材料。调阅涉及国家秘密或者重大敏感问题的材料，应当报经本院检察长或者有批准权的上级人民检察院批准。二是要向办案人员等了解相关情况。这里的"等"，笔者倾向于是扩充性的"等外"解释，也就是除了办案人员，也应包括当事人、律师等相关人员。

（3）拟评。就是提出拟评定等次的意见。这里要明确，对于拟认定为瑕疵案件或者不合格案件的，应当听取被评查单位、办案人员的意见。被评查单位、办案人员提出异议的，评查组织部门应当及时审核处理，认为异议成立的，应当接受并修改评查意见；认为异议不成立的，应当说明理由并将评查意见和认为异议不成立的理由一并报请检察长决定；必要时，可以提请检察委员会讨论决定。

（4）评定。就是对提交的拟评意见，由检察长或者检察委员会审议，确定评查结果。

（5）反馈。评查结果经检察长或者检察委员会决定后，评查组织部门应当在五日以内将评查结果送被评查单位，同时分送院领导和其他办案、政工人事、监察等部门。

（6）纠正。主要有三种情形：一是对评查结果认定的具体问题，能够补正的，办案人员、办案单位应当及时补正，并在三十日以内书面反馈评查组织部门。二是对评查中发现的普遍性、倾向性问题，评查组织部门可以开展讲评培训、在一定范围内通报评查结果，协调相关部门建立健全长效机制。三是对存在严重错误需要纠正原处理结论的案件，应当报请检察长或者检察委员会决定启动法定程序予以纠正。

（二）评查内容和重点

根据《评查规定》，案件质量评查应着重从证据采信与排除、事实认定、法律适用、办案程序、文书制作和使用、释法说理、办案效果、落实司法责任制 8 个方面内容来进行，其中证据采信与排除、事实认定、法律适用、办案程序四个方面是评查重点。

1. 证据采信与排除

就是要审查原案的证据采信与排除是否符合法律规定，证明标准是否达到法律要求。应做到非法证据依法排除，瑕疵证据依法补强。重点审查：第一，证据的形式要件是否齐备、规范、合法。第二，证据分析是否严谨、合理、合法，明显矛盾的证据是否充分阐述并合理排除，瑕疵证据是否给出明确补侦方向并依法补强。第三，证据运用是否恰当，是否达到证明标准。

2. 事实认定

就是要审查原案对所认定事实已排除合理怀疑，事实清楚。重点审查：第一，当事人、时间、地点、手段、数额、数量、次数、后果等涉及定性的具体事实要素是否有遗漏或者错误。第二，案（事）发经过、自首、立功、赔偿、和解等涉及定量的情节事实是否有遗漏或错误。第三，是否错误认定了案件事实、情节，造成严重后果。

3. 法律适用

就是要审查适用法律是否正确，引用法律条文是否准确。重点审查：第一，定性是否准确，比如刑事案件的此罪与彼罪、罪与非罪的认定是否准确，民事案件的支持抗诉是否准确。第二，定量是否准确，比如刑事案件的自首、立功、累犯等情节认定是否准确。第三，法律条款引用是否规范、完整、准确。

4. 办案程序

就是要审查诉讼程序是否规范、合法。重点审查：第一，是否有管辖权。第二，是否有回避情形。第三，是否超过法定办案期限。第四，是否依法告知权利义务、送达法律文书。第五，是否依法取证、适用强制措施等。

5. 文书制作和使用

就是要审查使用的文书是否正确、规范。重点审查：第一，文书的名称、类型、文号是否正确；第二，文书的基本要素是否完整，语言表达是否合乎逻辑；第三，文书中记载的姓名、时间、地点、手段、数额、次数等主要内容与证据材料是否一致；第四，文书内容是否存在遗漏、错误、相互矛盾等情形；第五，文书中签名、盖章、文字、符号等是否存在不规范、遗漏或错误。

6. 释法说理

就是要审查释法是否及时、有效，说理是否全面、充分。重点审查：第一，是否开展了释法说理。第二，释法说理的形式是否得当、时间是否及时、内容是否规范、效果是否良好。

7. 办案效果

就是要审查办案的政治效果、社会效果、法律效果是否实现了有机统一。重点审查：第一，是否有良好的政治效果，主要在于刑事政策把握是否合法、合理，是否与中央和地方党委的提倡和要求相一致。第二，是否有良好的社会效果，主要在于是否有和解、感谢信、送锦旗等情形，是否引发社会负面反响或重大舆情。第三，是否有良好的法律效果，主要在于是否维护法律权威和形象，是否引发涉检信访或涉检舆情。

8. 落实司法责任制

就是要审查是否符合检察机关关于司法责任制的相关规定。重点审查：办案组织、案件分配、办案权限、文书签发、监督管理等方面是否符合相关规定。

（三）评查等次和标准

1. 合格案件

符合实体正确、程序合法、文书规范等基本要求，案件办理效果良好。基本标准：（1）证据审查准确、无遗漏，证据采信与排除符合法律规定，证明标准达到法律要求；（2）认定事实清楚；（3）适用法律正确；（4）办案程序合法、规范、法律手续完备；（5）文书使用正确、规范，文书制作基本要素完整，语言规范，表达准确，逻辑清晰，说理充分；（6）以案释法及时、有效；（7）办案的政治效果、社会效果、法律效果有机统一；（8）符合检察机关司法责任制关于办案组织、案件分配、办案权限、文书签发、审查、审批、备案、监督管理等方面的相关规定；（9）符合其他相关规定。

2. 优质案件

基本标准：除具备合格案件的认定要求外，还应考虑是否具有下列情形，进行综合评定：（1）属于重大疑难复杂案件、新类型案件，在服务大局方面有突出成效的；（2）所办案件具有示范、指导意义，被上级人民检察院评为指导性案例、典型案例的；（3）依法移送违纪违法犯罪、诉讼监督、公益诉讼等线索，查证属实，办案效果显著的；（4）积极推进"案－件比"、捕诉一体、认罪认罚、公开听证、人民监督员制度等司法体制改革和检察工作机制改革，成效显著的；（5）案件办理做到政治效果、社会效果、法律效果有机统一，成效显著的。

3. 瑕疵案件

基本标准：**一是在实体、程序、文书或者办理效果等方面存在瑕疵；二是处理结论正确**。认定瑕疵案件，应当根据瑕疵情形，对问题数量和严重程度综合评判后认定。

（1）关于证据审查和采信瑕疵的把握。证据的收集、调取、制作、使用等存在下列情形之一，但不影响案件处理结论的，可以认定为证据审查和采信瑕疵：第一，物证、书证等证据的形式、收集程序等存在瑕疵的；第二，讯问、询问、勘验、检查、辨认等笔录及视听资料、电子数据等证据材料中，时间、地点、参与人员等信息填写遗漏、错误或者不符合要求的；第三，首次讯问、询问笔录没有记录告知被讯问人、证人、被害人有关权利义务的；第四，讯问、询问笔录反映出同一时段、同一办案人员讯问询问不同被讯问人、证人、被害人的；第五，应当行使调查核实权而未行使，或者需要依职权调取的证据，应当调取而未调取的；第六，对证据瑕疵未要求侦（调）查机关补正或者作出合理解释，也未自行补正，导致庭审时被法庭排除适用，但未造成案件处理结果错误的；第七，对非法证据未能依法排除，导致庭审时被法庭排除适用，但未造成案件处理结果错误的；第八，其他证据审查和采信瑕疵认定情形。

（2）关于事实认定瑕疵的把握。存在下列情形之一，但不影响案件处理结论的，可以认定为事实认定瑕疵：第一，案件事实（情节）有遗漏或者错误的；第二，案件事实没有证据支持，或者认定的案件事实所依据的证据缺乏证明力的；第三，监督理由不充分，但不影响监督结论有效性的；第四，其他事实认定瑕疵情形。

（3）关于法律适用瑕疵的把握。存在下列情形之一，但不影响案件处理结论的，可以认定为法律适用瑕疵：第一，遗漏、错误适用法律条款或引用法律条款不准确、不完整、不规范的；第二，刑事案件、直接受理侦查案件的罪名，民事、行政、公益诉讼案件的法律关系，非诉讼类监督案件的违法行为性质认定不当的；第三，法定量刑情节，影响民事、行政、公益诉讼案件当事人责任区分情节，非诉讼类监督案件违法行为情节认定不当的；第四，应当提出诉讼监督意见而未提出，或者不应当提出监督意见而提出，尚未造成严重后果的；第五，其他法律适用瑕疵情形。

（4）关于办案程序瑕疵的把握。存在下列情形之一，但未造成严重后果或者严重不良影响的，可以认定为办案程序瑕疵：第一，未在法定期限内作出审查意见、决定或者办结案件的；第二，违反管辖、回避规定办理案件的；第三，违反法律法规及检察机关办案权限、请示、上报、批复、送达、告知等办理程序的；第四，违反讯问、询问有关规定的；第五，未按规定对扣押、冻结的涉案款物提出处理意见的；第六，未按规定送达有关法律文书、告知诉讼当事人相关权利义务的；第七，在检察建议监督案件办理过程中，未对检察建议的采纳及整改落实情况进行跟进监督或者跟进监督不到位，导致未取得实际监督效果的；第八，违反非诉讼类监督案件办理程序的；第九，其他办案程序瑕疵认定情形。

（5）关于文书制作和使用瑕疵的把握。存在下列情形之一，但未造成严重后果或者严重不良影响的，可以认定为文书制作和使用瑕疵：第一，法律文书中的文字、术语、语法等存在不规范、遗漏、错误，影响法律文书表述准确性的；第二，法律文书的格式、名称、类型、文号、用印等错误的；第三，未按规定制作审查报告、终结报告、复查报告或决定书、通知书等相关必备法律文书的；第四，讨论案件笔录，讨论人未签名或签名与实际参加人不符，或讨论案件笔录未如实记录汇报人、讨论人意见的；

第五，其他文书瑕疵认定情形。

（6）关于释法说理瑕疵的把握。在履行法律监督职能过程中，制作的决定书、意见书、建议书、告知书、通知书等各类检察法律文书应加强释法说理。对涉及公民、组织重要权利处置或者诉讼重要进程的，应当在法律文书中或者送达、宣告决定时有重点地进行说理，没有说理或说理不及时、不充分的，可以认定为释法说理瑕疵。

（7）关于办案效果瑕疵的把握。存在下列情形之一，但未造成严重后果或者严重不良影响的，可以认定为办案效果瑕疵：第一，办案的政治效果、社会效果、法律效果未能有机统一，造成社会负面影响或被上级通报批评的；第二，对重大敏感案件或可能引发群体性事件的案件，应当进行风险评估而未评估的，或者评估后未制作风险预案，造成社会负面影响或被上级通报批评的；第三，未及时有效开展以案释法，造成不良影响的；第四，诉讼程序繁简不当，办案效率不高的；第五，所提检察建议、监督意见存在法律错误或确有不当被决定变更或撤回的，或者不具有实质性意义、操作性不强的；第六，检察人员在办案过程中接受当事人及其诉讼代理人请客送礼或违反规定会见当事人及其诉讼代理人的；第七，其他办案效果瑕疵认定情形。

4. 不合格案件

基本标准：认定事实错误或者事实不清造成处理结果错误，或者适用法律不当造成处理结果错误，或者办案程序严重违法损害相关人员权利或造成处理结果错误。认定不合格案件，应根据错误情形，对问题数量和严重程度综合评判后认定。

（1）关于处理结果错误认定的把握。**认定为不合格案件，一般应当以**

处理结果错误为前提，存在下列情形之一，可以认定为处理结果错误：第一，错误作出决定，导致不应当被追究刑事责任而被错误追究，或者应当被追究刑事责任而未被追究的；第二，错误批准逮捕导致捕后撤案、绝对不起诉、判决无罪并生效的；第三，错误起诉导致撤回起诉、法院判决无罪或无罪判有罪并生效的；第四，错误提出监督意见或者怠于履行监督职能导致严重后果的；第五，办理的案件为虚假案、凑数案的；第六，其他处理结果错误的情形。

（2）关于证据审查和采信错误的把握。存在下列情形之一，造成案件处理结果错误的，可以认定为证据审查和采信错误：第一，对刑事案件据以定罪，民事、行政、公益诉讼案件认定法律责任，非诉讼类监督案件据以提出监督意见的证据中存在明显矛盾，未依法予以排除的；第二，在证据收集过程中存在刑讯逼供和以威胁、引诱、欺骗以及其他非法方法收集证据的违法行为，或者证据应收集不收集、应调取不调取，造成严重后果的；第三，未依法排除非法证据，造成严重后果的；第四，其他证据审查和采信错误认定情形。

（3）关于事实认定错误的把握。存在下列情形之一，造成案件处理结果错误的，可以认定为事实认定错误：第一，案件主要事实认定错误或者事实认定不清的；第二，遗漏犯罪事实或者犯罪嫌疑人；第三，其他事实认定错误认定情形。

（4）关于法律适用错误的把握。存在下列情形之一，造成案件处理结果错误的，可以认定为法律适用错误：第一，适用法律错误造成罪与非罪、民事行政法律关系、非诉讼类监督案件违法行为的性质认定不当的；第二，适用法律错误造成刑事案件法院判决量刑畸轻畸重、民事行政责任承担明显不当、非诉讼类监督案件未取得实际监督效果的；第三，其他法律适用错误认定情形。

（5）关于办案程序错误的把握。存在下列情形之一，造成严重后果或不良影响的，可以认定为办案程序错误：第一，办案中形成的重要处理、决定，长时间未送达、未告知当事人，情节严重的；第二，错误适用退回补充侦查、强制措施等办案程序，导致犯罪嫌疑人被错误羁押、超期羁押的；第三，违反非诉讼类监督案件办理程序，导致应监督而不监督、不应监督而监督或严重影响监督质量效果的；第四，存在重大程序违法，严重损害国家、社会公共利益以及相关人员合法权益的；第五，其他办案程序错误认定情形。

（四）评查报告的撰写

1. 个案评查报告

一案一评查，一案一报告。**个案评查报告，主要分为简要案情、诉讼过程、评查意见、评查结论四部分。简要案情要"真"，诉讼过程要"全"，评查意见要"实"，评查结论要"准"。**简要案情要"真"，就是要还原案件的真实情况，客观描述，不带任何主观认识；诉讼过程要"全"，就是要把所有诉讼过程全部总结呈现出来；评查意见要"实"，就是要在定性、定量分析中立足证据材料，实事求是；评查结论要"准"，就是要准确评定等次。这里要明确指出，对评定为合格案件，如果没有争议的，可以简单写。对于评定为不合格案件、瑕疵案件、优质案件，或者对于评定为合格案件但有争议的，在评查意见部分一定要认真分析、论证，适用法律准确，采信证据恰当，有理有据，层次分明，论述清晰。

2.综合评查报告

综合评查报告是建立在个案评查报告上的全面汇总报告，如果个案评查报告是加强个案指导，那么综合评查报告就是加强宏观指导。**综合评查报告，主要分为评查工作开展情况、评查案件总体情况、需要着重研究的个案评定等次情况、加强工作的意见建议四个部分。评查工作开展情况要"简"，评查案件总体情况要"全"，需要着重研究的个案评定等次情况要"细"，加强工作的意见建议要"粗"。**评查工作开展情况要"简"，就是要简要叙述评查组织的准备、人员、对象、程序、方法和特点等，言简意赅；评查案件总体情况要"全"，就是要全面汇总所评查案件的种类、数量、分布、评定等次比例等评查基本情况，特别是要做到两个突出：一要突出问题，按照先实体后程序、先重后轻的次序，把典型性、多发性、倾向性问题进行归纳，并总结问题原因；二要突出成绩，主要是总结优质案件、合格案件的好的经验，对具有示范性、推广性的做法要认真提炼，并指出优点。需要着重研究的个案评定等次情况要"细"，就是要详细阐述评定优质案件、不合格案件、瑕疵案件的理由、证据情况，基本上要将个案评查报告的评查意见部分搬过来。加强工作的意见建议要"粗"，就是要粗线条地提出原则性意见，因为个案评查报告已经是针对性的意见和指导了，再提过于具体的意见就可能影响和干涉业务部门的职责权限，所以应当仅就典型性、多发性、倾向性问题提出原则性意见。

四、当前案件质量评查工作存在的突出问题

虽然案件质量评查工作在各级检察机关开展得如火如荼，取得较好效果，得到了很大发展，应该说也逐步深入人心，成为案管部门的拳头产品，但在实际开展中还存在一系列突出问题，影响了该项工作的深入、全面、规范推进，亟待研究解决。主要有十个方面的突出问题：

（一）功能定位不准确

这是质量评查的一个根本性问题，可以说是所有问题的根源。功能定位不准确，实际上是一个对质量评查的思想认识问题。**当前，检察机关对案件质量评查的普遍认识，是把案件质量评查作为抽样检测案件质量的一种方式，而没有把案件质量评查上升到与案件办理并列的案件管理高度来认识，没有把经评查确定案件等次作为案件结案后、归档前的一个必经程序。**不论是常规抽查，还是重点评查、专项评查，都是对部分案件的评查。说案件质量评查的功能定位，就是对部分案件进行的不是必经程序的评查。这种功能定位造成了质量评查的异化，也就是评查的随意性、临时性和不确定性，主要有四种情形：（1）部分院领导把案件质量评查作为提高案件质量的最有效手段，发现案件质量滑坡或需要提醒办案人员绷紧案件质量这根弦时，就组织开展一次质量评查活动。（2）部分院领导把案件质量评查作为解决员额检察官退出员额的手段，如果需要就组织一次质量评查，对案件质量相对较差的，特别是不合格、瑕疵案件的承办检察官，要求其退出员额。（3）案管部门认为质量评查是工作职责，所以每年不定期组织一两次评查，作为履行职责、完成工作的任务。（4）业务部门根据工作实

际组织开展一些专项评查，主要是总结特定类型案件或者特定环节、特定问题，更好指导工作开展。应当说上述四种情形都有正确成分，但都是片面的，没有认识到质量评查在功能定位上的本质意义。

（二）评查主体不权威

这是一个容易忽视的问题，但也是一个突出的问题。评查主体不权威，评查工作自然不受重视，评查活动也就容易流于形式、走过场。可以说，这个问题是案件质量评查的一个隐形的、瓶颈性的问题。评查主体缺乏权威性，主要体现在"三个没有"上：（1）没有一个明确的组织评查机构。当前案件质量评查工作是多部门组织，第一，案管部门组织，占大多数；第二，业务部门组织，比较少；第三，案管部门和业务部门联合组织；第四，院里统一组织、各部门参与；第五，政法委、人大等组织，公检法机关参与。以上五种基本组织形式，恰恰说明谁都可以组织案件质量评查，谁组织谁负责。**没有一个唯一的评查机构，大大削弱了评查机构和评查工作的权威性。**（2）没有一个常设的评查机构。在一些检察院，评查组织工作相对固定，主要是由案管部门来组织，但这些组织评查工作的评查小组，也多为临时机构，评查时存在，评查结束后解散，就像一个临时性的草台班子。**缺乏一个常设的评查机构，不仅影响评查工作的连续性，也大大削弱临时评查机构的权威性。**（3）没有一个被授权直接确定评定等次的评查机构。当前，评查小组主要是一个组织者，对评查结果等次的认定没有决定权。通行做法是评查小组提出初评意见后，报检察长或检委会决定。这也是《评查规定》的规定。但**评查机构没有被授予决定权，总是会削弱评**

查机构的权威，影响评查工作的权威性。

（三）评查启动不规范

目前，启动案件质量评查主要有两种方式：一是内部启动，就是检察院内部组织开展评查。表现为检察系统内部对本院或者下级院的案件组织质量评查。二是外部启动，就是地方党委政法委、人大等外部领导监督机关组织的案件质量评查。这两种启动方式都存在不规范问题，主要表现为突击式和运动式两种情形：一是突击式，就是针对上级要求或工作存在突出问题，以案件质量评查方式组织突击工作检查。事先没有通知、预告，就是临时决定，也就是说被接受评查的检察官是没有心理预期的。这种启动方式，办案人员是反感的，因为人为性太强、打断了办案人员的正常工作状态。二是运动式，就是评查启动和开展没有连续性，像搞运动一样，一阵风吹过，下次搞不搞、何时搞、怎样搞都不知道。两种评查启动的不规范，自然导致评查本身的不规范、不权威、不可持续。**案件质量评查的启动，应该是法定的、公开的、规范的、可预期的。**

（四）评查范围不全面

可以概括为"三多三少"：一是刑事案件的评查较多，民事、行政、公益诉讼案件的评查较少；二是一般刑事检察案件的评查较多，刑事执行检察案件、未成年人检察案件、控告申诉检察案件的评查较少；三是一般刑事检察案件中审捕、审诉案件的评查较多，侦查监督、审判监督等诉讼监督案件的评查较少。当前案件评查，主要就是对审捕、审诉案件的评查，为了集中力量、凸显效果，又把对审捕、审诉案件的评查集中到批准或者决定逮捕后作不起诉决定的案件，提起公诉后又撤回起诉的案件，法院判决无罪、免予刑事处罚的案件这三类案件上。从突出评查重点来看，这样做本身并没有错，特别是民事、行政、公益的诉讼规则没有出台，评查标准难以把握，刑事执行、控告申诉工作还没有完成从办事模式向办案模式转变，缺乏评查的基础条件，而对立撤案件监督、漏捕漏诉监督和侦查活动、审判活动监督也没有完全实行案件化办理，这些应当是评查案件范围狭窄的客观因素，但主观上回避困难、矛盾，快出成效的思想作祟还是根本原因。

（五）评查标准不具体

一些同志在总结评查工作存在的问题时，往往提出评查标准不明确。这里要强调，最高人民检察院规定的评查标准是明确的，不具体的应是操作层面的评查标准。主要表现为"两明确""两不具体"：一是评查内容的标准明确，但操作把握上不具体。《评查规定》明确了评查案件的 8 个方面内容，并就每一方面内容提出了明确标准，这些是明确的，但在具体操作上如何把握"认定事实清楚""办案程序合法、规范""开展以案释法及时、有效"等，这方面缺乏具体规定。二是评查结果等次认定标准明确，但操作把握上不具体。《评查规定》对优质案件、合格案件、瑕疵案件、不合格案件等次认定的标准是明确的，但在具体操作上如何把握"在实体、程序、文书或者办理效果等方面存在瑕疵"，是一个瑕疵还是多个瑕疵，是轻微瑕疵还是严重瑕疵，这方面缺乏具体规定。应当说，绝大多数案件都有瑕疵，如何把握合格案件和瑕疵案件的等次标准是一个难题，甚至严重瑕疵案件与不合格案件的等次标准把握也是一个难题。基本原因有两个方面：第一，评查工作的宏观标准、中观指引、微观操作不衔接。最高人民检察院制定了明确的宏观标准，但宏观标准高高在上，不接地气。要使宏观标准指导评查工作的作用发挥充分，就还要有具体的工作指引，目前最高人民检察院案管办正在制定。但最根本的是基层院要根据宏观和微观的标准与指引，结合具体案件类型和实际，制定出微观层面的具体操作办法。由于案件类型多样、同一类型案件事实和证据也千差万别，所以在制定具体操作办法时，各级院要印发一些评查工作的指导性案例，特别是优质案件、瑕疵案件、不合格案件的评查案例，以加强针对性指导。第二，评查标准把握与业务部门工作规范不衔接。也就是案管部门的评查标准与相关业务部门开展工作的司法解释或实际做法把握存在不一致，比如2007年《人民检察院办理起诉案件质量标准（试行）》《人民检察院办理不起诉案件质量标准（试行）》分别对"不起诉质量标准""不起诉错误""不起诉质量不高"的具体情形进行列举式规定，由于这些规定都是散见于各个业务条线的规定，案管部门不能完全掌握，更不用说结合起来开展评查了。案管部门应当与业务部门结合两部门实际，制定详细的评查细则，统一各类案件的详细标准。

（六）评查问题不深入

主要体现在"三避三就"上：一是避难就易。就是在案件选取上，评查那些比较容易把握、没有什么问题的案件，对矛盾集中的、问题较多的、反响强烈的案件采取绕着走的态度，案件评查变成了粉饰太平。二是避实就虚。就是评查注重程序性、表面化现象，不触及实体、不触及实质，大多数评查问题集中在办案程序、法律文书和卷面瑕疵等方面，有的甚至从错别字、案卷装订不规范、法律文书填录不完整等规范性问题上找差错，对案件事实认定、证据采信、办案效果等影响案件质量实体问题少有触及和发现。三是避重就轻。就是对发现的问题，高高举起、轻轻放下，表现在两方面：一方面，在评定等次上，一次评查全部是合格案件，没有不合格、瑕疵案件，但却评定出一定量的优质案件。另一方面，即使评查发现有严重问题，在建议处理措施上也是百般维护，找出各种各样的理由，最终把问题轻轻放过。评查不深入的问题，是一个老大难问题。说它老，是因为随着质量评查出现到现在，评查不深入问题就一直存在，是一个没有根本解决的不折不扣的老问题。说它大，是因为评查不能发现个案实质问题，关系到质量评查这项职责履行、工作权威的根本。说它难，是因为这个问题解决的难度大，这也是一些地方质量评查走过场、流于形式的主要原因。

（七）评查结果运用不充分

评查的目的就是要得到一个正确的评查结果，而这一评查结果的运用直接关系到整个案件质量评查工作的实际效果。当前，案件质量评查结果运用不充分主要体现在"三个不挂钩"上：一是评查结果没有与检察官业绩考核与个人司法档案挂钩。二是评查结果没有与检察官员额管理挂钩。三是评查结果没有与司法责任制挂钩。直白一点讲，就是检察官的晋职晋级、工资奖金、退出员额、承担办案的司法责任都没有与案件质量评查挂钩。**这里要强调，有的检察官确实是因为质量评查而退出员额，或者承担**

了司法责任，但这些都是个例，具有典型性，但不具有普遍性，在案件质量评查没有对全部检察官、全部检察案件进行全覆盖的情况下，质量评查结果就不可能在这三个方面实现真正的挂钩。

（八）评查队伍建设不专业

评查队伍是组织开展案件质量评查活动、切实提高评查质量和效果的根本保障。当前，评查工作面临的一个突出短板是评查队伍不专业、评查能力不强。评查队伍不专业主要体现在"三不"上：一是评查检察官不具有资质要求。只要是检察官就具有评查资格，检察官助理就可以协助检察官开展评查工作，而对参与质量评查的检察官、检察官助理没有特别的资质要求，实际上造成了办案检察官也是评查检察官的现象。**应该说，案件质量评查检察官应该有一些专门的条件要求，并要具备专门的资质，这样评查检察官才能称为"检察官中的检察官"，才具备评查能力和权威。**二是评查检察官不具有评查工作的专业知识。案件质量评查是一项法律性、业务性、政策性极强的工作，不仅要有较高理论水平，还要有丰富的实践经验，特别是对法律政策水平的把握要求很高，所以说是一个专业性很强的工作，也需要专门培养。但当前参加评查的检察官，都是临时集中、临时介绍情况，没有专门培训，也不具备评查的专门知识和素养。三是评查检察官不相对固定。现在组织质量评查，都是临时抽调检察官参加，评查结束后自动解散。这种不固定性，一方面，容易使评查检察官不敢碰硬，影响评查权威；另一方面，也使评查检察官工作不专注，即使积累了一些有益评查工作经验，但随着工作停止也被束之高阁，再临时召集检察官评查时又要从头开始，工作只能在低水平徘徊。

（九）评查工作开展不平衡

主要体现在"三个不平衡"上：一是不同地区开展得不平衡。东中西部不平衡，一个省内不同地区也不平衡。总的来讲，沿海经济发达地区、直辖市开展得较好，西部地区特别是一些经济相对落后的民族地区开展较差。领导重视、案管部门负责同志懂业务、基础较好的地区，开展质量评查较好；反之，工作开展就差。二是不同层级检察院开展的不平衡。在四级检察院中，省级院最重视、开展得最好。其次是市级院，最高人民检察院和基层院一个最高、一个最低，开展得都不是很好。2019 年最高人民检察院案管办才第一次组织对 6 个省的四类案件进行评查。三是不同业务条线案件开展得不平衡。主要是刑事检察案件开展得比较好，民事、行政和公益诉讼开展的相对落后，这也与"四大检察"历史发展有关系。

（十）评查智能辅助不到位

突出表现是全国缺乏一个统一的案件质量评查智能辅助系统软件，地方各种软件五花八门，不规范、不统一，这也是每一个软件研发的通病。评查智能化、信息化的落后，直接导致评查工作整体的落后，有的没有实现网上评查，看卷评查成为相当一部分检察院开展评查的主要方式。

五、案件质量评查需要着重把握的十个问题

案件质量评查工作，在理论上研究容易，在实践中归纳问题也容易，

特别是没有分歧的案件，只要敢于坚持原则就行，**而真正难的是在业务上，在面对案件分歧、认识矛盾时如何理解法律、把握标准、公平公信**，比如评定优质案件要求"适用法律正确"，那么这里就有个问题：这里的适用法律"正确"以什么为标准，是完全以法院的生效裁判为标准吗？又如，在证据采信和排除上要审查证明标准是否达到法律要求，这里的证明标准也是一个主观认识标准，当检法两家对证明标准存在认识分歧时，以谁的认识为标准？再如，评查检察官意见与评查小组意见不一致，或者评查小组组长与评查组成员意见不一致时，如何确定最终的评查等次？这些问题在评查中都可能遇到。**我们一些评查工作之所以流于形式、走过场，就是因为不愿碰、不敢碰这些矛盾问题，采取绕着走的态度，找一些简单、明显的案件进行评查，最后只能找一些存在"错别字"等不疼不痒的问题蒙混过关。**2019 年 11 月，最高人民检察院由案管办牵头组织，会同刑事检察部门共同参与，对六省检察机关办理的部分案件组织开展了质量评查。笔者以这次评查为例，就实践中一些难以把握的分歧问题讲一些体会。

（一）适用法律正确，是否以法院生效裁判的法律适用为准，在检法两家对法律适用存在认识分歧时，如何理解和把握"适用法律正确"

一般来讲，适用法律正确与否的标准应以法院的生效裁判为准，否则就没有了统一标准。**但也要明确，以法律为准绳，并不等同于以法院为准绳，也要坚持具体问题具体分析，特别是检法两家存在较大认识分歧的时候。**

案例 1　郑某某故意伤害案

【基本案情】犯罪嫌疑人郑某某与被害人系邻居，因琐事发生纠纷后被害人殴打了犯罪嫌疑人郑某某，且带着其老母亲强行进入犯罪嫌疑人家中作为要挟，郑某某为阻止被害人，返回家中厨房持菜刀阻拦。

【争议焦点】犯罪嫌疑人郑某某拿刀阻拦被害人强行进入自己家中的行为，是故意伤害还是正当防卫？

一审检察机关意见：公诉人认为虽然被害人有殴打郑某某行为，但是当郑某某从厨房拿刀时，殴打行为已停止，危险状态已消失，属于不适时防卫；且正当防卫针对的侵害一般是积极进攻性的、带有暴力性、破坏性的，形成紧迫感的，本案属于邻里间一般纠纷，不法侵害程度较小、危险性不大、不能形成紧急危害，郑某某没有必要用伤害他人人身安全的行为来保卫自己的合法利益。

一审法院判决认为：被告人属于正当防卫，不负刑事责任。被害人非法侵入他人住宅，属于不法侵害行为；被害人在得知其母被移至门外后，欲再次强行将其母亲放到被告人家中，不法侵害连续且正在进行；郑某某为阻止他人进入而拿刀，具有防卫意识；没有造成重大损害。

二审检察机关意见：根据支持抗诉意见书和出庭意见书，二审检察院认为，本案不属于正当防卫前提中的不法侵害，因被害人的侵害不具有紧迫性、直接破坏性，也不具有攻击性、暴力性，更不具有危险性；本案属于邻里纠纷引发的肢体冲突，社会危害性较小，谈不上违法性，不能评判为刑法意义上的不法侵害行为；一审法院判决忽略了本案系邻里纠纷引发的特点，没有分析双方发生肢体冲突的原因；原判适用法律错误，应予纠正。

二审法院裁定认为：被告人行为属于正当防卫，不负刑事责任和民事赔偿责任。驳回抗诉，维持原判。理由是：（1）被害人以母亲作为要挟工具，有违伦理道德；（2）被害人第二次仍是为了将其母搬入被告人屋内，进行要挟的目的明显，且已经实施了强行进入被告人住宅的行为，严重影响被告人住宅的安宁，不法性明显，属于正当防卫规定的正在进行的不法侵害；（3）被告人目的是阻止被害人母亲被搬入家中，防卫意图明显；（4）本案不属于造成重大损害后果。

二审检察机关审查终审裁定认为，鉴于本案法律适用存在争议，综合考虑案情，虽然说理部分表述不当，但法院作出有利于被告人的裁定没有明显不当，不表异议。

【案件评析】2018年12月19日最高人民检察院印发第十二批指导性案例，专门阐释正当防卫的界限和把握标准，进一步明确对正当防卫的保护，为检察机关提供司法办案参考，目的在于进一步惩恶扬善，弘扬正气，保护见义勇为，向社会释放正能量。其中，检例第46号朱某某故意伤害（防卫过当）案，要旨即是"在民间矛盾激化过程中，对正在进行的非法侵入住宅、轻微人身侵害行为，可以进行正当防卫，但防卫行为的强度不具有必要性并致不法侵害人重伤、死亡的，属于明显超过必要限度造成重大损害，应当负刑事责任，但是应当减轻或者免除处罚"。**本案判决无罪，主要原因是检法两院在法律适用上存在认识分歧，认定故意伤害和正当防卫均有一定道理，因此虽然该案被判无罪，也并不因此认定办案瑕疵或者不合格。我们认定为合格案件。**

（二）当司法解释存在不明确，检法两家对同一司法解释存在较大认识分歧时，是否以法院生效裁判为准

一般情况下，司法解释都是明确的，但在具体司法实践中，对同一条款的司法解释也可能有不同的理解，而且各有道理，这时就要具体问题具体分析，不能盲从。

案例2　贺某某抢劫案

【基本案情】2011年12月8日，被告人贺某某到天水市麦积区找向某某索要工程款，因向某某不在家，在被告人贺某某向刘某某（向某某妻子）索要工程款的过程中双方发生争执，被告人贺某某遂用拳头殴打刘某某头部，刘某某咬住贺某某的左手，被告人贺某某持烧水壶对刘某某继续殴打，致刘某某受伤。后刘某某向被告人贺某某求饶并答应将家中所有现金全部交给被告人，在被告人贺某某从保险柜取钱的过程中，刘某某趁被告人不备，冲出家门呼救。被告人贺某某拿上保险柜中部分现金跑出刘某某家中，被刘某某邻居李某某阻拦，被告人贺某某在挣脱时将钱款撒落楼道，后随手抓起撒落的部分钱款逃离现场。经现场勘验检查，被收捡起来的现金共计14040元。经鉴定，被害人刘某某头皮裂伤、头皮血肿，右侧鼻骨骨折，属轻微伤。

【诉讼经过】区检察院以被告人贺某某涉嫌抢劫于2018年6月11日向区法院提起公诉。区法院于2018年12月26日判处贺某某无罪。区检察院于2019年1月4日提出抗诉，市人民检察院支持抗诉。2019年4月19日，市中级人民法院维持无罪判决。

【争议焦点】司法解释关于"行为人为索取债务，使用暴力或者暴力威

胁等手段，一般不以抢劫罪论处"的暴力对象能否及于债务人之外人员？

检察机关认为，刑法对债权人索要债务的行为予以保护，这种保护仅能针对债务人和债务人的财产，不宜扩大，被告人贺某某的行为不适用此解释。本案中与贺某某产生债权债务纠纷的是被害人的丈夫向某某，根据债权债务的相对性原则，贺某某索要债务的对象应为向某某。而被告人贺某某通过暴力手段从被害人刘某某处取得财物的行为严重侵犯了被害人刘某某的人身权利和财产权利，应当认定为抢劫罪。法院认为，现有证据可以证实被告人贺某某与向某某存在债权债务纠纷，在此前提下贺某某进入被害人家中的目的就是合法地索要债务。被告人对被害人实施暴力殴打的起因是双方因为索要债务问题产生了矛盾，被告人动手打伤了被害人头部，被害人则咬伤了被告人的手指，这个过程并不涉及抢劫财物的问题。只是在被告人的殴打行为停止后，在违背被害人意志的情况下被告人获取了钱款，其行为虽然具有非法性，但是尚不能构成抢劫罪，综合全案情节，仍可适用该条司法解释，被告人不构成抢劫罪。

【案件评析】该案件历经提起公诉、抗诉，一审和二审法院均判处无罪。但通过争议焦点可以看出，双方对于被告人索要合法债务均认可，但对于暴力对象是否能够针对债务人之外的人，双方认识不同，直接导致是否认定抢劫的意见相左。该起无罪案件是典型的对司法解释适用认识的不同，检察机关出于对被害人人身和财产保护，认定抢劫罪具有合理性，我们认定为合格案件。

（三）证据采信标准，是否以法院生效裁判为准，在检法两家对证据采信标准存在原则认识分歧时，如何理解和把握

一般来讲，证据采信标准应以法院的生效裁判为准，但也要具体案件具体分析，特别是检法两家存在较大认识分歧的时候，不能轻易下结论，否则就会把严格执法的检察官办理的案件评定为不合格案件。

案例 3　李某某交通肇事案

【基本案情】2015 年 9 月 10 日 18 时许，被告人李某某无证驾驶无牌照三轮汽车，沿某市工业路由南向北行驶至化工厂时，与由南向北行驶的被害人驾驶的电动自行车相撞，造成被害人受伤，车辆损坏的交通事故。当日被害人经抢救无效死亡。经市公安交通警察大队认定，被告人李某某负事故的全部责任。被告人李某某始终不承认自己驾驶的车辆和被害人车辆有接触。

【诉讼经过】该案件市院以被告人李某某涉嫌交通肇事罪提起公诉，法院于 2017 年 5 月 15 日判决李某某无罪。宣判后，市检察院提出抗诉，中院于 2017 年 11 月 16 日作出撤销一审判决的裁定，发回市人民法院重审。市人民法院于 2018 年 8 月 2 日作出判决，宣告李某某无罪。宣判后，市检察院再次抗诉，中院于 2018 年 12 月 12 日作出终审裁定，驳回抗诉，维持原判。

【争议焦点】在没有直接目击证人情况下，如何采信本案的两份鉴定意见？

第一份鉴定意见：认定被害人和被告人的车辆有过接触，依据：1. 被害人车辆刮撞损坏痕迹处黑色油漆和被害人车辆刮撞损坏痕迹处附着的黑

色物质元素种类及含量相似；2.被害人下着装损坏痕迹处纤维与被告人车辆附着的黑色纤维直径相似，物理形态特征相吻合。

第二份鉴定意见：1.被害人车辆刮撞损坏痕迹处黑色油漆和被害人车辆刮撞损坏痕迹处附着的黑色物质，不能解决油漆成分排他性问题，应结合案件其他证据确定。2.被害人下着装损坏痕迹处纤维与被告人车辆附着的黑色纤维，化学成分一样，物质特征有区别，不能认定同一性。

检察机关采信第一份鉴定意见，且以当日案发时间段案发路段仅有被告人和另外一人两人驾驶的车辆，在排除另外一人作案的情况下，认定被告人李某某构成交通肇事罪；法院认为，被告人李某某对交通事故的发生始终持否定态度，且两份鉴定意见存在矛盾，认定被告人李某某与被害人车辆发生碰撞的证据存在疑点，不能排除合理怀疑，故维持无罪的判决。

【案件评析】虽然该案件最终作出了无罪判决，但不能以法院的无罪判决就认定指控错误。首先，从该案件的争议焦点来看，该案件系检法两家对证据的采信和认识不同，检察机关根据监控录像，结合有罪证明的鉴定意见，形成指控的较为完整证据链；而法院则以两份鉴定意见存在矛盾无法排除，对有罪证明的鉴定意见不予采信，作出无罪判决。其次，虽然法院最终判决无罪，但从本案历经了抗诉、发回重审、上级院再次抗诉等程序，可以看出检察机关对本案证据审查、指控犯罪尽到了谨慎义务，我们认定为合格案件。

（四）行为性质的认定，是否以法院生效裁判为准，在检法两家对行为性质认定存在根本分歧时，如何理解和把握

行为性质认定，一般来讲要以法院生效裁判为准，但检法两家在罪与非罪、此罪与彼罪的认定上存在根本分歧时，一定要全面分析，不能以结果论、客观归罪。

案例4　于某甲、于某乙敲诈勒索案

【基本案情】2012 年至 2015 年，王某某承包了犯罪嫌疑人于某甲、于某乙两兄弟的一个沙场进行采沙，并将所采河沙存于另一个河滩地里。2017 年 2 月，河沙价格上涨，王某某准备将存于该河滩地的沙运出并卖与他人。于某甲、于某乙兄弟在其运沙外出的道路上栽树，阻止运沙车辆通行。迫使王某某与二人签订了一份为期一年的"运沙路出让合同"，一年使用费合计 33 万元。2018 年 1 月，王某某支付了于某甲、于某乙兄弟 31.5 万元的使用费后，于氏兄弟再次无故将上述运沙路挖断。

【诉讼经过】公安以"强迫交易案"移送检察院审查起诉。县院以敲诈勒索罪（31.5 万元，数额巨大）起诉至法院。法院合议庭认识不一致，认为该案二被告人的行为不构成犯罪，合议庭向法院审委会汇报后，审委会通过了不构成犯罪的意见（法院院长认为构成敲诈勒索罪），检法沟通过程中，县院向市院及省院进行了详细汇报，市院对该案也存在争议：市院公诉二处对被告人于某乙、于某甲主观上具有非法索财的目的没有异议，但是对于二被告人采取栽树断路的方式是否足以使被害人产生心理强制，是否达到要挟程度认识存在一定争议，一种意见认为，也即多数人意见认为，

二被告人采取栽树的手段封路，阻止王某某运沙，二人系当地人，被害人系外地人，系实施了要挟、威逼行为，被害人为了运沙被迫与二被告人签合同并给钱，符合敲诈勒索罪的构成要件，构成敲诈勒索罪。一种意见，也即少数人意见认为，二被告人主观上具有非法占有财物的故意，但是二被告人采取在路上栽树的手段，没有其他语言威胁等行为，胁迫手段不明显，而被害人可以通过其他途径，比如通过村委协商、向法院起诉等手段解决被堵路问题，并且本案系被害人主动找二被告人签合同给的钱，因此，法院认定为民事纠纷也有一定道理。后该案向省院请示。省院讨论意见是该案构成犯罪，如果判无罪坚决抗诉。随后县院检察长与法院院长沟通后检法双方达成妥协，最终法院对二被告人作出定罪（敲诈勒索罪）但免予刑事处罚的判决。后该案县院未抗诉。

【争议焦点及案件评析】于氏兄弟以非法占有为目的，以自己对村集体的道路进行小部分拓宽为由就将整条路（该整条路除了二被告拓宽的部分外，还包括村集体的道路、王某某拓宽的道路、村集体的河滩地）栽树截断，以此逼迫王某某签订一年使用费为 33 万元的"走路"合同，系敲诈勒索还是民事纠纷，检法双方存在明显争议，检察机关对案件进行了充分的分析讨论，起诉有其合理性，也有证据予以支撑，因此不能因为法院定罪免予刑事处罚而认定为案件不合格或瑕疵，而是认定为合格案件。

（五）对于批准逮捕的案件，如果在起诉环节作出了不起诉决定，是否一律评定为错误逮捕

一般情况下，对捕后不诉案件要以不起诉作为逮捕正确与否的标准，

但也不尽然，如果批准逮捕时认为符合逮捕条件，符合正常情况下的法律认识和判断，具有合理性，即使起诉时作出不起诉决定，也不应认定为不合格案件。

案例 5　沈某某强奸案

【基本案情】被不起诉人沈某某和被害人系男女朋友关系，被不起诉人沈某某酒后因被害人出轨而对被害人实施殴打，致被害人轻微伤，后又和被害人发生性关系，发生性关系时，被害人未反抗。

【诉讼经过】该案件在审查逮捕环节以涉嫌强奸罪予以逮捕，后在审查起诉环节认为事实不清、证据不足，作出存疑不起诉决定。

【争议焦点】被不起诉人的殴打行为能否认定为强奸行为的暴力手段？

批捕环节认为，犯罪嫌疑人使用暴力殴打致被害人轻微伤后，紧接着强行与被害人发生性关系，整个过程具有连续性，正是其先前的暴力行为导致被害人在发生性关系时不敢反抗，从而违背了妇女意志，故应当认定为强奸罪；起诉环节认为，被不起诉人殴打被害人的原因是被害人出轨，而不是要强行和被害人发生性关系。因二人系男女朋友关系，后被不起诉人和被害人发生性关系时被害人并无反抗，可认定被害人自愿发生性关系。故认定被不起诉人强奸的事实不清、证据不足。

【案件评析】该案件是一起捕后不诉案件，虽然最终做了不起诉决定，但不宜评定批准逮捕的决定错误。首先，强奸属私密性较强的犯罪，证据具有特殊性，直接证据往往仅有犯罪嫌疑人供述和被害人陈述，故司法实践中，其证明标准也较其他刑事案件低；其次，该案件除了言词证据，还有被害人被殴打致轻微伤的事实，不管殴打原因为何，根据常理常情，一位女性在被暴力殴打后，很难对犯罪嫌疑人接下来的行为进行反抗，也就是说，正是因为犯罪嫌疑人的殴打行为，使得被害人有了持续性的恐惧而不敢反抗。最后，被不起诉人在被害人不敢反抗而未反抗的情况下发生性关系，符合强奸罪的构成要件。也就是说，对犯罪嫌疑人批准逮捕时符合逮捕的三个构成要件。

综上，对被不起诉人沈某某以强奸罪作出批准逮捕决定，具有一定合理性和期待性。虽然最后作出了不起诉决定，但我们也认定为合格案件。

（六）对于提起公诉的案件，如果在审判环节又撤回起诉，且不属于撤回起诉的七种情形之一，是否一律评定为错误起诉

一般情况下，对起诉案件要以撤回起诉是否符合撤回起诉条件作为起诉正确与否的标准，但也不绝对，虽然不是检察院发现而是法院发现符合七种撤回起诉情形之一的，也可以撤回起诉，并不能因此认定起诉错误。

案例 6　贾某某非法经营案

【基本案情】被告人贾某某系个体工商户，其在 2017 年底销售烟花爆竹共计 12 万元。

【诉讼经过】检察机关以被告人贾某某涉嫌非法经营罪提起公诉，后在审判环节出现新证据，撤回起诉。

【争议焦点】被告人贾某某有无经营烟花爆竹的资质？

审查起诉环节，被告人贾某某供述自己资质到期后，并未重新申请资质。承办人要求公安机关到安监局调取相关资质证明，取得安监局的一份文件明确犯罪嫌疑人无资质继续售卖烟花爆竹。故认定其没有资质经营烟

花爆竹。审判环节，法院在网络上查询到贾某某仍有资质经营烟花爆竹。

【案件评析】该案件案情简单，问题焦点在于被告人贾某某有无经营烟花爆竹的资质。可以看到，在审查起诉环节，案件承办人已经注意到该焦点问题，一方面，在讯问被告人时对有无相关资质进行了重点讯问，被告人称资质到期，无重新申请；另一方面，要求公安机关补充证据，明确证据名称、证据内容、证明作用，公安机关补充证据证实被告人贾某某无经营资质。

可见，起诉环节承办人已经尽到了证据审查的注意义务，对案件起诉具有一定合理性。不宜以法院发现案件新证据撤回起诉评判起诉错误。

（七）对于政法委协调的案件，如果因听取政法委领导意见而成为错案，在评查时如何确定质量等次

对政法委协调的案件，应该坚持对事不对人的原则，分两种情形来处理：第一种情形，如果承办检察官与政法委协调意见一致，或者虽然一开始不一致但经协调后意见一致，造成的错案，应评定为不合格案件，需要追究承办检察官的案件质量不合格的责任；第二种情形，如果承办检察官与政法委协调意见不一致，但从执行的角度不得不批捕、起诉，造成的错案，应评定为不合格案件，但不应追究承办检察官的案件质量不合格的责任。

案例7　杨某甲、杨某乙故意伤害案

【基本案情】犯罪嫌疑人杨某甲、杨某乙在 1992 年 12 月 30 日，因琐事与被害人程氏姐妹发生争执并致一人轻伤、一人轻微伤。按照当时 1979 年刑法的规定，本案追诉时效为 5 年（即 1997 年 12 月 30 日届满）。本案案发后，公安机关仅开展过调查工作，未立案侦查。被害人程氏姐妹曾就

本案常年上访（并多次被行政拘留），能够查证的信访登记时间，最早为2005年。在案证据不能证明被害人在追诉时效内提出了控告，不符合可适用1997年刑法第八十八条规定的不受追诉时效限制的情形（参见最高人民法院研究室《关于如何理解和适用1997年刑法第十二条第一款规定有关问题征求意见的复函》），本案已过追诉时效。

【诉讼经过】2018年8月，被害人向扫黑除恶中央督导组邮寄材料反映情况，后公安机关于2018年9月18日立案侦查，并对两名犯罪嫌疑人刑拘后报捕，区检察院的承办检察官（该院分管副检察长）、检察长均认为该案已过追诉时效，不应逮捕。其间经政法委多次协调，该院于2018年10月26日批捕二人，后于2019年4月1日以犯罪行为已过追诉时效为由，对犯罪嫌疑人杨某乙法定不起诉（其中，犯罪嫌疑人杨某甲因2015年另外一起寻衅滋事案被起诉）。

【案件评析】（1）对已过追诉时效的犯罪嫌疑人批捕，处理结果错误。该案案发时间为1992年12月30日，根据从旧兼从轻原则，应适用1979年刑法，追诉时效五年，截至1997年12月30日届满。其间，司法机关未对犯罪嫌疑人立案侦查或采取强制措施，被害人也未就此提出控告，不存在不受追诉时效限制的情形，已过追诉时效，不应再追究其刑事责任，故对犯罪嫌疑人杨某乙的批捕决定错误。（2）未坚守法律底线。该案办理过程中，检察机关均认为不应对犯罪嫌疑人批捕。但由于当时正值中央扫黑除恶督导组反馈情况之时，当地政法委代表区委作个案协调，要求对该案"在侦查、批捕、起诉环节，坚持从严原则，不考虑诉讼时效问题，在审判环节再考虑诉讼时效是否已过的问题"，区院因此批捕杨某乙，未坚守法律底线。（3）程序违法。区院在承办人未改变本人意见且无检察长或检委会决定的情况下，依当地政法委协调结果对该案作出与承办人意见相反的批准逮捕决定，违反刑事诉讼法第八十九条"人民检察院审查批准逮捕犯罪嫌疑人由检察长决定，重大案件应当提交检察委员会讨论决定"的规定。最终，认定该案为不合格案件，但承办人意见与协调意见不一致，因此不承担司法责任。

（八）《评查规定》对不合格案件的规定比较原则，在评查实践中确定一件案件是不合格案件，对案件本身应该把握哪些条件

《评查规定》第十九条关于不合格案件规定，不合格案件："认定事实错误或者事实不清造成处理结果错误，或者适用法律不当造成处理结果错误，或者办案程序严重违法损害相关人员权利或造成处理结果错误。"应当说，上述规定比较原则。如何**确定一件案件是不合格案件，笔者认为，应从行为过错性和后果严重性两个方面把握。过错性，就是承办检察官在办案过程中有故意或重大过失的行为。严重性，就是处理结果错误，是一起错案。这里要强调，过错性和严重性两者都具备，才是不合格案件，不能只看到后果的严重性，就认为是不合格案件，这样容易客观归罪。**如果承办检察官没有故意或过失，已经尽到谨慎义务，如案例6贾某某非法经营案，就不应认定为不合格案件。

案例8 谢某非法持有宣扬恐怖主义物品案

【基本案情】谢某，男，被告人谢某通过"哇嘎"浏览器陆续下载了四部涉及暴力恐怖极端内容的视频，时长共24分43秒，并保存在自己的华

硕笔记本电脑里。2018 年 9 月，谢某将以上视频上传至自己的百度网盘内，被民警通过网安反恐平台查获。经市公安局审查，该四部视频展示的主要内容涉及以极度残忍的手段危害他人生命，场面血腥、暴力、恐怖，宣扬宗教极端思想和恐怖主义，符合暴恐音视频内容及特征，属现行法律法规禁止传播内容。法庭审理期间，市翻译工作者协会对其中一部音视频《现场杀人奸尸》（时长 12 分 47 秒）进行语音翻译，翻译内容不涉及恐怖主义和极端主义内容。

【诉讼过程】被告人谢某因涉嫌非法持有宣扬恐怖主义、极端主义物品罪，于 2018 年 10 月 10 日被市公安局某区分局取保候审。本案由区分局侦查终结，以被告人谢某涉嫌非法持有宣扬恐怖主义、极端主义物品罪，于 2018 年 12 月 3 日向区人民检察院移送审查起诉。该院于同年 12 月 25 日报送市人民检察院审查起诉。市人民检察院经审查，于 2019 年 1 月 25 日向市中级人民法院提起公诉。2019 年 8 月 20 日，市检察院以“证据发生变化，不符合起诉条件”为由，撤回起诉，同年 9 月 18 日对谢某作出法定不起诉处理。

【案件评析】经评查小组讨论，拟认定为不合格等次，理由如下：（1）对案件证据采信、认定不当，导致案件错误起诉。承办人对案件的关键证据——被认定为宣扬恐怖主义、极端主义的四部视频资料未予审查，依据公安机关对视频资料的审查意见，将案件提起公诉。本案对关键证据采信不当，导致案件错误起诉。（2）承办人对案件关键证据未尽审查义务，违背审查起诉的基本要求。承办人因侦查卷中有公安的审查意见，且视频资料涉及恐怖、血腥画面，没敢看，对案件证据未进行全面审查，对公安机关的审查意见照单全收，未能尽到审查案件的基本职责，存在重大过错，导致案件错误起诉。

（九）评查工作有程序性规定，但具体到确定一件案件是否是合格案件时，应该把握哪些具体程序，如何按照程序承担责任、确定等次

案件质量评查程序主要包括选案、审查、拟评、评定、反馈、纠正六个程序，规定的都比较原则，特别是拟评这一阶段具体如何开展，没有明确规定。而这一阶段又非常重要，基本决定了评查的质量如何。拟评程序基本包括两个环节：第一，是评审人提出评审意见；第二，评审小组确定拟评等次。

1.在评审人提出评审意见环节，要坚持"三性"

"三性"即亲历性、中立性和责任性。亲历性，就是评审检察官要有代入感，仿佛自己亲历整个案件的承办过程，亲身体会在当时办案情境下依法履行职责，发现和查找办案实体和程序上的成功经验和存在问题。**亲历性，才能避免事后诸葛亮的求全责备，才能避免脱离办案的高高在上，才能够在认识上更加客观，才会有容错和理解。**中立性，就是评审检察官全面审查案件后，要不带任何感情色彩，不受任何干扰，站在中立者的角度提出审查意见。**中立性，是确保冷静、客观、依法作出评审意见的保障。**责任性，就是评审检察官要对自己的评审意见、提供的案件事实和证据材料承担司法责任。**责任性，是对评审检察官认真履职，严格依法提出评审意见的根本约束。**

2.在评审小组确定拟评等次环节，要坚持民主评议和实名记录

评审人提出评审意见交付评审小组评议后，评审小组要有四个评审环

节：第一，评审人简要汇报案情、诉讼过程、评析意见和评定等次。第二，评审小组成员询问了解案件相关情况，有关证据材料，评审人的评审意见依据等。第三，评审小组成员就是否同意评审意见或者提出新的评定等次意见，逐一表态，按照多数意见确定拟评定等次。第四，详细记录评审人、评审小组组长、评审小组成员的评审意见和理由。这里要强调，评审小组的每位成员都要对自己的评审意见承担责任，如果评审人意见与评审小组意见不一致，或者评审小组组长意见与评审小组意见不一致，都要详细记录，各自对自己的评审意见承担责任。当评审小组成员意见分歧较大，比如是 3 : 3，此时，评审小组组长意见至关重要，决定案件的最终等次确定。这时评审小组组长主要有以下三种选择：一是认为某一方意见正确，明确提出自己意见。二是不提出明确意见，把案件等次降格或升格处理，比如拟评定为优质等次降格为合格等次，拟评为不合格等次升格为瑕疵等次。三是保留意见，把分歧情况提交检委会审议。**应当说，最稳妥的是矛盾上交，最担当的是明确提出意见，最宽容的是升格或降格处理，各有利弊，应该根据实际情况来选择。我们这次评查，从容错角度考虑，运用最多的是第二种方式。**

（十）评审检察官和评查小组组长是评查工作的两个关键岗位，直接决定着评查案件的正确和错误，也最容易引发责任，在这两个岗位应当把握好哪些工作原则

主要有四项原则：一是坚持实体审查与程序审查并重。这是评查的内容。就是要对案件的实体和程序进行全面深入的审查，包括案件事实、证

据材料、关键分歧等，这是评查的基础。二是坚持履职过错与认识分歧相分离。这是评查的标准。涉及对问题的定性。**如果是履职过错，就可能评为不合格或瑕疵等次，如果是认识分歧，就是正常的工作范围之内，就是敢于坚持原则，严格依法提出承办意见。**所以区分履职过错与认识分歧两类问题的不同性质，是评审工作的重中之重。三是坚持纠错与容错相统一。这是评查的态度。评查的主要目的之一就是发现和纠正错误，但在纠错的同时，也要针对错误的性质、情节、后果等进行具体分析，**对多发、常见、有客观原因或不同认识的问题，要有容错的雅量，客观冷静指出问题、列明原因、提出建议即可，不一定非要上纲上线，从重确定等次。**四是坚持原则与留有余地相结合。这是评查结果的确定方法。**有的人不敢坚持原则，但更多的是不会坚持原则，或者说不会全面坚持原则，这应是当前评查工作中面临的一个主要问题。**确定案件质量的等次，评审人要立场坚定，态度明确，既要对应该评定为不合格等次的案件，要敢于坚持原则评定为不合格等次；又要对应该评定为合格等次的案件，也要敢于坚持原则评定为合格等次，特别是对那些貌似不合格实际却合格的案件，一定要坚持原则，不搞客观归罪。同时对把握不准、分歧较大的案件，一定不要勉强，不要仓促，在处理上要留有余地，这既是给承办检察官留有余地，也是给评审组全体成员留有余地。

第五讲

检察机关案件流程监控理论与实务 *

案件质量评查和流程监控，是案管部门对案件实体、程序分别进行监管的两种基本方式。案件流程监控是案件管理部门的重要职能，是一项综合性、基础性和经常性的工作，主要对检察机关办案活动开展程序性内部监督，对于强化内部监督制约，有针对性地防范和纠正司法办案中存在的不规范问题，具有重要作用。新时代对检察工作高质量发展提出了更高要求，对案件管理也提出了更高标准，作为内部监督制约的重要手段，我们必须在境界、理念、思路、措施、能力等方面紧紧跟上、主动适应，以更加优质高效的案管履职，助力检察工作高质量发展，服务经济社会高质量发展。达到这样的工作要求，案件流程监控承担着重要的责任。

一、案件流程监控的概念

最高人民检察院于 2016 年 7 月印发的《人民检察院案件流程监控工作

＊本讲内容根据 2022 年 5 月案件管理专题研讨班讲课内容整理。

规定（试行）》所称案件流程监控，是指对人民检察院正在受理或者办理的案件（包括对控告、举报、申诉、国家赔偿申请材料的处理活动），依照法律规定和相关司法解释、规范性文件等，对办理程序是否合法、规范、及时、完备，进行实时、动态的监督、提示、防控。

案件流程监控具有以下三个特点：一是流程监控的主要对象是人民检察院正在受理或办理的案件，包括对控告、举报、申诉、国家赔偿申请材料的处理活动。这是由流程监控工作的内涵及其属性所决定的，**对正在受理或办理的案件进行流程监控，才更能彰显监督纠正问题、强化自身监督的同步性、及时性和针对性**。在案件集中管理的格局中，流程监控属于事前、事中监督的范畴，目的在于及时发现问题、纠正问题，规范司法办案行为。二是流程监控的重点是办案的程序性问题，即程序监督。案件管理的内容，包括程序性的流程管理和实体性的监督管理，但在具体工作中，不同的阶段应当有所侧重。在流程监控过程中，重点是对办案的程序性问题进行监督、管理，如果发现办案部门的实体处理有明显错误或者有可能引起严重后果的，可以通过提醒办案部门或报告检察长等途径进行监督。三是流程监控范围包括了检察机关司法办案的各个环节、各个方面，贯穿了案件受理、办理、办结整个诉讼过程，包含了立案、侦查、审查逮捕、审查起诉等全部诉讼活动。尤其需要注意的是，《人民检察院案件流程监控工作规定（试行）》将控告、举报、申诉材料的处理纳入监控的范围，有利于加强对司法办案行为的全覆盖监督，对于保障公民合法权益具有重要意义。

准确深入理解案件流程监控的概念，需要厘清以下两个方面的问题：

（一）案件流程监控是否涉及实体问题？

一方面，案件流程管理主要是程序监管。《人民检察院刑事诉讼规则》第六百六十四条规定："人民检察院负责案件管理的部门对检察机关办理案件的受理、期限、程序、质量等进行管理、监督、预警"，这是总体规定。而第六百六十五条第一项则规定："人民检察院负责案件管理的部门发现本院办案活动具有下列情形之一的，应当及时提出纠正意见：（一）查封、扣押、冻结、保管、处理涉案财物不符合有关法律和规定的；（二）法律文书制作、使用不符合法律和有关规定的；（三）违反羁押期限、办案期限规定的；（四）侵害当事人、辩护人、诉讼代理人的诉讼权利的；（五）未依法对立案、侦查、审查逮捕、公诉、审判等诉讼活动以及执行活动中的违法行为履行法律监督职责的；（六）其他应当提出纠正意见的情形。"

可以看出，开展流程监控的都是程序性内容，而没有实体性内容，所以它叫流程监控，而不是办案监控。与此相呼应，《人民检察院刑事案件办理流程监控要点》的第二条第一款规定："本要点所称流程监控，是指依照法律规定和相关司法解释、规范性文件等，对人民检察院正在办理的刑事案件的程序是否合法、规范、及时、完备，进行实时、动态的监督、提示、防控。"

另一方面，通过流程管理对发现的实体问题应采取提醒、报告等必要手段进行处置。流程监控是监控程序，当流程监管员业务水平较高时，确实是很有可能发现实体问题的，但不能因为不在案管办的职责范围之内，就漠然置之。在《人民检察院刑事案件办理流程监控要点》第七条第五项就规定了在流程监控中发现实体问题的处理方法："对于流程监控中发现的涉及事实认定、证据采信、法律适用等办案实体性问题线索，应当及时移送办案部门，或者移送开展案件质量评查。"

《人民检察院刑事案件办理流程监控要点》针对各类程序性问题如何监控进行了详细的列举，但其中不少监控要点在实务操作中无法绕开对实体问题的处理。比如，案管办在监控捕诉部门检察官对判决裁定审查情况时发现承办检察官未对判决中的错误提出监督意见，肯定不能放任不管。再如，有的省院案管办在处理全省判处有期徒刑六个月，宣告缓刑的判决时，发现有数十份判决宣告缓刑考验期不满一年，及时向捕诉部门和各地发出监管意见。各地通过抗诉或者再审检察建议形式迅速纠正一批错误判决。这充分说明流程监控对实体问题进行监管的必要性和可行性。**需要强调的是，这里的不排斥对实体问题的监管是通过程序监管发现实体问题进而反馈给办案部门，或者转给质量评查部门，或者移交检务督察部门，而不是直接干预检察官的独立办案。**

（二）流程监控的案件范围是否仅限于本院办理？

《人民检察院案件流程监控工作规定（试行）》没有明确流程监控只仅限于本院，但修订后的三大诉讼规则都明确规定流程监控仅对本院办案活动和以本院名义制发法律文书。2021 年 2 月印发的《全国检察业务应用系统使用管理办法》（以下简称《管理办法》）第二十四条第三款明确规定"上级人民检察院的业务部门和案件管理部门，应当对下级人民检察院网上业务办理活动，通过抽查、巡查等方式进行监督、检查"，即上级院对下级院的网上业务办理活动应当通过抽查、巡查的方式进行流程监控。而目前各级检察机关"四大检察""十大业务"的非绝密级案件均在检察业务系统流转办理，即便是绝密案件也要求系统登记。对下级院办案活动启动流程监控有现实必要性。上级院案件管理部门依托数据优势和案件信息集成优势，针对某类异常数据或某类重点案件进行专项监控，并对发现的普遍性问题专项分析，制作类案或专项分析报告，能为领导决策提供很好的参考。如扫黑除恶案件专项监控，追捕案件专项监控，自行补充侦查案件专项监控，不起诉复议、复核案件专项监控，退回补充侦查提纲专项监控，检察建议专项监控等。如湖南省院案管办成功探索"三异常法"的日常监管模式，即从数据核查中发现异常数据、从异常数据中查找异常流程、从异常流程中查找异常案件，再针对某类异常数据或某类重点案件开展"全方位"流程监控，并对发现的普遍性问题专项分析，制作类案或专项分析报告，取得较好实效。这也是为分析研判报告寻找和积累典型问题案例的有效途径。

二、案件流程监控的历史发展

2011 年 10 月 28 日，最高人民检察院正式成立案件管理办公室，标志着全国检察机关案件管理工作迈入了全面开展、大力推进的新阶段，全国四级检察机关陆续成立专门的案件管理机构，推行案件集中管理。从 2011 年开始，案件流程监控进入专门监控为主的阶段，也就是主要由案管部门对业务部门的办案活动进行监控。这一阶段，大致又可以分为以下三个时期：

（一）手工管理时期（2011 年至 2014 年前后）

最高人民检察院案件管理办公室一成立就设立了案件流程管理处，专门负责案件统一受理、流转、开展流程监控、进行辩护与代理接待、涉案财物管理等工作，可以称之为"小案管"，这标志着案件流程管理进入集中管理时代。这一时期的主要特点是手工进行流程监控，线下完成文书打印、审核等工作，与当时线下办案的传统办案方式是相统一的。

（二）"线上 + 线下"管理时期（2014 年至 2020 年前后）

2014 年检察业务应用系统的上线运行，标志着案件流程管理进入一个新阶段。这一时期的主要特点是，伴随着案件开始网上办理，案件流程监控也开始网上进行，但是流程管理依然是人工审核，对于案件是否超期、程序是否合法、文书是否合规都需要专人在系统中进行人工审核。采用人工方式依托检察业务应用系统对办案流程、文书制作、案卡填录等逐案进行监控，其缺点是费时费力，无法对不纠正问题的承办人形成制约，尤其是对于业务部门检察官未能及时操作入卷的文书、流程节点的操作等问题，无法及时跟进。随着检察业务应用系统的迭代升级，流程管理虽然始终紧紧依靠系统，但没有单独的流程监控系统。

（三）智能化管理时期（2020 年至今）

2020 年 5 月 11 日，最高人民检察院印发《关于做好统一业务应用系统适应内设机构改革版升级和应用工作的提示》，正式启动了检察业务应用系统适应内设机构改革版（1.5 版）升级和应用工作。此版本增加了案件流程监控子系统，包含了日常监控、专项监控、指定监控和本地监控四种监控方式。**2020 年流程监控子系统的上线运行标志着案件流程管理工作开始向智能化自动监控迈进。**这一时期的主要特点是，通过流程监控子系统实现案件超期等自动预警，自动发现并推动纠正案件程序瑕疵问题，流程监控子系统上线自动巡查、发现问题的功能，都是对检察官司法办案的规范指引，将检察业务的办理从人工时代无同步约束，仅靠事后复查纠错的状态，提升到实现信息化同步指引、同步规范的先进水平，这将会为大规模、动态跟踪的流程监控提供有力抓手。但 2.0 版流程监控子系统的上述功能又有所减弱，我们正在提出新的业务需求，提供技术部门研发。

三、案件流程监控的重要意义

在案件管理的三大监管业务中，最基础的业务就是案件流程监管。从世界司法机关案件管理的历史发展来看，案件流程监控一直都是案件管理的核心功能。在全新的制度背景与办案环境中，案件流程监控承担着重要功能。

第一，推进案件流程监控是保障办案质量，实现程序正义的重要手段。程序孕育正义，正义产生秩序。**只有程序公正，才有权利保障。只有规则透明，才有过程平等。只有过程平等，才有正义实现。**在检察机关内设机构改革后，检察权运行体系发生了重大而深刻的转变，构建了全新的"四大检察"业务框架，更加注重公平正义的实现，对检察办案提出了更高的质量要求。实现高质量的检察办案，就必须注重强化检察机关的内部监督管理，尤其是案件办理流程的监督。**检察机关案件流程监控，是以管理案件程序质量为核心，以现代信息化技术为手段，对办案活动实行全程有效的监控，推动了执法办案活动的管理由松散、静态、事后的监督转变为集中、动态、全程的监督，**确保检察机关办案活动严格规范、有序，实现程序公平公正。

第二，推进案件流程监控是抓早抓小，防范不合格案件和严重瑕疵案件的产生。对司法办案的每个环节进行监控，既可以保证检察官正确行使权力，又可以防止权力滥用，通过全流程监控将案件程序性瑕疵降到最低，有效解决事后补救难的问题。流程监控能够充分发挥科学的评价和引导功能，通过对执法活动及办理程序是否合法、规范、及时、完备的监督、提示，防范不规范行为的发生，对每一起案件进行"全程留痕"实时记录，对办案行为进行强有力的约束，从而加强对员额检察官的办案监管。通过程序性的抓早抓小，有助于发现并修正实体问题，避免冤错等不合格案件或严重瑕疵案件的出现，也促使办案人员进一步规范司法行为，提高整体的执法司法水平和公信力。

第三，推进案件流程监控是强化内部监督制约，全面落实司法责任制的必然要求。最高人民检察院下发的《关于完善人民检察院司法责任制的若干意见》对案件管理部门加强司法办案活动的全程、同步、动态监督工作，提出了明确要求。中央政法委、最高人民法院、最高人民检察院印发的《关于加强司法权力运行监督管理的意见》，进一步要求完善办案留痕和节点监控机制，编制涵盖主要办案程序的流程标准，推进办案工作规范化、标准化、流程化。中央办公厅印发的《关于深化司法责任制综合配套改革的意见》，要求健全内部监督管理机制，完善全院、全员、全过程的实时动态监督管理模式。这都要求我们不断强化案件程序的监督制约，制定规范的办案程序标准，进行全流程的监督。对监控中发现的突出问题及时纠正，并与司法责任制相衔接。

第四，推进案件流程监控是积极适应"四大检察""十大业务"新格局，强化案件办理程序监管的现实需要。新时代的案件管理，要全面围绕"四大检察""十大业务"开展，不仅要管理刑事案件，也要管理民事、行政、公益诉讼检察案件；不仅要管理一般刑事案件，也要管理刑事执行检察案件、未成年人检察案件、控告申诉检察案件；不仅要管理刑事检察案件中的审捕、审诉案件，也要管理侦查监督、审判监督等诉讼监督案件。这就要求**进一步强化与检察权运行方式相适应的检察机关内部的横向监督管理机制，加强对办案活动的全程、同步、动态监督，确保办案质效，真正做到放权不放任。**比如，捕诉一体、认罪认罚从宽制度赋予检察官更大的决定权的同时，客观上也带来更多的履职风险，若缺乏有效监督管理，就可能出现权力滥用的问题。最高人民检察院印发的《人民检察院办理认罪认罚案件监督管理办法》，也明确要求强化对认罪认罚案件的流程监控。明确各办案环节中办理期限、诉讼权利保障、文书制作等程序性监控事项，既有利于强化对刑事案件的监督管理，引导检察官依法规范办理案件，更有利于检察官了解案件管理部门的监管重点和依据，着力于事前预防，寓监督于服务，实现双赢多赢共赢，为检察机关全面履行"四大检察"职能、推进"十大业务"协调发展提供重要保障。

四、案件流程监控的基本原则

《人民检察院案件流程监控工作规定（试行）》第三条对流程监控工作应当遵循的基本原则作出了规定：案件流程监控工作应当坚持加强监督管理与服务司法办案相结合、全程管理与重点监控相结合、人工管理与依托信息技术相结合的原则。

一是坚持加强监督管理与服务司法办案相结合的原则。监管与服务都是案管工作非常重要的职能，在促进检察权规范运行方面都发挥着重要作用，单纯地肯定一方或否定一方都是不恰当的。各地案管部门要处理好监管与服务的辩证关系，做到"在监管中服务，在服务中监管"。"在监管中服务"，就是要强化服务意识，寓管理于服务之中，依托案件流程监控、质量评查等监督职能，实现对院领导、业务部门的服务，在工作中增强监管智慧，不要板起面孔、以高人一等的态势进行监管，而是要以平等的立场履行监管的职能，更大程度地得到办案部门的理解，最大限度地凝聚共识，达到更好的监管效果。"在服务中监管"，就是要认识到监管是服务的基础，通过监管职责界定服务的范围，在服务中凸显监管职责，而不是纯粹地搞服务，特别是纯粹的事务性服务，有些地方把案管看成了"大内勤"，就是没有认识到监管在服务中的基础地位，使得服务成为无本之木。这里要明确，在监督和服务两者关系中监督是第一位的，绝不能放弃监督搞服务。

二是坚持全程管理与重点监控相结合的原则。哲学的辩证法讲抓主要矛盾才能够解决好存在的问题。抓纲带目，纲举目张。具体到流程监控工作也是同样的道理。案管部门在抓好案件全诉讼节点、全流程管理的同时，更要抓住个案中普遍存在或者可能影响案件公正办理的程序性问题，推动一类问题的治理。《人民检察院案件流程监控工作规定（试行）》第五条至第十五条明确了需要重点监控的主要环节和具体内容，包括案件受理、强制措施、涉案财物、办案期限、诉讼权利保障等方面，并对其中需要审核、监督的具体问题进行了列举。抓住了这些监管重点方面，检察官办案程序就不会出大的问题。

三是坚持人工管理与依托信息技术相结合的原则。信息化是流程监控工作的重要支撑，也是流程监控工作提升质效的重要保证。开展流程监控工作要善于向信息技术借势借力，将监控事项和规则嵌入检察业务应用系统，通过技术手段自动阻却、提示各种程序不规范、不及时、不完备等问题。要将大量能够通过信息技术手段解决的程序性监管问题交给信息技术处理，把人力从中释放出来，集中投入信息技术无法替代的分析研判工作中。对信息化手段暂时不能覆盖的监控内容，要制定监控清单，为开展流程监控工作提供指引，建立健全信息化与人工监督相结合的流程监控工作机制。

五、案件流程监控的实践运行

（一）监控的主要内容

《人民检察院案件流程监控工作规定（试行）》第五条至第十五条明确了需要重点监控的主要环节和具体内容，包括案件受理、强制措施、涉案财物、办案期限、诉讼权利保障等方面，并对其中需要审核、监督的具体问题进行了列举。主要考虑：一是坚持取舍恰当。案件流程监控的内容较多，涉及司法办案的方方面面，考虑到监控的实效性，在确定流程监控的内容时，明确重点监督事关规范司法和权益保障、实践中容易发生问题的关键诉讼环节，且适宜案件管理部门通过案件统一进出口审核、查询信息系统等方式进行监控的问题。二是坚持问题导向。在列举内容时，不照搬法律条文，主要是从问题角度进行表述，以增强监控的针对性和操作性。三是回应社会关切。结合检察工作实际，重点规定了强制措施、涉案财物管理、诉讼权利保障、案件信息公开等关键事项或环节的内容。比如，《人民检察院案件流程监控工作规定（试行）》第十条把告知相关诉讼权利义务、申请事项的答复、送达法律文书、听取意见、保障律师执业权利等作为诉讼权利保障方面的重点内容予以列举。

（二）监控方式

根据《人民检察院案件流程监控工作规定（试行）》第十六条规定，监控方式分为两类。

第一，对正在受理、办理的案件开展案件流程监控，应当通过下列方式了解情况、发现问题：

（1）审查受理的案卷材料；

（2）查阅检察业务应用系统、案件信息公开系统的案卡、流程、文书、数据等相关信息；

（3）对需要向其他单位或者部门移送的案卷材料进行统一审核；

（4）向办案人员或者办案部门核实情况；

（5）上级人民检察院或者本院检察长、检察委员会决定的其他方式。

第二，对诉讼参与人签收后附卷的通知书、告知书等，应当上传到检察业务应用系统备查。

（三）监控措施和处理

根据《人民检察院案件流程监控工作规定（试行）》第十七条以及《人民检察院刑事案件办理流程监控要点》第七条、《人民检察院民事诉讼监督规则》第一百一十二条的规定，案件管理部门对流程监控发现的问题，按照不同情形作出相应的处理：

（1）办案期限即将届满的，应当及时向办案人员发出预警；已经超期的，应当及时向办案人员了解核实情况，提出纠正意见；

（2）系统操作不规范、文书错漏等违规办案情节轻微的，应当向办案人员进行口头提示，或者通过检察业务应用系统提示；

（3）办案程序不规范情节较重的，应当向办案部门发送案件流程监控通知书，提示办案部门及时查明情况并予以纠正；

（4）办案程序违规情节严重的，应当及时报告检察长，向办案部门发送案件流程监控通知书，并抄送检务督察部门；

（5）对于流程监控中发现的涉及事实认定、证据采信、法律适用等办案实体性问题线索，应当及时移送办案部门，或者移送开展案件质量评查；

（6）发现侦查机关、审判机关违法办案的，应当及时移送办案部门依法处理。

（四）问题核查、纠正、异议处理

根据《人民检察院案件流程监控工作规定（试行）》第十八条以及《人民检察院刑事案件办理流程监控要点》第八条的规定，问题的核查、纠正、异议处理如下：

办案人员接到案件管理部门口头提示后，应当立即核查，并在收到口头提示后三个工作日以内，将核查、纠正情况口头回复案件管理部门。

办案部门收到案件流程监控通知书后，应当立即开展核查，并在收到通知书后十个工作日以内，将核查、纠正情况书面回复案件管理部门。

办案部门对案件流程监控通知书内容提出异议的，案件管理部门应当进行复核，与办案部门充分交换意见。经复核后，仍有意见分歧的，报检察长决定。

需要注意的是，《人民检察院刑事诉讼规则》第六百六十五条第三款和《人民检察院民事诉讼监督规则》第一百一十二条第三款均规定，办案部门收到案件流程监控通知书后，应当在十日以内将核查情况书面回复案件管理部门。《人民检察院案件流程监控工作规定（试行）》第十八条以及《人民检察院刑事案件办理流程监控要点》第八条规定的"十个工作日以内"，是指将核查和纠正情况书面回复案件管理部门的时限。

为使流程监控措施更具有规范性、科学性和可操作性，《人民检察院案件流程监控工作规定（试行）》第十八条第三款规定，办案部门对案件流程监控通知书内容有异议的，案件管理部门应当进行复核，重新审查并与办案部门充分交换意见。经复核后，仍有意见分歧的，报检察长决定。

（五）落实整改

为确保流程监控的实效性和权威性，对办案人员、办案部门未在规定期限内回复核查、纠正情况的，案件管理部门要及时督促落实；经督促仍不落实或者无正当理由不核实、不纠正的，要报告检察长。

根据《人民检察院刑事案件办理流程监控要点》第十一条规定，案件管理部门要建立案件流程监控通报督办制度，对重大、典型的办案不规范问题以及普遍性、倾向性问题进行通报，督促整改落实，要每季度或者半年开展一次通报督办。

（六）建立流程监控台账

为加强案件管理部门对流程监控工作的自身管理，《人民检察院案件流程监控工作规定（试行）》第十九条规定，案件管理部门应当建立案件流程监控日志和台账，记录每日开展的案件流程监控工作情况、发现的问题、处理纠正结果等，及时向办案部门反馈，定期汇总分析、通报，提出改进工作意见。

对于已纳入流程监控子系统监控的业务条线，则不再另行建立案件流程监控日志和台账，对办案流程尚未纳入流程监控子系统监控的业务条线，则需要单独建立监控日期和台账。

（七）结果运用

为保障流程监控工作取得实效，《人民检察院案件流程监控工作规定（试行）》第二十条规定，案件流程监控情况应当纳入检察人员司法档案，作为检察人员业绩评价等方面的重要依据。

为适应司法体制改革、内设机构改革、认罪认罚从宽制度适用等对检察工作提出的新任务新要求，加强检察权运行的内部监督制约，进一步深化刑事案件流程监控工作，近年来，最高人民检察院出台了《人民检察院刑事案件办理流程监控要点》，并配套出版了《〈人民检察院刑事案件办理流程监控要点〉条文解读》，还印发实施了《人民检察院民事诉讼监督案件办理流程监控要点》，帮助办案人员了解流程监控的重点和标准，促进依法规范办理案件，实现双赢多赢共赢。接下来，还会根据实际出台行政、公益诉讼流程监控要点，实现"四大检察"全覆盖。

六、案件流程监控当前存在的主要问题

虽然随着信息化的发展，案件流程监控工作得到了很大发展，但在实际开展中还存在一系列常见问题，影响工作的深入、全面、规范推进。

一是对案件流程监控思想认识不到位，导致存在流于形式走过场的问题。其一，认识不到位，不善监督。这是一个比较普遍的问题，很多流程管理员监督管理意识明显滞后。随着检察业务应用系统和流程监控子系统的上线，很多监管人员习惯于在电脑上看一看自动预警信息，不深入案件本身核查，日常流程监控依赖于系统自动提醒和预警，没有建立科学规范的管理机制。对中央和最高人民检察院关于司法责任制改革的安排、部署和要求，特别是对强化监督制约机制、健全检察管理与监督机制的要求，缺乏系统深刻的认识，**片面将司法责任制理解为"谁办案谁负责，谁决定谁负责""办案质量终身负责"等，忽视"放权"与"追责"之间还有更关键的"监管"环节。**此外，仍然存在重办案轻管理、重服务轻监督、重

权力行使轻监督制约等思维观念。其二，有畏难情绪，不敢监督。监督管理过程中，监管人员不同程度地存在等靠思想、畏难情绪、不敢监督、不愿监督等问题，认为加强管理就是得罪人，影响同事关系、影响群众基础、影响考核打分。监督管理方式单一、力度不大，发现问题并提出针对性整改意见建议少，对问题的整改效果不理想。

二是流程监控发现问题表面化、浅层化现象较为明显。**根据目前流程管理发现的问题来看，文书审核中发现的大多是日期错误、错别字、格式错误等细枝末节问题，流程监控中发现的也大多是系统操作不规范问题，鲜有真正较为严重的问题，没有从程序监管中发现案件实质问题。**《人民检察院案件流程监控工作规定（试行）》明确规定，流程监控发现违规办案情节较重的，应当向办案部门发送案件流程监控通知书，提示办案部门及时查明情况并予以纠正；违规办案情节严重的，应当向办案部门发送案件流程监控通知书，同时通报相关诉讼监督部门，并报告检察长；涉嫌违纪违法的，应当移送纪检监察机构处理。从实践来看，发出案件流程监控通知书的情况都很少，更别说发现严重违法移送案件线索情况，这表明监督刚性不足。实际工作中，案件管理部门多采用流程监控通报进行刚性约束，上级通报一定程度能够形成压力传导并引起办案部门重视，但通报次数、问题数量受限，且所通报问题随机性大，同级通报缺乏约束力难以引起重视，容易因敷衍、推诿呈现出"无力感"，陷入同样的问题反复通报、重复出现的尴尬。**部分案件管理部门畏手畏脚、不敢监督，监督表面化、浅层化，没有处理好流程监控与服务办案的关系，没有做到寓监管于服务之中，而将主要人力、精力用于收送案件、录入案件、制作电子卷宗等事务性服**

务工作，或者局限于"友情"提示办案流程中存在的小瑕疵，又或者监控问题不精准、依据掌握不充分，弱化了流程监控的刚性。

三是从事流程监控的人员能力素质跟不上。当前，流程监控工作面临的一个突出短板是人员队伍不专业、监控能力不强。主要体现在：其一，"全科医生"式高要求与队伍配备不到位矛盾突出，监管能力不足。案件管理是一个由统一受案、全程管理、动态监督、案后评查、综合考评构成的系统工程，监管范围涉及"四大检察""十大业务"，有很强的业务属性，应当配备熟悉检察工作、熟练信息技术应用、法律功底扎实、办案经验丰富的干警从事流程监控、案后评查、业务分析等监督管理方面的业务。但实践中很多从事流程管理的人员不熟悉检察业务，不了解案件的办理流程，导致监督底气不足，无法与业务部门平等沟通，监督流于形式，监督效果不佳。其二，案多人少矛盾突出，监管精力不济，一人多用现象较为突出。案件管理工作经过多年的发展，职能不断丰富拓展，包括但不限于案件受理、结案审核、流程监控、质量评查、业务考评、统计信息管理、业务分析研判、涉案财物管理、案件信息公开、辩护与代理接待、人民监督员工作等十多项监管职能。检察业务应用系统、电子卷宗系统、信息公开系统等陆续上线运行，案件管理部门信息化应用管理工作日益繁重。工作中，市级院的一部分和基层院的大部分案管部门由于案多人少，精力主要囿于案件受理、系统录入、统计审核与数据查询、赃证物管理、法律文书打印、电子卷宗扫描等基础性工作和琐碎的事务性工作，有的地方甚至仍没有检察官负责案管工作，有的地方业务骨干流失严重，案管队伍专业化水平亟待提升。

四是流程监控和质量评查、数据检查等其他监督手段联动不足。当前的案管工作，业务种类繁杂、逻辑线索众多：有受送案件、接待律师、信息公开等事务性工作，有以质量评查为代表的司法办案性质的工作，有以数据统计分析为代表的业务研究性质的工作，以及业务考评、人民监督等其他类型的工作。相互之间关联度不高、体系庞杂而布局分散、难以互相支撑形成合力。作为程序监管、实体监管、数据监管的几大监督方式之间相互孤立、自成一体，没有形成有效的协作配合和线索移交机制，对案件管理整体的监督工作的质效提高造成一定障碍，影响了工作合力的发挥。比如，案件质量评查作为事后监督手段，多数情况下，在案件质量评查发现问题的案件，大多在程序上也是有瑕疵的，但是在程序监控时发现的问题线索却没有往后端移送；再如，案卡填录中发现的问题，或者分析研判中发现的趋势性问题，都可以作为反向提示程序监控问题的重要途径。

五是对流程监控的管理缺位。当前，四级院案管工作发展不均衡、"上热下冷"，特别是市县院案管职责事务化、地位作用弱化等问题相对突出。而对流程管理的管理缺位主要表现在目前的流程监控基本仅限于对本级院的监督和通报，还没有建立对下级院案件流程管理情况以及流程管理工作开展的考核监督，导致上级院不了解下级院的情况，对下级院缺乏指导和监督。就最高人民检察院来看，案件流程监控通报也仅仅是针对最高人民检察院办案部门，案件受理、信息公开、辩护与代理、涉案财物监管、法律文书监管等工作的系统分析和监督督促也都是不定期采取专项任务方式在全国部署，没有形成长期机制。

七、完善案件流程监控的相关考虑和建议

（一）优化案件流程监控理念

树立和强化案件流程监控与司法办案共赢的理念。两者是相辅相成、互相促进的关系。流程管理有助于规范执法办案、提高执法办案水平；严格执法办案又有助于流程管理机制效能发挥，促进管理水平提高。但是**实行流程监控首先必须要保证执法办案的独立性，不能影响办案的正常进行，通过管理来促进规范执法办案。如前所述，流程管理就像一双盯着办案流程的"眼睛"，注视着办案过程的每一个步骤，但是不干预办案，不越俎代庖，发现问题的时候也不是直接纠正，而是通过提醒、发出监控通知书等方法进行监督**，是一种内部的监督，也是部门之间、检察机关内部双赢多赢共赢理念的体现。

（二）突出案件流程监控的重点

虽然案件流程监控是全流程的程序监管，但是也不能眉毛胡子一把抓，在人员、精力有限的情况下更要突出重点监控，而不是什么都想管，反而效果不好，也容易引起办案部门的反感和抵触。要重点监督影响案件实体处理的问题，在程序与实体并重的理念下，程序公正往往影响着案件实体的处理，尤其是办案期限、送达等；还要重点监督涉及犯罪嫌疑人、被告人诉讼权利的问题，如是否三日内告知权利义务、是否告知认罪认罚从宽后果等，这些看似小的瑕疵问题都可能会成为以后庭审抗辩的重要理由；还要重点关注律师权益保护，对于阻碍辩护人、诉讼代理人行使权利的程

序性问题要着重关注，避免案件带病起诉进入法院。

（三）强化案件流程监控与案件质量评查、数据监管的融合

流程管理与质量评查两者互为补充，共同促进执法规范化建设。流程管理侧重对办案程序性事项进行动态监督管理，其中也包括部分实体性事项，比如对在执法办案中侵害当事人、辩护人、诉讼代理人的情况进行监督管理。案件质量评查侧重于静态监督，针对已经办结的案件，重点对办结案件的实体事项进行监督。流程管理与数据监管是相互辅助、互相检验的，流程前端案卡的填录情况直接影响统计数据的生成，而数据质量检查发现的数据不准的问题可以反查出流程前端案卡错填、漏填等问题，因此流程管理与数据监管两者互为对照，互相验证，是前端与后端的关系，两者同频共进，只有共同发力，才能保证流程规范、数据准确。

（四）提高案件流程监控人员的能力素质

流程监控工作是对本院内部所有案件办理流程的监控。流程监控员既要熟悉各类型案件的办理过程，也要熟悉检察业务应用系统操作流程；既要能够发现已经存在的问题，也要能够发现可能发生的问题，做到防患于未然。故对于监控员不管是从业务上，还是从专业上都要求很高。要正视干警管理能力不足与检察工作特别是履行监管职责需要之间的矛盾，增强危机观念、"本领恐慌"意识，加强培训，着力提升干警专业能力，为高质量做好案件流程监控工作提供人力资源保障。

（五）推进案件流程监控智能化建设

在检察机关现代化科技信息建设的大趋势下，充分依托现代信息化技术是案件流程监控突破以往瓶颈的重要途径。当前，检察业务应用系统 2.0 关于案件流程监控的规则内容相对薄弱，自动化程度不高，在一定程度上限制了案件流程工作的发展。最高人民检察院案管办将根据"四大检察"流程监控要点，优化完善检察业务应用系统 2.0 流程监控子系统功能，把流程监控要点转化为软件运行要求，推动建立办案程序问题自动发现、推送、反馈的流程监控模式，提高流程监控的自动化水平。各地案管部门可以先行先试、积极探索，运行适合本地的案件流程监控信息化软件，促进案件流程监控由人工向智能化转变。

检察业务数据管理与质量检查的重点与方法 *

　　加强对检察业务数据的管理，特别是对业务数据质量的检查，是保证业务数据真实、准确，更好地服务检察机关履职办案、科学决策、业务指导，促进检务公开的重要举措。检察机关有业务活动就有业务数据，有业务数据就有数据管理，有数据管理就有数据质量检查。检察业务数据管理历经了一个不断发展完善的过程。

一、关于检察业务数据的基本认识

　　提起检察业务数据质量检查，首先要理解和把握检察业务数据这个概念，只有深入理解检察业务数据，才能够为检察业务数据质量检查奠定基础。

　　（一）检察业务数据的概念

　　当今社会，是信息时代，大数据、云计算、区块链等新鲜名词令人目

---

　　* 本讲内容根据 2019 年 10 月全国检察机关案件管理理论与实务培训班讲课稿以及 2021 年 1 月全国检察机关案件管理部门网络培训班讲课稿整理。

不暇接。信息就是数据或者说数据的集合，**大数据、云计算等就是对数据的获取、存储、管理、分析，所以名词变了，但本质没有变**，就像计算器代替了算盘，但计算的功能没有变。**只是大数据、云计算获取、存储、管理、分析数据的功能更加强大**，甚至已经超出了我们的想象，所以还要回到数据概念的本身。根据现代汉语词典解释，数据，就是进行各种统计、计算、科学研究或技术设计等所依据的数值。这里能够明确，数据就是数值，而数值就是用数目来表示一个量多少的数字，如 3 克的 3、5 秒的 5，实际上，数据、数值简单来说就是数字。

检察业务数据，就是在检察业务中进行各种统计、分析、研究等所依据的数值和案件信息。从这一概念中可以看出，检察业务数据包括两类：一是各种数字，如涉案数额、办案期限等；二是案件信息，如是否涉黑恶案件、未成年人、农民工、追捕追诉等案件信息经过统计分析产生需要的数字。应当说，对办案人来讲检察业务数据大量的是案件信息，少量的才是数字。

（二）检察业务数据的范围

1.狭义层面

狭义上讲，检察业务数据范围应当仅指案卡的数据项数据。案卡分为生产库案卡（办案案卡）和统计库案卡两种。

第一，生产库案卡，是办案过程中办案人员需要填选项目的案卡。检察业务应用系统 1.0 上线时共有 331 张案卡，7712 个案卡项目，目前，检察业务应用系统中有案卡 1121 张，案卡项目 14000 余项。案卡项目数据有两种分类：一是节点控制项数据和非节点控制项数据，即必填项和选填项。其实，**节点控制项数据和非节点控制项数据，都是必填项**，只是因为节点控制项数据由流程节点控制，如果不填就不能进入下一流程，所以被称为必填项；而非节点控制项数据，虽然应当填写，但由于没有流程节点控制，办案人员不填写也能进入下一流程，所以变成了选填项，如法院的审结结果、日期等，起诉流程已经通过，不填写也不影响办案，所以许多办案人员都不填写。二是填录项数据和选择项数据，填录项数据需要办案人员手工录入，选择项数据需要办案人员点击鼠标选择项目，如选择是否、身份、企业性质等。

第二，统计库案卡，是为了统计需要而建立的案卡，用以对接生产库案卡的信息。目前统计库案卡主卡有 187 张、副卡 83 张。办案人员见不到统计库案卡，主要是方便案管部门的统计分析。

2.广义层面

广义上讲，检察业务数据范围包括案卡、流程节点、法律文书等业务过程中产生的各类数据和统计分析产生的各类数据。一是生产库案卡和统计库案卡数据。二是流程节点产生的数据。一般说来，流程节点作为工作流程的一部分，没有数据的填录，但是会产生办案期限，是预警和纠正办案超期的依据。三是法律文书产生的数据，主要是涉案数字、法律文书创建日期、落款日期等。四是统计报表产生的各类数据。目前有 370 余张报表，这些报表最长的行有 1300 多行，最长的列有 200 多列，能产生 3000 多万个数据点。

这里要明确生产库案卡是基础，统计库案卡是生产库案卡和统计报表的中介，以上两个案卡有区别、有联系，二者存在不同的映射关系。

我们日常所说的检察业务数据，既不完全是狭义的业务数据，也不是广义的业务数据，而是两者都有包含，应该是生产库案卡数据、流程节点产生数据和法律文书的数据以及统计报表的数据。这也是检察业务数据质量检查工作的检查对象。

（三）检察业务数据的产生方式

检察业务数据主要有四种产生方式：第一，填录，主要是案管人员填录和办案人员填录。案管人员在接收案件时填录一些基本情况，办案人员填录案卡数据。填录，是最容易出问题的环节。第二，选择，就是案卡中已经列出选项，只需办案人员用鼠标选择即可。严格讲，选择也是填录的一种方式，但由于不需要办案人员打字填写，所以把它作为选择题一样单列出来。选择最容易出现敷衍、随意、错误的问题。第三，自动生成，就是在上一环节已填录的数据，提案后自动在下一环节生成相关数据，比如案管人员填录基本情况中的身份证信息可以自动生成年龄。自动生成需要办案人员进行核查，如不能认真核查，就会出现一些匪夷所思的数据，如年龄生成 800 多岁、0 岁、–120 岁等。第四，回填，就是法律文书相关内容可以自动回填到案卡数据项中的技术设计。目前，检察业务应用系统 2.0 中部分数据项已能够做到回填，比如一审公诉案件起诉书日期就能够回填到提起公诉日期案卡项中。

二、检察业务数据管理的发展历程

对检察业务数据的管理工作，最高人民检察院一直都很重视，但其发展历程却是一个艰难探索的过程。检察业务数据管理工作，从统计、管理发展的角度来看，可以分为三个阶段：

第一个阶段（2003年以前），业务数据统计阶段。1985年以前，属于手工分散统计阶段。这个时期，各级院均由各业务部门单独统计，按条线报送。就是由最高人民检察院各业务部门自行对下统计汇总，由研究室综合运用统计数据。统计数据的形式没有规范要求，有的采取登记本式，有的采取卡片式，随意性比较大。例如，有的登记本，除了内勤外，其他人都看不懂，很不规范，相关数据很难去核查，报送的时间也很难保障。1985年至2002年，属于手工集中统计阶段。这个阶段有三个明显特征。一是逐渐实行由专门的统计部门或者人员进行统计。**1985年10月，最高人民检察院召开第一次全国检察统计工作座谈会，研究统计集中管理问题。**座谈会前后，各省级院纷纷设立了统计科，有的在办公室，有的在研究室。1988年8月，最高人民检察院在办公厅正式设立统计处，负责业务数据统计工作。二是进入案卡时代。1992年，最高人民检察院正式印发一套案卡试填，不再只填报单纯的数据报表，统计人员依据案卡填报数据报表，案卡是数据源头。**案卡的作用在于有据可查，丰富信息，并为计算机化提供基础。目前检察业务应用系统的数据生成，仍然采用的是这一模式。**三是开始推广使用计算机，单机录入，手工填报，通过案卡填数据，数据与案卡相对应，各地向最高人民检察院报送磁盘。

第二个阶段（2003 年至 2017 年初），业务数据统计与管理初步融合阶段。2003 年至 2012 年，进入 AJ2003 阶段，即进入机器统计阶段。这个阶段的特征：一是实现了由纸面填报到计算机录入的转变；二是实现了计算机上案卡自动生成数据报表；三是实现了远程点对点报送。当然，这个时期还是单机部署。**但是，AJ2003 是检察信息化的里程碑，检察机关业务信息化建设，可以说是从统计开始的。**2013 年至 2017 年 1 月，进入 AJ2013 阶段，初步实现了统计与管理相结合。这也是探索检察业务应用系统与统计系统衔接的过程。检察业务应用系统的设想是融案件办理、管理、统计于一体，但是起初是没有实现统计功能。2014 年开始，4 个省探索统计衔接问题，一直到 2016 年才破解了统计系统与检察业务应用系统的衔接问题。

第三个阶段（2017 年初至今），业务数据管理逐步规范发展阶段。以 2017 年统计子系统部署应用为开端，检察业务数据采集、生成和呈现方式发生了根本变化。过去的 AJ2003、AJ2013 统计系统中，检察业务数据的生成与检察办案过程是相互分离的。**检察业务应用系统统计子系统全面使用后，真正实现了集办案、管理、统计于一体的设想，办案人员网上办案的过程，就是案件信息填录的过程，同时也是信息采集和检察业务数据（统计数据）生成的过程，**业务数据由系统在办案和监督管理中采集的信息自动实时生成，每天汇总到最高人民检察院，由信息化系统实时呈现。这一重大变革带来了积极效果：一是统计周期从月集中报送到可以按日统计的转变。原来都是从上个月的 26 日到本月的 25 日是一个月报周期，每月进行一次报送。现在每天都能从系统中生成数据，还可以随意设置统计的时间节点。二是从专人负责统计填录到全员填录的转变。三是报表数量海量增加，统计报表从原来的 63 张发展到现在的 300 多张，真正形成了检察业务大数据，为更广泛、更深入的数据应用提供更庞大的资源、更宽阔的舞台。

三、规范检察业务数据管理的重要意义

检察业务数据是检察机关司法办案的重要信息资料，是作出业务决策、开展业务指导的重要参考，也是展示检察工作成就和履职尽责情况的重要载体。**当前，检察业务统计数据呈现出如下显著特点：数据体量海量增长、填录和使用主体多元叠加、数据需求和应用空前发展、信息化技术全面应用。**这些特点，有的对检察业务数据质量带来了冲击，有的还对检察业务数据质量提出了更高要求。出台管理办法，规范数据管理，已经是大势所趋，势在必行。

（一）规范检察业务数据管理，是高质量服务检察业务数据需求和应用的有力保障

新形势下检察业务数据应用日益广泛，当前主要有以下几种应用：一是业务数据分析研判。2018 年 6 月，最高人民检察院党组审议通过《最高人民检察院业务数据分析研判会商工作办法》，并于 2020 年作出修订，建立和完善了检察业务数据分析研判会商工作机制。同时要求省级以下检察院也要建立业务数据分析研判制度，定期就业务数据反映的问题、态势等进行分析会商。目前，业务数据分析研判工作繁荣发展，在业务数据分析研判工作带动下，各方面对业务数据的需求日益旺盛。二是业务数据对外

公布。2019 年 10 月，最高人民检察院首次按季度公布全国检察机关主要办案数据，地方检察机关也相继定期公布主要办案数据，进行详细的解读，并且公布的维度、深度在不断拓展。这一做法得到社会普遍认可，实践中发挥了对人民群众、社会治理的预警、引领作用，促进检察机关创新履行法律监督职能。三是数据查询服务需求空前增长。既有检察系统内部查询服务，如检察机关工作报告、考核评价等，都需要正式权威的业务数据；其他国家机关，如纪委监委、公安、法院、司法行政、统计局等单位，使用检察机关数据的情形越来越多；实践中，许多检察人员编写书籍、发表文章、讲课或参加研讨会等，也会用到一些数据；为适应数据时代的发展，发挥数据的更大价值，今后检察机关还要与其他国家机关在重要司法办案数据上实现跨部门共享。

检察业务数据应用在服务检察业务工作本身，助推国家治理体系和治理能力现代化方面发挥着越来越重要的作用。因此，**检察业务数据来源是否权威、数据是否真实准确、应用中是否符合安全保密规定等，就显得更为突出和重要**。低质的数据会歪曲呈现业务发展的态势，经不起实践的验证，甚至会错误引导社会治理，反噬检察办案活动的健康开展。既要做到开放查询权限满足各方需要，逐步深入推动检察业务数据应用工作，又要做到有序共享、有效管理、安全保密。因此，加强业务数据管理，是业务数据广泛应用的现实需要，也是确保业务数据得到更好、更有效应用的有力保障。

（二）规范检察业务数据管理，是确保数据质量的治本之策

把数据搞准，是案管办的第一要务。如果数据不准，那么业务分析和指导将成为沙上之塔。检察业务数据是服务业务决策和指导的基础性依据，真实准确是生命线。总体上讲，自从检察业务应用系统全面上线后，特别是 2018 年集中开展业务数据检查后，数据质量得到实质性提升。但是，办案信息填录不准确、不完整、不及时的问题，还不是一两次集中检查就能够解决的。2018 年 11 月 16 日至 25 日，最高人民检察院对 5 个省份的检察机关有关业务数据进行实地检查，共检查数据 45 万多条，错填、漏填、迟填案卡信息的问题 26678 个，占 5.84%。这不是一个小数字，对业务数据分析、对外公布以及对其他单位开放查询使用，都不是个小问题。分析以上问题，原因要从两个层面来找。**一个是办案部门、案管部门的填录责任，另一个是办案部门负责人的审核检查责任和案管部门的日常审核责任。受理办理环节的源头填录，是确保数据真实的最重要关口。**实践中，存在把案件信息填录看作额外负担，不认真落实案卡填录规定，只制作文书，不填写相应案卡项目；只填节点控制项，不填非控制项；只填案件办理情况，不填后续处理情况等情形。同时，还存在认知不到位的问题，如将案卡填录正确与否的职责归于检察官助理或书记员，把填录错误归结于案管部门工作人员没尽到审核提醒义务。

（三）规范检察业务数据管理，是适应检察业务信息化建设新形势的现实需要

检察业务应用系统上线后，有些业务条线和地区，以检察业务应用系

统为基础，主导研发了一些信息化应用系统，如侦查监督平台、信访系统、民事虚假诉讼监督平台，部分地方开发了各类辅助办案系统等，以后可能还会有其他研发成果。每一个系统都已经成为业务信息化的组成部分，或许将成为未来业务信息化主角。信息化时代，这些辅助系统和平台，在方便司法办案、业务管理方面发挥着积极作用，我们鼓励各地开发相关应用系统。但是，**假如不对各部门、各地研发部署新的信息化系统在采集业务数据方面提出要求，就可能出现与检察业务应用系统已经设置好的案件信息项目、数据指标项目、填录标准等相矛盾冲突，出现不同的业务信息化建设信息重复采集、标准不一现象，造成"数出多门""数据打架"，进而造成检察业务数据采集的混乱或者错误。**因此，需要制定专门规范，在案件信息项目、数据指标项目、生成定义以及填录标准、使用标准等方面加强统一管理，确保数据采集的科学性和统一性，避免标准、规则不一致造成的数据混乱。

四、关于当前检察业务数据检查中发现的主要问题

当前，检察业务数据质量总体良好，但也存在一些突出问题：一是数据的精确性不够；二是一些关键数据如判决无罪、监管场所非正常死亡等数据与实际数据相差较大。例如，全国一年判决无罪案件 500 件左右，但在某省一个市就发现有 3 件错填，那这数字怎么看、怎么用。**目前承办人填录案件信息存在的突出问题，概括起来就是"假、错、漏、迟"。**具体有以下突出表现：

（一）虚假填录

例如，某省院根据检委会决定，由案管办牵头对 2017 年全省业务数据进行了抽查，发现数据造假的问题。一是瞒报撤回起诉、无罪案件信息。有的承办人作出撤回起诉决定后，在线下制作相关文书，以完成法律行为，而不在系统上继续操作，案件流程一直停留在出庭公诉节点，故意不让撤回起诉数据生成。有的甚至在线下制作撤诉文书后，还在线上虚假制作刑事判决、裁定审查表，填录判决结果。检查发现，该省撤回起诉案件瞒报占实际数量的近一半。有的承办人在收到法院裁判文书后，不在检察业务应用系统中填录判决结果，致使无法生成无罪数据。该省 2017 年无罪判决实为 22 人，报表 16 人，漏报率为 27.3%。二是数据"注水"。对于纠正遗漏提请批捕、纠正遗漏移送审查起诉同案犯，系统上有登记、有数据，但是在相关文书中未发现任何追捕、追诉的信息。有的直接将未被追捕、追诉的同案犯一并填入案卡。有的将拘留期限未届满的犯罪嫌疑人登记为追捕，将实际已起诉的被告人登记为追诉。检查发现，纠正漏捕虚假比例为 23.4%，纠正漏诉虚假比例更高。对于该省检查出的数据问题，省院召开问题单位检察长集中约谈会，指出数据不实是政治问题、纪律问题，要求全面建立健全问责机制，强化内部监督管理，从源头上遏制数据不实问题发生。

（二）错误填录

近年来，围绕中央的一系列决策部署，在检察业务应用系统中增加采集涉及服务大局、保障民生、社会关注的信息。如案件是否涉及黑恶势力，是否影响非公经济发展，是否涉及民生领域、扶贫领域，是否侵害未成年人、留守儿童，是否涉医犯罪等。这些情况多以"是否"选项方式采集，与案件办理信息组合生成相关数据，对于充分反映检察机关服务经济社会发展成效、为领导决策提供参考有重要价值。但是，一些办案人员大局意识不强，认为这些与自己办案不相关，流程节点之外的信息随意填录，不认真判断，有的甚至将所有选项全选为"是"，造成填录内容与实际情形不符。例如，有数据显示，某年上半年全国批捕黑恶势力"保护伞"的案件中，有一部分人员身份登记为无业人员、农民、个体劳动者、工人、进城务工人员、外国人、学生等。对此身份异常情况，案管办专门发出通知要求逐案逐人核实，核实后发现一批错误填录的数据。再如，起诉侵害未成年人权益犯罪数据中，出现一些贪污贿赂罪、渎职侵权罪等。

（三）遗漏填录

检察业务应用系统中，案卡及其项目内容具有紧密的业务逻辑关系，如果相关内容漏填，会造成数据失真。例如，漏填嫌疑人案卡信息，导致批捕、起诉数据有"件数"无"人数"，或者"件数"大于"人数"的异常情况；漏填公诉审结日期、审结情况、退补日期及重报日期、开庭日期及庭审程序、判决日期及判决情况等重要节点信息，造成相关数据缺失；某市院反映，民行监督案件承办人常常在办结后不填结案日期、结案情况，导致该院民行结案率只有30%；漏填重要的子项信息，造成数据总数与分项不一致，如漏填退回补充侦查理由，造成退查理由数据加起来小于退查案件总数。

（四）迟延填录

检察业务应用系统作为办案平台，承办人的办案活动必须同步在系统上登记。《全国检察业务应用系统使用管理办法》对此作出明确规定。这既是办案流转的客观需要，也是保证数据及时准确的需要。但是，实践中，一些承办人在系统内填录的办案信息与具体办案相脱节，往往过了较长时间才补录。由于数据每日自动生成，迟延填录会造成历史数据频繁变动，特别是以往月度的数据，每天查询的结果都不一样，这种情况体现到各种报告、总结和宣传材料中，会极大影响检察数据权威性，损害检察机关形象。为了解决这个问题，案管办研究采取应对措施，锁定往月数据，保持数据稳定，再择时组织数据修正，将补录的信息生成为数据。但是，由于补录经常发生，而数据修正定时开展，造成数据与登记的案件信息不一致。例如，有报表显示 2017 年 12 月起诉有 165800 人，而查询案卡登记有 171819 人，这反映出有 6000 余人是后补录的信息，未能生成数据。

五、关于检察业务数据检查应当把握好的几个重点

开展检察业务数据检查是提升检察业务数据质量的重要手段，对专业性、技术性、组织性、配合性要求较高。自 2022 年第三季度以来，最高人民检察院按季度组织开展检察业务数据检查，各地也根据工作需要开展定期检查，有力地推动了检察业务数据质量的提升。在开展业务数据质量检查时，应重点把握以下内容：

（一）检查人员组成

检查队伍要有四方面人员：一是懂查询检察业务应用系统的人，是发现业务数据填录问题的基础；二是懂询问的人，要把发现的问题通过谈话等方式固定下来；三是懂业务的人，就是能够把问题定性定量，确定是错案、造假案等；四是组织决定的人，对检查进行组织、对问题最终定性要承担责任。

（二）检查工作原则

一是全面深入。全面，就是要对所有业务、所有案件、所有办案环节都要检查，不能人为设置禁区。深入，就是要深入具体案件、具体程序、具体细节进行检查，不能蜻蜓点水，特别是要注重细节、细微之处。全面深入是检查工作必须遵循的基本原则要求。**二是及时取证。就是发现问题后一定要及时固定下来，在检察业务应用系统上要截屏保存，在案卷上要复印，谈话要记录。这是最容易忽视但又必须坚持的重要原则。**否则，发现的问题可能被修改，或者因证据不足而进退两难。三是明确责任。对检查中发现的问题一定要明确责任院、责任部门、责任人和具体案件、具体办案环节，决不能文过饰非、含糊带过。四是实事求是。有成绩、经验，就要总结表彰；有问题就要发现问题，但绝不能无中生有。**对问题定性要以事实、证据为依据，不能拔高、不能搞无限上纲上线，要坚持就低不就高，这样既实事求是，又留有余地。**

（三）检查工作重点

数据检查要全面进行，但也要突出重点，这个重点就是重要业务、重

要案件、重要数据，比如"四大检察"中刑事检察是检查重点，而刑事检察中的不捕、不诉、撤回起诉、无罪案件等数据，刑事诉讼监督中的立案撤案、追捕追诉监督等数据，刑事执行检察监管场所被监管人员死亡等数据，民事、行政检察提出抗诉、再审检察建议，以及公益诉讼社会效果等数据，这些都是检查的重点。

（四）检查对象确定

由于数据检查不是全覆盖，所以一定要坚持公开透明、公平公正，同时还要突出典型性、切实发现和解决问题。最高人民检察院组织检查，案管办根据核查出的刑事检察案件案卡填录瑕疵点占同期受理审查逮捕、审查起诉案件数的比例，将全国各省级单位划分为 A 级（6 个）、B 级（10个）、C 级（12 个）三类。由实地检查组组长按照"双随机"的方式，从三类地区分别选取 2 个、3 个、5 个，最终确定了 10 个地区作为检查对象。这种抽签方式，就是公平公正地选取检查对象；分成三个等级进行抽签，就是要有典型性和代表性，提高检查的效果。

（五）检查问题摸底

这是做好数据检查最重要的准备工作，既能做到有的放矢、增强针对性，又能确保在短期内发现问题。可以说，调查对象确定后，调查问题摸底是决定检查成败的一个关键。自 2019 年 5 月底最高人民检察院印发专项检查工作方案以来，最高人民检察院案管办分别于同年 6 月 16 日至 23 日、7 月 31 日至 8 月 10 日、8 月 26 日至 9 月 1 日，组织三批地方检察机关统计业务骨干人员、每批十人左右，通过检察业务应用系统对全国检察机关的业务数据质量情况开展了三轮摸底调查，共选取了各类检察业务中的130余项核查点，核查出各类数据瑕疵和错误百万余个。其中，第一检查组根据抽签确定的实地核查对象，通过检察业务应用系统对两个省的数据质量问题进行了专门摸底调查，核查发现某省检察机关共存在28776个填录瑕疵，瑕疵案件占比1.52%，另一省检察机关共核查出50036个填录瑕疵，瑕疵案件占比0.94%。第二检查组共整理出某地区错填、漏填、填录矛盾等基础核查点瑕疵问题1417项。从中选取了6个院作为实地检查单位。整理出另一地区错填、漏填、填录矛盾等基础核查点瑕疵问题14221项。从中选取了5个院作为实地检查单位。检查问题摸底全面、细致，才能为接下来开展的实地检查做好充分准备。

六、关于检察业务数据检查的方式和基本意识

方法问题至关重要。创新工作方法，是取得工作成败的关键。世界观和方法论是人与人的最大差别。而在相同世界观的情况下，方法论才是最大差距。做事情，要想成功关键在于三点：观点、方法和持之以恒。观点可以说是世界观的微缩，方法是方法论的要求，持之以恒也是方法论。许多成功的人都是因为确定目标后，或者有创新方法，一蹴而就；或者持之以恒，大器晚成。

当前，许多地方、许多案管部门负责同志对如何开展检查，采取哪些方式卓有成效，不甚了解。往往是雨过地皮湿、不能深入，发现不了深层次问题，最终结果是发现一些漏填、迟填等不痛不痒的问题，甚至被办案

部门认为多此一举、吹毛求疵。所以必须找到有针对性的检查方式。

（一）五种常规检查方式：听、查、看、问、核

1."听"

主要是通过听取当地检察机关检察业务数据质量有关工作汇报了解情况；我们第二检查组共听取被检查单位汇报 11 次。其实，听取汇报最容易被忽视、最容易走形式。认为听取汇报是被动的，是经过报告人精心准备掩饰过的，没有意义，纯粹浪费时间，是因为有时候检查人员不知道听什么，或者说不知道听的重点是什么。**现象反映本质，但有时候现象甚至会故意掩盖本质**。听汇报重点是两点：一是发现问题；二是发现存在问题的原因。特别是第二点，如果我们发现一个单位数据中存在突出问题，在查找原因时就要从听取汇报中发现。比如某区院对 2019 年以来的 3000 余件案件数据填录工作进行自查后，仅发现问题 19 处，该院 37 名员额检察官中仅有 6 人存在案卡填录不规范问题。也就是说 2980 多个案件没有填录数据错误，即使填录错误的检察官平均也只有 3 处错误。而检查组通过实地核查发现，该院 1 月至 7 月办理的 2475 件案件中，仅 103 个基础核查点就发现填录问题 1938 项，涉及 44 名检察人员。通过听取汇报就能发现该院自查不认真、对数据填录不重视。

2."查"

查看检察业务应用系统，排查数据填录问题。

"查"是核查数据填录问题的最重要方式。这次检查，通过检察业务应用系统，发现案卡不规范填录瑕疵问题的表现形式可谓"五花八门""千奇

百怪"，甚至有些"匪夷所思"。检查共发现被实地检查单位不规范填录瑕疵问题 28085 个。

（1）漏填案卡问题。

漏填一审判决生效日期，导致一审生效判决数据失真。比如，从检查情况看，个别检察院漏填 59 人、个别检察院漏填 81 人、个别检察院漏填 121 人、个别检察院漏填 22 人，导致生效判决数据缺失。

漏填上诉日期，导致上诉数据缺失。有的市院 30 名被告人漏填上诉日期，导致上诉数据缺失。

漏填提出量刑建议情况，导致提出量刑建议数据缺失。有的漏填 358 人、有的区院漏填 293 人、有的市院漏填 88 人、有的区院漏填 34 人，导致提出量刑建议数据缺失。

漏填民事生效裁判类型，导致裁判类型数据缺失。某省院有 55 个民事、行政生效监督案件漏填监督的"裁判类型"，导致裁判类型数据缺失。

漏填民事监督案件结案情况。民事生效裁判监督、执行活动监督等案件，受理后实际已办结，但没有填录结案情况，致使这些案件在报表中成为长期未结数据，被实地检查的 11 个院中，此类案件共有 157 件。

（2）迟填案卡问题。

有的市院对 560 人未及时填录一审判决情况，有的市院对 374 人未及时填录一审判决情况，有的区院对 186 人未及时填录一审判决情况，有的区院对 381 人未及时填录一审判决情况，造成一审裁判情况数据严重缺失。有的省院对 39 人未及时填写二审裁判结果，有的市院对 18 人未及时填写二审裁判结果，造成二审裁判情况数据缺失。有的市院对 75 人审查逮捕审结后迟迟未填执行情况，有的区院对 105 人审查逮捕审结后迟迟未填执行情况，有的市院对 16 人审查逮捕审结后迟迟未填执行情况，造成逮捕、不捕执行情况数据缺失。有的市院对 19 人未及时填写刑事申诉案件的审结处理结果，造成刑事申诉审结数据缺失。

（3）乱填案卡问题。

案卡审查批捕结果与嫌疑人卡审查批捕结果矛盾，比如，有的市院将 3 人的案件表单审结结果填录为"不捕"，人员表单的审结结果又填录为"逮捕"；提出抗诉案件又填写提请抗诉理由，比如，有的市院将 2 件提出抗诉的民事生效监督案件，又填写"提请抗诉理由"，相互矛盾；采纳检察建议项之间矛盾，如有的市院办理的 1 件民事生效裁判监督案件，是否采纳检察建议选择"否"，但又填录"采纳检察建议时间"；未成年被害人选项之间存在矛盾，如有的区院一审公诉案件"是否有不满 14 周岁未成年被害人"选择"是"的同时，将"是否有不满 18 周岁未成年被害人"选"否"；缓刑考验期乱填，有的区院交通肇事案缓刑考验期填录为 10 年。

3."看"

"看"主要涉及两方面：看案卷材料，看案件办理是否规范、填录是否准确。我们第二检查组共查阅案卷 445 册。

4."问"

"问"主要是与一线检察人员单独谈话，当面了解案件办理与登记的实际情况、遇到的问题及原因分析。共与一线检察官谈话 173 人次；比如在有的基层院，控申部门的一名办案人员在与我们谈话时，了解到他办理的 500 多件案件，有一半都没有登记，原因是认为系统烦琐、占用时间长。

5.“核”

“核”主要是向当地公安机关、法院调取相关数据，核实有关检察监督的重要数据。我们向公安、法院调取数据 75 项。

听、查、看、问、核这五种常规检查方式，查是重心，是最重要的方式，60% 以上的问题都是查检察业务应用系统发现的，而听、看、问、核这四种方式是补充，也能发现 10% 的问题。五种常规检查方式，主要发现的是漏填、迟填、乱填数据和一些部分错填数据。

（二）六方面数据比对方法

五种常规检查方式，也只能发现常规问题，或者说是表面问题，而深层次问题就需要更深入的方法。这个更深入的方法，就是我们在实地检查过程中，逐步总结出的“六个比对”工作法：一是案卡信息与法律文书相比对，看是否存在案卡信息错填情况；二是线上文书与线下文书相比对，看记载内容是否一致；三是线上流程文书创建的留痕时间与落款时间相比对，看是否存在造假情况；四是案件办理流程与时间次序相比对，看是否存在逻辑矛盾问题；五是检察机关有关法律文书与公安、法院法律文书相比对，看是否存在凑数案、造假案等情况；六是案件相关数据与法律规定数据相比对，看是否存在错案的情况。通过“六个对比”方法，能发现较隐蔽的 25% 的问题。

1.案卡信息与法律文书相比对，看是否存在案卡信息错填情况

查系统，只能发现漏填、迟填、乱填数据和一些部分错填数据，而要真正发现错误填录数据的问题，就要把案卡信息与法律文书相比对。**应当**

说检查中 20% 的问题都是通过这种方式发现的。主要有以下 13 种情形：

（1）错填不捕情形。有的区院将 13 个犯罪嫌疑人的无社会危险性不捕错填为"其他不捕"，导致无社会危险性不捕数据缺失，其他不捕数据虚增。

（2）错填审查起诉审结处理结果。有的市院将 53 名作拆并案处理的犯罪嫌疑人的审结处理结果错误填写为"起诉"，有的区院将 128 名作拆并案处理的犯罪嫌疑人的审结处理结果错误填写为"起诉"，造成起诉数据虚增。

（3）错填一审宣告刑判决结果。如有区院的盗窃案、故意伤害案等案件，实际判决为拘役缓刑，错填为有期徒刑缓刑。又如某省将 280 个宣告缓刑的被告人宣告刑错填为实刑。再如某省某区院将 107 个一审宣告缓刑的被告人宣告刑错填为实刑，造成缓刑数据缩水。

（4）错填量刑建议。如有的区院对 43 个犯罪嫌疑人提出的"幅度刑量刑建议"错填为"确定刑量刑建议"。又如有的市院对 78 个犯罪嫌疑人提出的"幅度刑量刑建议"错填为"确定刑量刑建议"，导致确定刑量刑建议数据虚增。

（5）错填金额类数据。如一些危险驾驶案件错填的罚金高达 6000 万元，数据严重失真。又如有的市院将审结数额由 74 万元错填为 74 亿元。

（6）错填不负刑事责任判决。有的区院办理的介绍卖淫案，犯罪嫌疑人已于 2018 年 9 月 29 日作出不起诉决定，但又将法院一审判决情况填报为"不负刑事责任"，造成不负刑事责任判决人数错报 1 人。

（7）错填民事监督案件审查处理结果。如有的区院提请抗诉的民事案件，承办人错填为提出抗诉；有的市院案件实际作出不支持监督申请，承办人错填为提出抗诉。又如某旗院的 8 起民事执行监督案件，实际发出的是检察建议，但承办人错填为纠正违法。再如某市院提出抗诉的"刘某某民行案"等案件，在填报提出抗诉的同时又错填提请抗诉情况；还如某市院提请抗诉的"靳某某民事申诉案"，错将结案情况填报为提出抗诉。

（8）错填无罪数据，导致无罪数据缺失。**对这点我们一定要格外重视，这也是最突出的问题之一。由于无罪案件的敏感性，自觉或不自觉的错填情况不同程度存在。**主要有以下情形：

一是错填二审判决结果。如某市院的"霍某某单位受贿案"，某市院的"梁某、李某玩忽职守案"，某市院的"徐某某危险驾驶案"，此3案4人，均为二审裁定维持原判（一审判决无罪），承办人只填写"维持原判"的裁判结果，未填写具体的刑罚情况为"无罪"，导致无罪数据缺失。

二是撤回抗诉后漏填一审判决生效日期，导致无罪数据缺失。如某省检察机关2018年至2019年7月共有8名被告人一审判决无罪，经二审撤回抗诉后迟迟未填录判决生效日期，导致缺失生效无罪数据8人。又如，某市院的"李某某诈骗案"，收到一审判决无罪后，市院提出抗诉，市院2019年4月撤回抗诉后，未填无罪判决生效情况。

三是生效无罪数据补填，导致无罪数据"两边不靠"。如某市院提出抗诉的"吴某走私珍贵动物案"，省院2018年12月撤回抗诉，市院2019年将生效无罪判决补填到2018年，使得无罪判决情况既未反映到2019年，也无法反映到2018年。又如某市院2018年报表显示二审无罪仅1人，但反查报表显示二审无罪有12人，说明该院未及时填写11人的二审无罪情况，造成11人无罪数据"两边不靠"，无罪数据严重失真。

　　四是生效无罪数据不进统计报表。如某省 2017 年以来业务数据报表体现的无罪有 31 人，系统外确认有 11 件 11 人无罪未进报表数据，占比约 26%。又如某市院的"于某某介绍卖淫案"，该案一审嫌疑人获刑 10 个月缓刑 1 年，二审抗诉后法院改判"无罪"，但承办人在系统中未填写为无罪，二审宣告刑填"有期徒刑"，刑期 0 年 0 月 0 天，导致该案未生成无罪数据。再如，某市 2017 年以来业务数据报表体现的无罪有 6 人，系统外确认有 3 件 3 人无罪未进报表，占比约 33% 的无罪案件未被系统采集。

　　（9）错填撤回起诉数据。一是直接错填。如某市第一市区院的"付某、谌某、冉某、廖某组织卖淫案"，对犯罪嫌疑人作出撤回起诉决定，却在案卡中填写为法院退回。二是漏填或迟填。如某省 2017 年以来报表显示撤回起诉 160 人，系统外确认有 32 人撤回起诉未进报表，占比约 16.7%，导致撤回起诉数据失真。又如，某市院的"陈某某非法持有毒品案"；某县院的"祁某某、罗某某故意伤害案"；某区院的"王某某涉嫌诈骗案，杨某某、谢某某涉嫌提供虚假证明文件案"；某县院的"王某某故意伤害案"；某区院的"蒋某某、石某某等四人涉嫌非法吸收公众存款案"等案件已撤回起诉，检察业务应用系统内制作了撤回起诉决定书，但未在案卡中填报相关撤回起诉情况，导致撤回起诉数据漏报。再如，2019 年 1 月至 7 月统计数据显示，某省撤回起诉案件 65 人，反查案卡显示有 71 人，迟报 6 人。

　　（10）错填抗诉有关数据。个别检察官为了考评加分，错填抗诉裁判结果，导致系统填录结果与实际不符。如某院办理的 2 件二审抗诉案件，法院认为原审判决量刑并无不当，裁定维持原判；但承办人为了体现法院采纳抗诉意见并改判的抗诉效果，将系统中的二审裁判结果填为改判的"加重刑罚"。

（11）错填认罪认罚数据。一是未适用认罪认罚从宽制度的案件错填为适用认罪认罚从宽制度案件。如某区院 2019 年以来适用认罪认罚从宽制度共 57 件，经查其中有 24 件案件均未适用认罪认罚从宽制度，属错填，错填率约为 42.1%。二是适用认罪认罚的司法机关错选，导致检察机关适用认罪认罚数据虚增。如某省非检察机关适用认罪认罚案件，填录时将"检察机关是否适用认罪认罚"错选为"是"的有 40 人。

（12）错填纠正漏捕数据。追捕对象错填。如某区院的"松某某涉嫌非法捕捞水产品案""李某某涉嫌非法捕捞水产品案"，案卡项目中显示"是否为追捕的犯罪嫌疑人"选为"是"，经在检察业务应用系统核查关联案件，未发现纠正漏捕的相关材料，经与办案人确认，该 2 个案件实际并非纠正漏捕案件，纠正漏捕数据虚增 2 件。又如某区院将并非纠正漏捕的"李某某强奸案"错填为纠正漏捕案件。再如某区院的"王某某组织卖淫案""徐某组织卖淫案""刘某某等 2 人非法吸收公众存款案""王某某等 2 人组织他人偷越国（边）境案"等 4 个案件 6 人错填为纠正漏捕案。

（13）错填纠正漏犯数据。如某市院的"王某某故意杀人案"，实际为核准追诉案件，错填为纠正漏犯案件。又如，某市院的"可某公司、叶某虚开增值税专用发票案"，实际为纠正漏罪，错填为纠正漏犯。再如，某市院的"甄某某、冯某某等走私普通货物、物品案"和"何某某行贿案"，纠正漏犯的 5 人均为错填。

以上 13 种错填情形，有的是过失，但有的可能是故意。特别是无罪案件错填、漏填，而没有一个是多填的；适用认罪认罚、追捕追诉案件错填、多填，而没有一个少填的。这应该令人深思。但我们也要认识到，如果不把案卡与法律文书相比对，也根本不可能发现这些问题。

2. 线上文书与线下文书相比对，看记载内容是否一致

这种方式，是重要的一种比对方式，最容易发现办案不规范，或者是办理凑数案。

如某区院的"谢某某盗窃案""申某某容留卖淫案""江某某、李某某寻衅滋事案"等22个监督撤案案件，检察业务应用系统中《要求说明立案理由通知书》的制作时间均晚于公安机关撤案日期，但实际打印的文书落款日期修改为早于公安机关撤案日期一天或与公安机关撤案日期为同一天。

又如某区院监督立案的"卓某某案"，检察机关《要求说明不立案理由意见表》的内部审查时间实际是11月29日，《要求说明不立案理由通知书》的制作时间也是11月29日，但卷宗中发出文书的落款时间修改为10月30日，公安机关10月31日立案。

再如某区院的"贾某某、张某某涉嫌非法捕捞水产品案"，检察业务应用系统显示，该案的发案时间、要求说明不立案理由时间、公安机关立案时间均为2019年5月15日，但审查意见书的落款时间为6月13日，审批时间为7月24日。

以上三个案件都是先口头与公安机关沟通，后在系统中补做文书，并倒签落款时间，是典型的办案不规范案件，甚至可能是凑数案、造假案。

如果单纯地看线上记录，或者单纯地看线下记录，都不能发现问题。只有两者比对，才能让数据现出原形。线上与线下对比，主要是看落款时间等是否相一致。线上正确、线下卷宗也正确，但两相比较才能发现是两

张皮，不匹配。

3. 线上流程文书创建的留痕时间与落款时间相比对，看是否存在造假情况

如重庆某区院办理的立案监督"何某、高某等四人盗窃案"，案卷材料显示，2019 年 1 月 8 日收到线索，2019 年 1 月 9 日立案监督，2019 年 1 月 13 日公安机关立案，而检察业务应用系统中法律文书的创建日期却为 2019 年 2 月 2 日，比落款日期晚了 23 天。承办检察官表明，该案先口头与公安机关沟通，后在系统中补做文书，并倒签落款时间。

这种方式，最能发现法律文书是否倒签，从而发现造假问题。因为系统留痕时间不可更改，且有的承办人对此往往也不知情，以为能瞒天过海。而文书落款时间只要不是与创建时间一致，数据就是错误的，甚至法律文书都有可能是错误的。

如果单纯地看线上记录，或者单纯地看线下记录，都不能发现问题，即使两相比较也不能发现问题，因为线上落款时间与卷宗落款时间是一致的，但线上创建时间和落款时间的不一致，就让作假现出了原形，从而发现凑数案或者造假案。

4. 案件办理流程与时间次序相比对，看是否存在逻辑矛盾问题

从卷宗的数据中发现不了问题，但是将这些数据进行比对，就可能发现逻辑矛盾，从而发现工作中可能存在严重的问题。比如一个立案监督案件，从报案、审查、要求公安机关说明不立案理由、公安机关回复不立案意见、承办人提出审查意见、召开检察官联席会议或检委会研究、印发通知公安机关立案通知书、公安机关研究立案等环节，一般也要一周以上的

时间。但如果从数据中发现只有三五天，甚至一两天，那这些案件就要重点关注，有可能就是凑数案。

一是监督立案的凑数案。比如，宁夏某区院办理的"宁夏体育场停车场殴打他人案""王某某殴打他人案""余某某故意伤害案"等3件3人监督立案案件，均在一天内完成要求公安机关说明不立案理由、公安机关回复、通知公安机关立案、公安机关执行立案等所有办案流程，"效率惊人"，经谈话了解，上述案件的检察机关和公安机关办案人员均做了事先沟通，公安机关要立案时，公安办案人员告知检察院相关检察官，相关检察官立即办理一整套监督立案的法律文书，甚至有的检察官同一天办完两件完全没有关联的立案监督案件（两件案件都是同一天内完成要求公安机关说明不立案理由、公安机关回复、通知公安机关立案、公安机关执行立案）。**这类案件明显是监督走形式，完全是为了考核办理凑数案，没有发挥任何监督作用，极大损害了检察机关的尊严和形象。**

二是监督撤案的凑数案。凑数案件，是部分检察人员为了在绩效考评中取得好成绩，违背诉讼监督制度设计初衷，在公安机关立案当日开展立案监督、公安机关撤案当日开展撤案监督等。这大大弱化了诉讼监督的权威，降低了检察机关的威信，浪费了本来就不足的司法资源，使本应该为"喊冤无门"的百姓发挥法律监督作用的职能变得"形同虚设"。其一，在审查逮捕案件作出不构成犯罪不捕决定后，同步向公安机关发出《要求说明立案理由通知书》监督撤案。如广东省某区院的"韦某某盗窃案"等8个监督撤案案件均为利用不构成犯罪不捕作不必要的监督撤案。其二，抢立撤案监督案件。如某区院前7个月共监督撤案9件，其中7件当天受理，当天发出要求说明立案理由通知书，公安机关当天撤案，个别案件系统显示，检察机关文书制作时间为晚上六点钟以后，公安机关仍在当日撤案。按照监督撤案制度设计的初衷，公安机关对于不构成犯罪不批准逮捕的案件如果不复议复核又不撤销案件的，检察机关才有监督必要，但该案在作出不批准逮捕决定当日就监督撤案，没有监督必要，纯属为监督而监督，是一个凑数案件。实际上，这种监督撤案是检察官之间相互协调，开展撤案监督。主要是作出不批准逮捕决定后，相关检察官告知有监督撤案职责的检察官，开展所谓的撤案监督。**以上案件的发现，就是要求检查人员对数据要有敏感性，能够从数据中的不正常，发现办案中的不正常。**

单纯地看线上记录，或者单纯地看线下记录，或者相互比对，或者比对线上创建时间和落款时间都没有问题。严格来讲，统计人员就没有了责任，但案管人员、检查人员还有责任，通过案件办理流程与时间次序的比对，发现存在逻辑矛盾，就让这种假监督现出了原形，我们就能发现凑数案。

5. 检察机关有关法律文书与公安、法院法律文书相比对，看是否存在凑数案、造假案等情况

这种方法是容易被忽视的，但却行之有效，一些深层次问题通过这种方式才能发现。如果我们拘泥于线上线下、检察院内，那么可能永远也不会发现问题。只有把司法办案环节，向前面的公安、司法行政部门延伸，向后面的法院延伸，才会发现一些凑数案，甚至是一些造假案。这就要求我们在检查中要看侦查卷、审判卷等相关法律文书，与检察机关相关法律文书相互比对，发现问题。

一是比较公安机关的缉捕文书和提捕意见书，发现错将公安机关追逃的对象当作追捕对象问题，此属于错误追捕情况。对于公安机关已经立案并被刑拘在逃的犯罪嫌疑人，在没有抓获之前，检察机关不应当给公安机关发《应当逮捕犯罪嫌疑人建议书》。如云南省某区院的"胡某某、李某等 3 人涉嫌贷款诈骗案"，云南省某市院的"陈某某贩卖毒品案"等 7 个案件涉及的 24 名犯罪嫌疑人，公安机关已经网上追逃，但还将公安机关追逃的对象错误认定为追捕对象。又如北京市某区院追捕的犯罪嫌疑人马某某，追捕书发出的时间是 2015 年 4 月 16 日，但是公安机关已经在 2014 年 11 月 24 日立案并网上追逃，该嫌疑人于 2018 年归案报捕；追捕的犯罪嫌疑人蒋某的追捕文书发出时间是 2018 年 4 月 9 日，但蒋某已在 2017 年 10 月 27 日被公安机关列为网上追逃的犯罪嫌疑人，并未抓获到案。再如，辽宁省某区院的"李某诈骗案"，李某已于 2017 年 1 月 9 日被公安机关网上追逃，检察机关于 2017 年 1 月 22 日又发出《应当逮捕犯罪嫌疑人意见书》。

二是比较追捕的法律文书，发现错误追捕、追诉问题。其一，将纠正漏捕的犯罪嫌疑人同时认定为纠正漏犯。如安徽省某区院 2019 年 1 月至 7 月办理的案件中共追捕犯罪嫌疑人 61 人，同为追捕又为追诉的嫌疑人有 10 件 14 人，占同期追诉嫌疑人的 28%。又如，内蒙古自治区某区院的"高某某开设赌场案"，同一名犯罪嫌疑人既被追捕又被追诉。再如，广东省某区院的"潘某某故意伤害、抢劫案""谢某盗窃案"等，广东省某区院的"唐某某聚众斗殴案"，同时认定追捕、追诉。其二，将审查起诉阶段决定逮捕的犯罪嫌疑人认定为追捕对象。如云南省某市院的"鲁某某非法拘禁案""李某非法拘禁案"等 6 个案件涉及的 6 个犯罪嫌疑人均为此情形。其三，仅凭相关文书中的模糊表述就认定为追捕对象。如安徽省某区院的"陈某某、段某某等8人涉嫌组织、领导传销活动案"，在逮捕案件继续侦查取证意见书中仅表述为"请提取其余参与LON项目的人员的证言"，则公安机关之后所有报捕的与LON项目有关的嫌疑人都认为是追捕对象。其四，在提前介入环节纠正漏捕。如宁夏某区院对1件已提前介入的审查逮捕案件，向公安机关提出纠正漏捕27人，该案本应在提前介入过程中引导公安机关确定犯罪嫌疑人，但该院却将这27名犯罪嫌疑人作为追捕对象。其五，在追诉文书中表述为"追诉某某、某某等"，将后期公安机关移送的"等"外的犯罪嫌疑人认定为追诉的对象。如云南省某区院的"符某某、詹某某等42人组织、领导传销活动案"，《补充移送起诉通知书》中表述"还有王某某、姚某某等人"需移送本院审查起诉，后期将公安机关分批移送的"等"外的犯罪嫌疑人郭某某、李某、刘某某三人均认定为追诉对象。其六，无任何追诉文书，将公安机关网上追逃对象、分批移送的同案犯均认定为追诉对象。如内蒙古自治区某区院2019年1月至7月追诉的19人中，12人属于此类情形。再如安徽省某区院2018年7月至2019年7月追诉44人，其中承办人承认点错"是否"项的有3人，公安机关已经对嫌疑人布控，有的承办人将口头建议公安机关加大侦查力度的也作为自己追诉的案件，个别承办人甚至认为公安机关分批移送过来的同案犯就是自己追诉的漏犯。

三是比较法院的审判文书，发现羁押必要性审查中办凑数案问题。在审判阶段利用即将判缓刑案件或已经判缓刑案件发出不必要的变更强制措施检察建议。如云南省某区院的"顾某某羁押必要性审查案"等10个羁押必要性审查案件，在法院宣告缓刑前两三天或宣告缓刑当天发出变更强制措施的检察建议。又如，云南省某区院的"华某某危险驾驶案"，在法院宣告缓刑当天发出变更强制措施的检察建议。再如，广东省某区院的"李某某涉嫌非国家工作人员受贿罪"等5个羁押必要性审查案件、云南省某区院的"宋某羁押必要性审查案"，均在法院已经判决宣告缓刑后向法院发出变更强制措施的检察建议。

四是比较公安机关的立案决定书，发现监督立案造假问题。根据刑事诉讼法的规定，立案监督的一般办案程序为：人民检察院认为公安机关应当立案侦查而不立案侦查的，人民检察院向公安机关发出说明不立案理由通知书；人民检察院认为公安机关不立案理由不能成立的，向公安机关发出立案通知书，公安机关接到通知后应当立案。为了使相关法律文书符合上述形式尤其是时间逻辑，造假案的检察官可谓"费尽心思"。比如，宁夏某区院办理的"白某某故意伤害案"。在立案监督的纸质卷宗中，该院《要求公安机关说明不立案理由通知书》的落款时间为2019年3月21日，通知公安机关立案的时间为2019年3月21日，公安机关的立案决定书显示立案时间为2019年3月22日。而在调取的公安机关侦查卷宗的立案决定书显示，立案时间却为2019年3月14日。两份立案决定书的文号、内容均相同，只有落款日期不同。后查明，此案为造假案。

6. 案件相关数据与法律规定数据相比对，看是否存在错案的情况

应当说，这种比对方式不仅需要有高度的责任心，还要熟悉法律和业务知识，但也真正能够发现问题。**在检查过程中，发现数据本身没有问题，通过法律文书比对也没有发现问题，如果就此打住，也无不可，但也就失**

去了发现更深层次问题的机会。所以我们要将有些数据与法律规定相比对，这样可能会发现错案。

通过重点数据核查具体案件发现，有些案件存在适用法律错误问题。这类问题虽然无法确定案件承办人是否有主观故意，但客观上已经侵犯到犯罪嫌疑人的合法权益，也不容忽视。

（1）错误起诉、错误提出量刑建议。根据刑法第七十三条第一款的规定，拘役的缓刑考验期限为原判刑期以上一年以下，但是不能少于二个月。而辽宁省某区院办理的"李某某危险驾驶案"，承办人错误提出拘役一个月缓刑一至二个月的量刑建议，法院也作出拘役一个月缓刑一个月的判决。

（2）错误判决。法院判决宣告的缓刑考验期错误，检察机关审查判决、裁定时未予发现，致使错误判决生效，错失监督良机。根据刑法第七十三条第二款的规定，有期徒刑的缓刑考验期限为原判刑期以上五年以下，但是不能少于一年。而某省检察机关共有 15 人被一审法院宣判小于一年的有期徒刑缓刑考验期。上述案件承办人均未对裁判结果进行认真审查、监督，未能及时履行监督职责提出抗诉或提出纠正违法意见予以纠正，导致判决生效。

（3）错立立案监督案件。如宁夏某区院的"张某某诈骗案"，被害人2019 年 8 月 8 日向公安机关报案，检察院检察官（承办人）在公安系统中查询未立案，2019 年 8 月 9 日要求公安机关说明不立案理由，公安机关2019 年 8 月 9 日立案。根据《公安部关于改革完善受案立案制度的意见》的规定，刑事案件立案审查期限原则上不超过 3 日；涉嫌犯罪线索需要查证的，立案审查期限不超过 7 日。该院检察官在报案次日就向公安机关发出《要求说明不立案理由通知书》，此时尚在公安机关审查期限内，属于不当监督案件。又如，辽宁省某区院监督立案的"楠某某公司污染环境案"，检察、公安、环保、食药监等部门 2019 年 5 月 16 日进行了联合实地勘验，在公安机关未作出不立案决定的情况下，5 月 16 日当天检察机关即向公安机关发出要求说明不立案理由通知书，5 月 17 日，公安机关立案，存在不给公安机关立案审查时间的问题。

（4）错误建议公安机关撤销案件。云南省某县院办理的"彭某某涉嫌非法占用农用地案"，该案经过两退三延后仍然证据不足，本应作存疑不诉，但检察机关考虑到和森林公安机关的关系，主动建议公安机关撤回该案件，公安于 2019 年 2 月 2 日撤回案件后却迟迟未撤销案件，检察机关又于 5 月 23 日监督公安机关撤案，并在系统中填录公安机关已于 5 月 23 日撤案，事实上公安机关至今仍未撤销案件，整个案件悬而未决，严重影响当事人权利。

（三）数据检查的基本意识

五种常观检查方式和"六个对比"深入检查方式，应该说基本能够发现数据质量的绝大多数问题，但仅仅依靠这两类方法还不够，还要树立"三结合""四个跳出"的意识。

1. 树立"三结合"的意识

（1）摸底问题与发现问题相结合。在检查中往往会犯两种极端错误：一是严格按照摸底调查发现的问题展开检查，工作机械、不深入，只能发现浅层次的表面问题。二是检查与摸底调查脱节，检查缺乏目的性、顺其自然，可能发现一些深层次的典型问题，但宏观问题把握不住。**如果既要抓宏观，又要抓具体，就要把摸底调查的问题和检查发现的问题有机结合起来，相互印证、相互促进。**

（2）发现问题与固定证据相结合。这个意识很重要。检查中发现问题特别是比较严重的问题，比如造假案、错案等，一定要及时取证、固证，必要时要做笔录。

（3）五种检查方式与"六个比对"相结合。检查活动一定不要孤立开展，五种常规检查方式要结合起来，"六个比对"要结合起来，而且五种检查方式和"六个比对"也要结合起来。如何结合，这就是要在分组中考虑。特别是看、查、核要与"六个比对"同时进行，汇总出问题后，对比较突出的要统一交给谈话取证组。

2.树立"四个跳出"的意识

（1）跳出问题谈话。我们案管部门人员谈话容易直奔主题、单刀直入，往往达不到目的。比如发现一个法律文书倒签，直接问办案人员原因，办案人员往往会说实际工作已经做了，但由于时间紧张，只能后补法律文书，不得不倒签。本来可能是一起造假案、凑数案，最后变成了一个办案不规范。所以**谈话取证组人员一定要跳出谈话去谈，要掌握一定的询问技巧。一是要掩盖主题，也就是谈话目的；二是要了解工作规定和流程；三是要预挖陷阱，堵死可能的退路；四是要最后揭开底牌，问题一定要最后说出来。**

（2）跳出数字查数字。作诗，功夫在诗外。**查数据，也一定要跳出数据。跳出数据，就是要看正常数据背后隐藏的问题。**如广东省某区院的276

个行政公益诉讼案件，均为区教育局对相关学校食堂怠于履行监管职责，检察机关实际合并向区教育局发出的一份检察建议，但在系统中表现为对一个学校立一个案，登记为 276 个案件，生成 276 个诉前检察建议数据。又如宁夏某区院存在"一书两用"的情况。该院民行部门于 2018 年 6 月 12 日向区教育局发出《检察建议书》，未检部门于 6 月 29 日又在检察业务应用系统创建检察建议（未检）案件，并将该院民行部门的同一份《检察建议书》以附件形式上传至检察业务应用系统。即未检部门又将此份文书作为本部门的检察建议并在系统中填录提出检察建议日期和采纳检察建议日期。如果只看这些数据是发现不了问题的，但经过认真的比对，透过数据才能发现一个法律文书两用的情况。

（3）跳出案卡查案件。单纯地查案卡很难发现深层次问题，特别是那些选择性的数据，选择"是""否"、选择身份等，只有查案件才能验证正确与否。比如，重庆某区院数据显示，2019 年以来起诉纠正遗漏罪行 30 人，经核实有 21 人不存在纠正遗漏罪行的情况；又如，宁夏某区院，在审查起诉阶段错填追诉案卡，对 5 人既选择追捕又同时选择追诉，造成追诉数量虚增。再如，有检察官办理 4 个追诉案件，只有一个是真正追诉，其余 3 个都应选"否"而选了"是"。

（4）跳出检察查检察。在检察环节从数据、案卷、法律文书等方面检查可能都没有问题，但只有与公安、法院等部门相关数据、案件对比后，才能发现问题。五种常规检查方式的核和"六个比对"的最后一个比对，都是这个意思，只不过前者宏观核数据，后者微观核案件。

七、关于检察业务数据质量的基本认识

正确认识检察业务数据，是提高检察业务数据质量的前提。首先案管人员要有正确认识，其次检察院领导和部门负责同志要有正确认识，最后全体办案人员要有正确认识，只有正确认识，业务数据质量才能符合工作要求。为什么说案管人员要首先有正确认识？一是因为案管人员负责管理数据，必须懂数据、有一个正确认识；二是因为领导和其他办案人员的认识问题需要案管人员来引导。所以，案管人员在检察业务数据的认识上一定要做一个明白人。

第一，从办理案件上看，业务数据填录是办案工作的有机组成部分。原来是线下办案，现在检察业务应用系统上线后，办案主要在线上进行，办案卷宗只剩下归档保管、检查的作用。对这一点一定要正确认识。**办案流程是在线上审批，流程监控是在线上进行，办案过程在线上全程留痕。要树立填录数据就是办案的意识。**不要认为填录数据，是额外负担，是可有可无。只有树立填录数据就是办案的意识，办案人员才会从根本上重视填录数据。

第二，从规范工作上看，业务数据是直接体现案件质量的一个重要方面。办案工作是否规范，业务数据是最直接的体现。**要树立从案件质量来看待数据填录的意识，填录得好就是质量高、填录得不好就是质量低，**只有这样办案人员才会把数据填录落到实处，全面填录、真实填录、及时填录。

第三，从指导工作上看，业务数据是对工作进行分析研判的基础。最高人民检察院非常重视检察业务数据分析研判，现在每一个季度召开一次

分析研判会商会，所有院领导、各部门主要负责人全部参加，对"四大检察""十大业务"、重点工作进行研究分析，提出下一步工作意见。同时，最高人民检察院还要求省以下检察院也要建立业务数据分析研判会商制度。应当说，业务数据分析研判是对检察工作进行宏观指导的一个有效手段。但分析研判是建立在数据之上的，如果数据不准，那分析研判就是空的。假填、错填、迟填、漏填业务数据，直接后果就是业务数据失真，从而导致业务分析研判错误。所以，我们一定要从指导检察工作正确发展的高度来认识填录数据的极端重要性。

第四，从案件管理职责上看，业务数据管理是案件管理的重要组成部分。一些案管人员总把数据认为是统计工作的一部分，而不认为是管理工作的一部分。案管部门有三大监督职责，分别是案件实体监督、程序监督和业务数据监督。**实体监督主要靠案件质量评查来实现，程序监督主要靠案件流程监控来实现，而数据监督就是要靠数据检查、核查来实现。所以对案管人员来讲，就要把提高检察业务数据质量置于履行案管职责的高度来认识、来践行，并且要持之以恒、一以贯之。**

八、关于提高检察业务数据质量的对策建议

（一）进一步提高对检察业务数据质量的思想认识，更新数据管理理念

全体检察人员特别是案件管理人员要认识到，数据是开展分析研判、对下指导的基础，是开展案件管理工作的抓手，是发现不规范办案的载体。

数据不牢、地动山摇。**抓好业务数据质量，能够倒逼业务工作规范开展，促进案件质量有效提升。**

一是做到业务工作和系统研发同谋划、同部署、同要求。最高人民检察院各业务部门在谋划、出台相关规范性文件，作出重大改革部署时，要同步筹划检察业务应用系统的业务流程需求、统计子系统的数据采集需求，同步出台系统操作指引。

二是树立抓数据质量也是抓办案质量的认识。善于以业务数据异常为切入点，发现和解决办案瑕疵和司法不规范问题，实现数据质量与案件质量同步促进、同步提升。

三是坚持数据集中统一管理。**明确检察业务应用系统是检察业务数据采集的唯一入口，数据提供的唯一出口，杜绝"数出多门"、重复统计等问题，保证业务数据科学统一、真实准确、及时完整、安全稳定。**

（二）进一步健全数据管理长效机制，压实数据填录主体责任和监管责任

一是严格执行《检察业务数据管理办法》。在业务数据管理上进一步明确办案部门的填录主体责任和案管部门数据监管责任，集中整治和解决检察业务应用系统案卡信息中的假、错、漏、迟等突出问题，**压实办案人员填录主体责任，确立办案人不仅要对案件的办理和结果负责，还要对填录数据负责。**将案件信息填录工作与司法责任制改革、检察官业绩考评、检察官等级晋升工作紧密结合起来，将填录责任落实到具体部门、具体责任人。**严格问责故意造假、瞒报、错报情形，**进一步规范使用检察业务应用

系统，遵循填录标准，及时、完整、准确录入各种案件信息，着力抓好信息源头质量，确保信息资源准确、可靠、可用。

二是进一步加强数据审核力度。积极探索建立流程监控和信息监管有机结合的常态化工作模式，研究一体纠正办案不规范问题和信息填录问题的有效手段，提高监管整体效果；进一步加大对异常数据的发现、审核、纠正力度，适时组织开展专项检查，督促纠正突出问题。

（三）优化考评指标体系，构建科学的检察业绩评价机制

考评指标要科学合理，符合检察机关的办案规律，既要体现数量，更要体现质量和效率；既要反映办案实体，也要反映办案程序。同时要建立健全数据质量定期通报机制，全面引导检察官将捕诉案件办好，诉讼监督办实，信息填录办真。

（四）依托检察业务应用系统2.0，提升数据采集、审核的智能化水平

要抓住最高人民检察院组织检察业务应用系统2.0版的研发、应用这个有利时机，满足各地实际需求，同时要全面梳理案卡填录项目，按需调整填录项目数量。

一是对案卡项目进行全面"体检"，需保留的保留，该整合的整合，能"瘦身"的精简，既满足数据采集需求，又尽可能地减少填录负担。合理设置必填项目和非必填项目，做好填录控制。原则上，非必填项目要取消，通过检察大数据去抓取。

二是改进信息采集方式，提升信息获取效率。集中解决案卡信息填录

的逻辑控制规则不全面、重复填录信息不能自动生成、手工填录项目繁杂等问题，通过文书信息自动识别、自动填录，有效减轻人工填录负担，提升信息采集准确率。打通结构化案卡信息和非结构化法律文书通道，对能够从文书中自动提取回填的，不再由办案人员人工录入；对必须人工判断的项目，努力实现填录智能提醒、预警功能。

三是研发数据审核智能辅助工具，实现数据逻辑关系、关联项目、卡表一致性等智能检测，改变目前以人工审核比对为主的数据核查方式，提高数据审核的覆盖面、准确性和审核效率。研发统计数据巡逻车，设置逻辑规则核查案卡填录数据，着力解决表内不平、表卡不一以及案卡和文书不一致等数据质量问题。

（五）进一步加强培训指导，提升案卡填录和数据审核水平

一是加大各层级、各条线的培训供给，将检察业务应用系统流程操作、信息填录等内容纳入新入职、新调整岗位检察官、检察辅助人员的培训课程，确保业务部门掌握系统操作和案卡填录要求，逐步提高业务部门系统使用和信息填录的规范化水平。

二是编制更新检察业务应用系统操作手册，对司法责任制、内设机构改革后新增案件流程操作、新增案件信息填录等内容提供明确指引。

三是及时总结各地系统应用、案卡填录中的常见、多发问题，定期发布工作指引、案卡填录规范。

四是通过集中培训、相互交流、传帮带等多种形式，重点提高基层统计人员数据管理的专业化能力，努力把问题解决在平时、解决在基层。

实质化推进人民监督员工作的路径探析 [*]

人民监督员工作是具有中国特色的一项制度。怎么理解、怎么落实、怎么推进这项制度？可以从三个"如何"来思考：一是如何看待中国特色人民监督员制度；二是如何理解人民监督员制度的内容特点；三是如何推进人民监督员工作开展。

一、如何看待人民监督员制度——历史沿革与制度价值

（一）人民监督员制度的历史沿革

知其过往，才能知其现在和未来的发展。人民监督员这项制度经历了长时期的变化和发展，大体分为三个阶段：

1. 探索试点阶段（2003 年至 2010 年）

这一阶段的主要特征是，试点人民监督员制度，对检察机关直接立案

＊本讲内容根据 2022 年 10 月在最高人民检察院与司法部联合举办的全国人民监督员工作培训班讲课稿整理。

侦查的案件开展监督。2002 年中央正在推进司法改革，要求从人民群众反映最突出、要求最强烈的问题和制约司法公正的环节入手，推进司法体制改革，如法院的审判和执行相分开，看守所的管理和使用相分开，检察院的职务犯罪侦查分离出检察院。因为反贪缺乏监督，所以当时要分离的呼声很高。**而检察院作为司法机关，所以当时提出要从检察院分离出去。那么检察院的职务犯罪侦查权由谁来监督？ 2003 年最高人民检察院提出，要引入人民监督员，让人民来监督职务犯罪侦查工作，对那些作出不捕、不诉等办案环节，人民监督员都要监督，而且是实质性监督。**2003 年 8 月最高人民检察院确定这项制度，到同年 9 月就报中央政法委批准，并报告了全国人大常委会，启动了人民监督员制度的试点，到 2010 年，试点了将近 8 年时间。这是第一阶段，就是探索、建立和试点的阶段。

2. 改革完善阶段（2011 年至 2018 年）

这一阶段有两个特点：一是全面实行，从试点到实行；二是管用分离。党的十八大以来，党中央对人民监督员制度高度重视，十八届三中、四中全会都提出了明确要求。十八届三中全会提出，要"广泛实行人民监督员制度，拓宽人民群众有序参与司法渠道"；十八届四中全会指出，要"完善人民监督员制度，重点监督检察机关查办职务犯罪的立案、羁押、扣押冻结财物、起诉等环节的执法活动"。2015 年 2 月，习近平总书记主持召开中央全面深化改革领导小组第十次会议，审议通过《深化人民监督员制度改革方案》，并强调：深化人民监督员制度改革是党的十八届三中、四中全会提出的一项重要改革举措，目的是进一步拓宽人民群众有序参与司法渠道，健全确保检察权依法独立公正行使的外部监督制约机制，对保障人民群众对检察工作的知情权、参与权、表达权、监督权具有重要意义。为贯彻落实好党中央决策部署，检察机关和司法行政机关密切配合，结合实际完善人民监督员选任管理具体措施。2016 年，最高人民检察院会同司法部联合出台《人民监督员选任管理办法》，**标志着人民监督员制度正式实行，也标志着从试行阶段到实行阶段的一个重大变化**。原来在试行阶段，人民监督员的选任、管理、经费保障都由检察院来负责。那么由检察院来做这项工作的时候，很显然选哪些人当人民监督员、经费保障是否到位，直接跟人民监督员监督的效果挂钩。《人民监督员选任管理办法》出台后，实现了管用分离，人民监督员的选任管理、履职经费保障等由司法行政机关负责，确保了人民监督员监督的中立性和客观性。

3. 创新发展阶段（2019 年至今）

这一阶段的主要特征是，人民监督员制度正式成为一项国家法律确立的制度，步入正规化、法治化的发展轨道。这次也是根本性变化。原来的人民监督员制度主要是监督检察机关反贪、反渎职等职务犯罪的侦查工作。而 2018 年反贪转隶以后，人民监督员监督的那些案件已经不在检察院了。虽然检察院还留下了 14 类案件，但这 14 类案件都不到原来案件数的零头。在反贪转隶这个时候，人民监督员这项制度何去何从？当时有这么几种声音：第一种声音认为，既然职务犯罪侦查已经转隶到国家监委，那么人民监督员这项工作就并入国家监委，从检察院分离出去。第二种声音认为，既然已经转隶了，那么国家监委不仅仅是对反贪的这些案件，或者是不仅仅是这些职务犯罪，还有些违纪等其他的案件，那么人民监督员应该监督监委，要扩大监督的范围。第三种声音认为，人民监督员这项制度还要保留下来，留在检察院，要监督检察机关办案工作，但是监督的对象要重新划定。最高人民检察院经过深入调研，特别是通过对一大批人民监督员的调研，从制度设计上如何存与废的角度出发，提出：**检察机关作为国家法律监督机关，仍然存在谁来监督检察机关的问题，所以要把人民监督员这项制度留下来监督检察机关的办案活动。**

2018 年 10 月 26 日，第十三届全国人大常委会第六次会议修订通过人民检察院组织法，第二十七条规定："人民监督员依照规定对人民检察院的办案活动实行监督。"至此，**人民监督员制度正式成为一项国家法律确立的制度，步入正规化、法治化的发展轨道。**随后，2019 年，最高人民检察院出台《人民检察院办案活动接受人民监督员监督的规定》（以下简称《规定》），与 2016 年的《最高人民检察院关于人民监督员监督工作的规定》相比，虽然说是修订，但实际是一个全新的规定，与人民检察院组织法相对应，对人民监督员制度的基本定位与职责、履职要求、工作机构配备、监督方式、监督范围、监督程序、履职保障等都作了全新的修改。2021 年，最高人民检察院又会同司法部联合修订《人民监督员选任管理办法》（以下简称《办法》），2022 年 1 月 1 日正式实施，新增了关于增选、补选人民监督员、最高人民检察院组织监督办案活动抽选的程序，增加了人民监督员参加培训、会议等活动的经费保障机制，完善了特定专业背景的人民监督员的抽选机制等内容，满足了实践需求，为人民监督员依法履职提供了制度保障。《规定》和《办法》的出台，对人民监督员监督检察办案活动，作出全面调整和完善。简要的总结就是，人民监督员监督的范围全面拓宽，人民群众有序参与和监督司法渠道更加宽泛，保障了人民群众对检察工作的知情权、参与权、表达权和监督权，人民监督员制度机制进一步建立健全，人民监督员工作日益规范化、常态化，标志着人民监督员制度适应新时代司法实践需求开启了新的篇章。

人民监督员工作从 2003 年至 2022 年，走过了将近 20 年的时间。这 20 年人民监督员制度有很大变化，人民监督员监督的范围从监督职务犯罪扩大到监督整个检察机关的办案活动；管用制度从人民检察院既管又用，到现在检察机关"用"和司法行政机关"管"，实现了管用相分离。

（二）人民监督员制度的重要价值

从制度发展历程不难看出，人民监督员制度发展始终围绕党和国家的重大决策部署，是一项重要的制度设计，绝对不是可有可无、可多可少的，而是中国特色社会主义政治制度、国家治理体系、检察制度的重要组成部分，具有不可或缺的重要价值。2023 年 6 月 13 日，应勇检察长在题为《以高质量检察履职践行全过程人民民主保障人民当家作主》的文章中着重指出：人民监督员制度是扩大人民司法参与、促进司法民主的一项重要制度。要协同司法行政部门完善人民监督员制度，拓宽人民群众有序参与和监督检察工作的渠道，确保检察权始终依法规范运行。

1. 人民监督员制度是我国政治制度优越性的具体体现

国外的政治架构是三权分立，所谓三权就是司法权、行政权、立法权。比如美国有议会、总统府、最高法院，是司法、立法和行政的三权分立，在这三权分立中没有检察院。欧美等西方国家的检察院在最高法院，各级法院里面有一个公诉部门；或者说在它的司法部，各级司法部下有一个公诉部门。如法国就是司法部负责法官和检察官的管理工作，那么也就是在它的三权分立的政治架构中，没有检察机关。

中国特色的政治架构是全国人大监督下的一府一委两院。一府是指中央人民政府，最高的行政机关。一委是国家监委，最高监察机关。两院是指最高人民法院、最高人民检察院，最高人民法院是最高审判机关。那我们检察院是什么？许多人说是最高检察机关，那等于没有说。还有人说是最高司法机关，也没错，检察院是司法部门，但它的真正属性是法律监督机关，宪法明确定位是国家法律监督机关。所以，最高人民检察院是最高法律监督机关。作为国家的法律监督机关，必然要回答一个问题，即监督机关谁来监督？

我们经常说人民来监督，人大代表、政协委员来监督，社会来监督，实际上许多监督是泛泛的，是虚的。那么实实在在的人民来监督的人民是谁，是让人民的代表来监督，人民的代表就是人民监督员。**人民监督员代表人民来监督作为国家法律监督机关的人民检察院。所以，人民监督员制度是我国一府一委两院政治架构的补充，必须站在这个高度来看人民监督员这项制度的价值**。所以有些地方把人民监督员工作当成摆设，走形式地去做，就是没有讲政治，没有认识到人民监督员制度的独特价值。只有站在政治架构的补充的高度来定位人民监督员工作，我们才有责任感、使命感，人民检察院的国家法律监督这项职责才能够真正落实。

2. 人民监督员制度是全过程人民民主的一部分

人民监督员制度是全过程人民民主的组成部分。"全过程人民民主"是由习近平总书记 2019 年 11 月 2 日在上海市考察调研时开创性地提出，又在 2021 年 7 月的建党 100 周年大会讲话中首次完整地、明确地提出了全过程人民民主的概念，并在 2021 年 10 月 13 日中央人大工作会议上的讲话中指出："人民民主是社会主义的生命，没有民主就没有社会主义，就没有社会主义的现代化，就没有中华民族伟大复兴。"

全过程人民民主具有四项主要内容。其一，加强人民当家作主制度保障；其二，全面发展协商民主；其三，积极发展基层民主；其四，巩固和发展最广泛的爱国统一战线。人民监督员制度属于加强人民当家作主的制度保障，在司法实践中主要包含三个方面，分别是人民监督员制度、人民陪审员制度和人民调解员制度。

人民监督员工作在实践中探索、在实践中完善，通过实践积极发挥作用，已经成为检察机关化解社会矛盾、促进诉源治理、提升办案质效、提升工作能力的重要抓手，在检察工作中越来越彰显制度优势和生命力。

人民监督员工作在促进全过程人民民主的过程中有五项重要成效。其一，能够有效提升办案质效。开展人民监督员工作的大多数案件疑难复杂，一些环节涉及专业问题，需要引入相关领域的专家学者提出专业意见、进行专业解释。其二，能够有效规范检察权运行。人民监督员工作是检察机关引入外部监督力量、监督检察权规范运行的重要举措。其三，能够有效化解矛盾纠纷。检察机关充分运用人民监督员工作，把当事人请进来，把办案过程"晒出来"，让中立的第三方评理，有效解开当事人的"法结、心结、情结"。其四，能够有效解决监督难题。检察机关的法律监督工作多是对同级单位、部门的监督，强制性不够。有些监督事项涉及公众利益、具有多个管理主体，且很多问题具有复杂的历史原因，整改难度较大，单靠检察院一家的力量很难快速有效推进。为做好公益诉讼、社会治理类检察建议等涉及公共利益的法律监督工作，一些检察机关强化双赢多赢共赢的理念，通过召开听证会，邀请人大代表、政协委员、人民监督员等，与相关部门公开开展磋商，共同确定责任部门，共同研究整改意见，共同督促整改落实，有力推动法律监督工作的开展。其五，能够有效提升办案能力。与传统办案方式相比，办案人员需要直接面对不特定的人民监督员的提问，现场回应当事人的问题，对自身的工作能力提出更高的要求。

3. 人民监督员制度是推进社会治理现代化的重要举措

我国社会的治理特点是专群结合。所谓专群结合，是专门机关和群众相结合。治理体系治理能力现代化，说到底就是把专群结合这个中国特色的社会治理，怎么提升到更高层面。20世纪60年代初，浙江绍兴诸暨枫桥镇的干部创造了枫桥经验。这个枫桥经验，从毛主席那个时代到现在一直在提。为什么要学习枫桥经验，最根本的原因是，枫桥经验就是专群结合。在人民监督员工作中，人民监督员代表的是人民，代表人民来参与监督。检察机关是专门机关，人民监督员是人民群众的代表，这就是专群结合。所以说，我们国家社会治理能力和治理体系的现代化，一个根本的要求，就是这个专群结合能不能运用得更好。

4. 人民监督员制度是提升检察办案质效、促进公平正义的必然要求

人民监督员制度是保障检察机关个案公平正义的外部监督保障。法院的案件判决不公，检察院可以抗诉；其他行政机关作出的行政决定出了问题，检察机关可以提建议，提检察意见。那检察机关自己的案件不公平，靠谁？案管办可以监督吗？案管办是监督检察机关案件的部门。流程管理

处，负责流程监控，监督整个案件从受案、分案，一直到案件办结的所有程序；质量管理处，对整个案件办结的实体进行评查。从实体到程序，案管办都有监督，但是这个监督是相对于办案部门来讲的。**站在检察院这个角度来讲，案管办就是其内部。实际上，内部只有制约，外部才是监督。我们案管部门对业务部门，更多的应该叫制约。**人民监督员就不一样，人民监督员跟检察机关没有任何隶属或其他关系，在工作职责、履职方面，对检察院来讲是纯粹的外部监督，而且对我们所有的办案都可以监督，那么这种外部监督应该说更有力度。特别是当检察机关司法改革、内设机构改革以后，原来批准逮捕和公诉是两个部门，互相有制约，现在捕诉一体没有了相互制约；实行员额制改革以后，员额检察官有较大的裁量权。在这种情况下，如何实现放权与控权的平衡？如何加强外部监督？就显得非常重要且必要。所以引入人民监督员的外部监督，也是检察改革的客观需要，特别是由于人民监督员更加超脱、更加中立，这种监督更加权威、公正，既可以是程序性的监督，也可以是实体上的监督，能够促进检察机关个案的公平公正。

二、如何把握人民监督员制度——基本内容和主要特点

（一）人民监督员制度的基本内容

人民监督员制度是检察机关自觉接受人民群众监督、保障人民群众有序参与司法的重要制度设计，也是我国司法制度、检察制度的创新与特色。之所以说是创新，就是自创的，国外没有的。人民监督员制度自 2003 年创

设以来，已经有近 20 年的发展历程。如何理解和把握人民监督员制度的基本内容和特点，是新时代开展人民监督员工作的基础与前提。人民检察院组织法第十一条规定："人民检察院应当接受人民群众监督，保障人民群众对人民检察院工作依法享有知情权、参与权和监督权。"第二十七条进一步规定："人民监督员依照规定对人民检察院的办案活动实行监督。"从而明确了人民监督员监督检察办案活动这一基本职能定位。结合《规定》和《办法》，具体可以从以下几方面理解：

1. 监督主体的法定性

人民监督员制度的监督主体是人民监督员。人民监督员有独立的法律定位，所以监督主体具有法定性。**检察机关有听证员、特约检察员、特约监督员、专家咨询委员，统称为"四大员"，但他们在法律上都没有明确定位。**特约检察员主要倾向民主党派、无党派人士，是从统战的角度考虑设置的。专家咨询委员主要是法律、金融、环保等方面的专家，还有一批是检察机关退休的老领导。他们是检察机关的外脑、智库。检察机关一些重大决策和重大部署都咨询他们，让他们给我们提意见建议，但他们不直接参与个案的办理，仅是参谋的定位。听证员倒是可以参加个案的办理，但也没有上升到法律地位。听证员监督人民检察院，只是作为参与者。**人民监督员是一个具有独立的法律身份的对检察机关的监督主体。**

2. 监督对象的广泛性

人民监督员的监督对象是办案活动，不能简单等同于个案。检察机关的"四大检察""十大业务"，所有的办案活动都属于人民监督员的监督范围。办案活动并不等于个案的办案活动，还包括专项工作、检察机关的年度办案情况等。这就是**监督对象的广泛性，只要是检察机关的办案活动都是被监督的对象。**

3. 监督方式的多样性

监督方式的多样性，就是十种参与监督的方式。具体说，就是《规定》第八条至第十七条规定的监督方式，即案件公开审查、公开听证，检察官出庭支持公诉，巡回检察，检察建议的研究提出、督促落实等相关工作，法律文书宣告送达，案件质量评查，司法规范化检查，检察工作情况通报，以及其他相关司法办案工作等。

（1）案件公开审查、公开听证

这种方式是人民监督员监督的最主要的方式。《规定》第九条规定："人民检察院对不服检察机关处理决定的刑事申诉案件、拟决定不起诉的案件、羁押必要性审查案件等进行公开审查，或者对有重大影响的审查逮捕案件、行政诉讼监督案件等进行公开听证的，应当邀请人民监督员参加，听取人民监督员对案件事实、证据的认定和案件处理的意见。"**三类公开审查案件、两类公开听证案件，是必须邀请人民监督员监督的。**如果不邀请，检察院业务部门的行为就是违法的，是违反规定的，这也是案件管理部门、监督业务部门严格落实规定的一个重要方面。根据该条规定，拟决定不起诉的案件进行公开审查的应该邀请，如果不公开审查、不公开听证的，是不是就不邀请人民监督员？这个不应该这么理解，检察机关可以不邀请，当然也可以邀请，而且人民监督员也可以不请自来，主动监督。

（2）检察官出庭支持公诉

《规定》第十条规定："人民检察院对检察官出席法庭的公开审理案件，

可以协调人民法院安排人民监督员旁听，对检察官的出庭活动进行监督，庭审结束后应当听取人民监督员对检察官出庭行为规范、文书质量、讯问询问、举证答辩等指控证明犯罪情况的意见建议。"邀请人民监督员旁听庭审活动，庭审结束后要听取人民监督员对检察官的出庭行为规范、文书质量、讯问询问、举证、质证等的意见和建议。**出庭公诉是检察机关作为公诉机关，代表国家追诉犯罪的一种最重要的方式。不管世界任何国家的检察院，它最根本的一项职能就是代表国家追诉犯罪。**因此，要让人民监督员监督检察机关是否代表国家追诉犯罪追诉到位，是否有枉法的、有放纵的，包括出庭是否规范。

（3）巡回检察

《规定》第十一条规定："人民检察院对监狱、看守所等进行巡回检察的，可以邀请人民监督员参加，听取人民监督员对巡回检察工作的意见建议。"《规定》不仅将监狱纳入进来，还将看守所等场所的巡回检察也纳入进来，接受人民监督员监督。巡回检察是最高人民检察院一种新的监督方式，在监狱、看守所都有派出检察院和派驻检察室。由于长期派驻，派出检察院和派驻检察室容易被同化，致使监督的意识弱化，监督的力度减小。因此，最高人民检察院党组提出采取巡回检察。对这些监狱、看守所，以省、市为单位，组织一个巡回检察工作组，不打招呼地去检查监狱、看守所的监管活动、刑罚执行、刑事执行等执行活动，同时检查派出检察院和派驻检察室的执法活动。**巡回检察一般采取清监、查账、看录像、夜查等方式监督监狱、看守所。**引入人民监督员对巡回检察进行监督，让人民监督刑事执行、刑罚执行，以及了解监狱、看守所的现状，监督是否文明执法等。

（4）检察建议的研究提出、督促落实等相关工作

《规定》第十二条规定："人民检察院研究提出检察建议、督促落实检察建议等相关工作的，可以邀请人民监督员参加，听取人民监督员对检察建议必要性、可行性、说理性等方面的意见建议，或者对检察建议督促落实方案、效果等方面的意见建议。"检察机关发现法院的裁判错误的，可以提出抗诉，但这只是监督的一种方式。还有一种监督方式，应该说更重要的监督方式，是检察建议。一是再审检察建议，检察机关不提抗诉，就提再审建议。二是纠正违法检察建议，不管是监狱、看守所、公安机关、法院，只要有违法活动，都可以提出纠正违法的意见。三是公益诉讼检察建议，包括一些行政执法部门出现一些违法问题，都可以提建议。四是社会治理类检察建议，比如盲道、窨井盖等存在问题，都可以提社会治理类的检察建议。邀请人民监督员来监督，看看这些建议应不应该提，怎么提，提完以后是否落实。

（5）法律文书宣告送达

《规定》第十三条规定："人民检察院组织开展法律文书宣告送达活动的，可以邀请人民监督员参加，听取人民监督员对法律文书说理工作的意见建议。"人民监督员作为第三方，对检察机关作出的不捕不诉、未成年人附条件不起诉等决定送达的法律效果进行监督。如果效果不好，那么人民监督员要提出意见。此外，如果附条件不起诉的未成年人，附的条件最终没有达到，就需要继续起诉，人民监督员就可以后续监督。

（6）案件质量评查

《规定》第十四条规定："人民检察院组织开展案件质量评查活动的，可

以邀请人民监督员担任评查员，听取人民监督员对评查工作的意见建议，或者对检察办案活动的意见建议。"一个案件办结以后、归档之前，要进行质量评查。给人民群众提供优质的法治产品和检察产品，就是要提供优质的案件。检察机关的案件是不是优质，是不是合格，需要对案件质量评查确定等次。质量评查有四个等次，优质、合格、瑕疵和不合格。优质率、瑕疵率、不合格率到底是多少？需要邀请人民监督员监督是不是真评查，评查出问题是不是真改正。

（7）司法规范化检查

《规定》第十五条规定："人民检察院组织开展司法规范化检查活动的，可以邀请人民监督员参加，听取人民监督员对检查方式、内容、效果等方面的意见建议，或者对检察办案活动的意见建议。"司法规范化检查，更多的是上级检察机关对下级检察机关的办案工作是否规范进行专门的检查，在检查过程中邀请人民监督员参加。比如检查扫黑除恶专项活动，在这个专项活动过程中，执法是不是规范，上级检察机关可以进行专门检查。再比如说，对检察机关的不捕不诉这项工作开展得怎么样，可以进行专项的检查，看看是不是统一执法、司法，工作是不是规范。这种专项的规范检查，最能发现检察机关的办案质量存在的问题。邀请人民监督员监督司法规范化检查，比对个案的监督还有价值。个案监督只监督一个案件，而司法规范化检查是监督一系列案件、一类案件、一类活动。

（8）检察工作情况通报

《规定》第十六条规定："人民检察院应当建立健全检察工作通报机制，向人民监督员通报重大工作部署、司法办案总体情况以及开展检察建议、案件质量评查、巡回检察等工作情况，听取人民监督员的意见建议。"检察工作情况通报，实际上是宏观把握和了解检察工作的主要方式，它比司法规范化检查还要高一个层面。比如，检察机关这半年的工作怎么样，这一年的工作怎么样，基本到年底的时候要给人大做报告。比如，最高人民检察院要向中央进行法律监督年度报告，向人大常委会进行最高人民检察院本级的工作报告。还有各个业务部门的工作年度、季度、半年情况报告、通报。这些，检察机关都应该向人民监督员进行通报，让人民监督员了解检察机关，从宏观上了解把握检察机关的办案情况是不是有偏差，是不是有突出的问题。

（9）"其他相关司法办案工作"的兜底方式

其他相关司法办案工作实际是一个兜底条款，前八种都是具体的办案工作。设置兜底条款，是因为检察机关还有其他办案工作需要人民监督员监督。不能因为前面八项没有明确，人民监督就没法监督了。作为这个兜底条款在实践中发挥着作用，比如现在开展的公益诉讼的现场监督、司法救助金的发放、信访案件的接待、列席检委会会议、检察开放日、新闻发布会，包括案管办组织的业务竞赛等，也可以邀请人民监督员参加，让人民监督员的监督范围更广，更深入参与检察机关的各项办案工作。

（10）其他方式

有些同志看了条文，认为带上刚提到的兜底条款，也只有9种，那第十种是什么？《规定》第十七条规定："人民监督员通过其他方式对检察办案活动提出意见建议的，人民检察院人民监督员工作机构应当受理审查，及时转交办理案件的检察官办案组或者独任检察官审查处理。"对于这一监督方式，人民检察院应当认真研究人民监督员的监督意见，依法作出处理。

这就是第十种参与监督的方式，即"主动提出监督"。就是人民监督员除了前面的九种方式，不通过检察机关邀请，通过前九种以外的任何方式来监督。这种方式下人民监督员是主动的，检察院是被动的，即人民监督员主动提出监督。可以说只要保留这一条，前九条不要都可以，这就是主动和被动的关系问题。如果人民监督员主动性特别强，检察院搞质量评查，就可以主动参与；有案子要提起公诉，也可以主动参与一下。人民监督员主动提出监督，检察机关就必须为人民监督员履职提供便利和服务。

（二）人民监督员制度的主要特点

1. 监督主体的独立性

监督主体的独立性，是确保人民监督员能依法独立履职的最根本条件。

第一个独立性是指人民监督员独立于检察机关之外。虽然司法行政部门负责管理人民监督员，但是人民监督员又不对司法行政部门提意见，所以说人民监督员首先是独立于检察机关之外的。

第二个独立是指人民监督员依法独立发表意见。检察机关的办案人员不得干扰，就是不能干扰人民监督员提出独立的意见。人民监督员和人民陪审员具有本质区别。**人民陪审员参与审判，与法官享有相同的审判权利，**人民陪审员有一票。比如，三名审判员中有两名法官、一名陪审员，那最终要按照少数服从多数，陪审员要有一票。除了同样的权利，人民陪审员还负有同样的职责，或者称为同样的职责属性，即审判职责。而**人民监督员履行的不是检察院的监督职责。**比如，人民监督员参与听证，他是有一个听证的职责，但他的身份是双重的，他既是听证员，也是人民监督员。

如果人民监督员在履行听证职责，其意见和最终少数服从多数的意见不一致的时候，那么他的意见还要报检察长审批同意。人民监督员和人民陪审员最根本的不同是，人民监督员可以监督整个听证活动，监督整个案件办理是不是正确。**人民监督员履行的不是检察权，履行的是对人民检察院的监督权。**

第三个独立性是选任管理与组织监督的分离。人民监督员从选任、管理包括抽选、经费的保障等，都由司法行政部门来负责。而如何邀请人民监督员参与监督，则是由检察院来负责。管和用相分离，确保人民监督员能够独立履行监督职责。例如，在一起刑事申诉案件的听证中，有一个人民监督员在听证案件发表意见时说："我首先声明，我是人民监督员，履行对检察机关办案活动的监督职责，我是由司法局选任的，不是检察院聘请的，也不受检察院管理。这也是我第一次到这个检察院，所以我可以明确地说，下面我所说的都是基于听证过程中我所看到的证据、听到的陈述和基于我对法律以及社会道德准则的把握所作出的判断，是公正的，是出于我本心的。"当事人对这个人民监督员发表的意见也非常认可。所以说**人民监督员的独立性非常重要，如果没有独立性，他必然就变成检察机关办案部门的附庸，变成传声筒。**所以独立性能保证人民监督员制度能够真正发挥价值。

2. 监督活动的自主性

监督活动的自主性，总结来说，就是主动和被动。所谓主动和被动，人民检察院要主动接受监督。这是一个主动性，人民检察院主动接受监督是法律的规定。人民监督员的相关规定，2016 年是《最高人民检察院关于人民监督员监督工作的规定》，2019 年修改后是《人民检察院办案活动接受人民监督员监督的规定》。这是有本质的区别。第一个规定名称实际就是关于人民监督员的监督职责，是规范人民监督员怎么监督；第二个规定名称是怎么主动接受人民监督员监督。也就是人民检察院必须接受监督，即使不情愿，最终都要主动接受监督。这是监督活动的自主性的第一个方面。第二个方面，监督自主性主要是指第十种监督方式，即其他方式，不管检察院应当邀请、可以邀请、邀请还是不邀请，人民监督员都可以主动提出对检察办案活动进行监督。这种主动提出的监督应该在未来变成主流。实际上，人民监督员还很被动，检察机关邀请就来，不邀请就不来。未来，人民监督员应该发挥监督的自主性，或者叫主动性。

3. 监督程序的法定性

其一，是邀请的程序法定。应当邀请，可以邀请，上述十种方式有明确的规定，这是法定性。其二，是履职程序的法定保障。检察机关要为人民监督员提供履行监督职责必需的工作场所、必要的条件，包括提前要把案件的材料、事件的情况作汇报报告。其三，人民监督员在监督程序上，是明确提出、依法独立发表意见，这个依法独立发表意见是对案件的实体和程序两个方面内容的监督。不仅监督程序，还要监督实体。比如，一个听证活动，人民监督员可以以听证员的身份监督实体；同时，对整个检察机关听证活动的程序，也可以进行监督。其四，监督意见处理反馈程序有明确的规定。**人民监督员只要对检察机关提出意见，检察机关必定要反馈，这个反馈包括两个方面：采纳了要反馈；不采纳人民监督员的意见，不仅要反馈，还要报检察长批准同意。**承办案件检察官不采纳人民监督员意见，无权最终作出决定，要检察长批准同意以后，再专门反馈人民监督员。

4. 监督全程的公开性

这里包括司法行政部门和检察院两个方面的公开。司法行政部门选任人民监督员要公开，要公告，要公示等。在检察院这边，知情权要公开，就是告知权利，提供案件的相关材料，介绍案件的相关背景等。整个办案的过程都要向人民监督员公开。比如一个案件是现场监督，那么整个现场要让人民监督员看，人民监督员也可以看之前的办案过程。比如检察机关组织质量评查，是对办结案件的案件实体进行评查，评查的对象是案卷。那么过程就可以向人民监督员公开，人民监督员可以要求找当时的承办检察官谈话，也可以找案件的当事人、犯罪嫌疑人、被告人、被害人谈话，整个过程都要向人民监督员公开，包括所有的证据材料。最后是结果的公开，就是怎么反馈，怎么处理。

三、如何做好新时代人民监督员工作

应该说经过 20 年的发展，人民监督员工作已经在检察机关、司法行政部门得到了一定认可，也发挥了积极作用，取得了很大成就。但还存在着诸多不足：第一，一些地方不够重视，不愿意邀请人民监督员，不重视这项工作。第二，有些地方邀请了人民监督员，但是流于形式走过场，不发挥实质作用。第三，有些人员的监督理念落后，认为人民监督员就是监督检察机关办案活动的，不知道人民监督员是代表人民来监督的。人民监督员既是监督检察机关的办案，同时也可以代表人民帮助检察机关解决办案中的困难。要让人民监督员将监督办案和解决办案中存在的困难相结合。检察工作中遇到困难、问题，向人民监督员反映，借助人民监督员来呼吁解决。第四，一些人民监督员在监督内容、监督方式上的理解不到位。当前，人民监督员是被动地接受邀请监督，主动性不够；监督过程中也是畏首畏尾，把自己摆到了被动的位置。第五，**全社会对人民监督员这项制度的了解认识不够，认可不够，美誉度、公认度不够。人民陪审员，人民调解员，都比人民监督员有更大的知名度。**检察院、司法行政部门，还有广大人民监督员，都有责任宣传推广，共同推进这项工作。

（一）要高度重视人民监督员的工作

所谓高度重视人民监督员工作，第一，要认识到这项制度是我们中国特色的政治架构的必要补充，要从政治上看，而不要从法律上看，要从宪法的高度来看。第二，要把人民监督员工作当作促使检察机关依法履行检察权的外部监督保障。所有人民监督员要积极主动地监督检察院，那么检察机关才能够依法履行法律监督职责。第三，要把人民监督员制度当作检察机关实现个案公平正义不可或缺的外部监督手段。站在不同角度来看，第一个是讲政治，从政治层面来看；第二个是讲司法，从法律层面来看；第三就是讲公平正义，从维护人民群众的合法权益上来看。

（二）要始终保持人民监督员的人民性

这里从两点来阐释。第一点，人民监督员本身一定要有广泛的人民属性，来自人民，要真正地能够代表人民，不能集中到某个条线、某个专业、某类特殊人群，特别是不能都是那些有官职的、有权力的、有产业的，应该说要代表广大人民，主要是普通群众。只有这种人民性有保障，人民监督员制度才能有价值。第二点，人民监督员既然来自人民，那么在监督过程中，就必须站在人民的立场，代表人民去监督。也就是说，**人民监督员监督检察机关办案活动，不要站在检察院的角度考虑问题，要站在人民的角度考虑问题，监督人民检察院是不是为人民执法、为人民司法。如果说第一点的人民性是制度的根本，那么第二点的人民性，站在人民的立场去监督，是这项制度能不能发挥作用的根本。**

（三）要注重程序监督与实体监督并重

一些人民监督员在监督工作中，只注重程序监督。主要原因是，这些人民监督员不太了解法律，在案件实体上不敢监督、不会监督，就只好在程序上找一些问题，找些瑕疵。其实，**作为人民监督员，就是站在普通老百姓的感受上去讲这个案子人民群众能不能接受即可，而不必非要精通法律。社会的承受能力，社会的道德水平，更多地通过人民监督员的意见反映出来。**刑事政策、法律尺度等，这些由检察院的检察官来考虑、把握。人民监督员可以说错话，没有关系。比如说，不捕率是不是特别高，羁押率是不是太低了。站在人民这个角度，以人民的立场、人民的感受，或者说在人民的承受上去发言，那么这个时候既监督程序，也监督实体。

（四）要注意监督办案与解决困难相结合

要强化监督就是支持的理念，既要让人民监督员给检察机关挑刺，找出检察机关工作中的不足、错误，同时也要让人民监督员看见检察机关工作中的困难。困难有些是客观的，有些是主观的，有些是人员的力量问题、机构编制问题，或者是法律制度设计问题等。**对这些困难和问题，检察机关可以提出来，让人民监督员帮助一起呼吁**。比如民事案件向法院调外卷存在调卷难，就可以通过人民监督员提出意见，就像人大代表的意见一样，可以从立法、司法上更高层面去解决。比如要化解矛盾中当事人不接受的情绪，人民监督员就可以帮着去做工作。所以，如果**既把人民监督员当成监督者，同时还把人民监督员当作解决困难问题的支持者、帮助者，那么人民监督员就可以发挥更大的价值**。

（五）需要重点研究解决的是案管部门要充分发挥好"一手托三家"的作用

人民监督员工作是案管部门的一个新业务，许多人不了解，随之而来的是不重视。重视这项工作，就是"一手托三家"。第一，托好人民监督员的依法履职。要及时和人民监督员沟通，及时征求他们的意见，要维护保障人民监督员履职的权利，特别是人民监督员提出的意见要汇总、要报告、要转办督促、要反馈，也就是要把人民监督员的履职落到实处。这"一手"我们托得稳，人民监督员制度才有存在的价值，否则就是走形式。案管办向人民监督员反馈，目的是保障人民监督员依法履职，要托稳。第二，要托好司法行政机关选任、管理以及监督反馈等方面工作。一是在选任管理上，要多提建设性意见，包括拟选任人民监督员的人数、界别、类别、年龄结构等，这样在选任时就更有针对性。二是在个案上，邀请人民监督员要严格按照提前"五日"的期限通知司法行政部门邀请。三是要做好定期反馈。个案是三个工作日反馈，还有定期反馈，就是一个月或一个季度、半年、年度，汇总人民监督员意见的采纳情况，给司法行政部门通报，然后要定期召开联席会议，定期研究人民监督员制度存在哪些宏观、微观方面的问题，在体制机制制度上进行设计，进行完善，这"一手"托稳了，人民监督员工作才会行稳而致远。第三，要托好检察机关办案部门的自觉接受监督工作，总结为三个"是否"：其一，在宏观上业务部门关于人民监督员这项工作是否有需求。主要是制度、机制上的，宏观上有什么需求。因为是需求来主导，业务部门需要什么，我们就可以跟司法行政部门来研究，是否还需要进一步修改完善。其二，从微观层面上，**业务部门的个案是否需要邀请人民监督员监督，包括是否存在"应当"邀请而没有邀请、"可以"邀请都不邀请这两类情况。"可以"一般情况是"是"，而不是"不"，所以说"可以"邀请的，一般要邀请。**其三，案管部门要监督业务部门是否把人民监督员的意见落实反馈。这里的"落实"，是指人民监督员提出的意见正确，就要落实下去；提的意见不正确，也要做好解释说服工作，要反馈好。

（六）要加强开展人民监督员制度的立法研究

人民监督员制度创设 20 年以来，已经形成了从法律、法规到规范性文件等多层级的规范体系，特别是最高人民检察院 2019 年出台《人民检察院办案活动接受人民监督员监督的规定》，2021 年会同司法部修改《人民监督员选任管理办法》，对检察机关办案活动接受人民监督员监督作出了更为全面细致的规定和完善。人民监督员制度不仅上升为一项法律制度，而且在实践中也逐步走向了制度化、规范化、成熟化，已具备制定专门立法的条件。

应该说人民监督员制度立法有其必然性。其一，制定人民监督员法是践行了发展全过程人民民主的必然要求。其二，2021 年 6 月，中共中央印发的《中共中央关于加强新时代检察机关法律监督工作的意见》，强调了"完善人民监督员制度，拓宽群众有序参与和监督司法的渠道"。制定人民监督员法，是通过外部监督制约保障检察权规范有效运行，切实解决影响司法公正和制约司法能力的深层次问题。其三，有利于推动人民监督员工作高质量发展，推进人民监督员工作现代化的发展要求，使人民监督员工作在实践中不断发展壮大。其四，"三大员"中的人民陪审员、人民调解员工作都已专门立法，人民监督员立法是补上最后一块缺板。

目前，全国已有人民监督员 3 万余人，监督业务涵盖检察工作和检察办案全过程各环节，但制度的法制化保障层次不高，法律规范供给不足的问题也逐渐凸显，人民监督员工作的立法具有迫切性。这么多年的工作开展，也为专门立法提供了条件和现实的可行性。第一，多年实践奠定了立法和实务基础。全国检察机关邀请人民监督员参与监督检察办案活动数量逐年递增，2022 年已达到了 12 万余件次，邀请人民监督员近 20 万人次。2019 年以来最高人民检察院先后发布了 3 批人民监督员工作典型案例，从持续监督、合力监督、刚性监督、全面监督、实质监督等不同侧面，对人民监督员制度的推进成效进行总结推广，为立法提供了丰富实践支撑。将人民监督员制度由规范性文件上升至法律层面，可以固定人民监督员制度改革成果、保障人民监督员依法履职。第二，机制研究为专门立法奠定理论基础。理论界、实务界围绕人民监督员制度的基本理论、具体类型、实际运行等方面进行了深入系统研究，已有专著或论文 500 余部（篇），对人民监督员的理论基础、重要意义、监督内容、监督程序、监督范围、考核保障等均有细致分析论证，在人民监督员制度立法方面也达成比较一致的观点。

中国特色检察听证制度理论与实务研究 *

  2023 年以来,最高人民检察院多次强调,要坚持以习近平法治思想为指导,坚持"高质效办好每一个案件",努力实现办案质量、效率与公平正义的有机统一,既要通过履职办案实现公平正义,也要在程序上让公平正义更好更快实现,在效果上让人民群众可感受、能感受到公平正义。做到检察办案质量、效率、效果有机统一于公平正义。实现这个目标,就要做到"高质效办好每一个案件",这要成为新时代新征程检察履职办案的基本价值追求,检察听证就是践行这一价值追求的重要举措。检察听证,是指检察机关在案件办理过程中,组织召开听证会,广泛听取听证员及案件当事人、相关人员等意见的活动。检察听证是检察机关贯彻落实习近平法治思想、践行全过程人民民主要求,依法能动履职的重要举措,是检察机关监督办案的新形态、新方式,近年来在全国检察机关快速推进、全面开展,有效提升了办案质效。但是,检察听证毕竟是一项创新开展的工作,理论

---

* 本讲内容根据 2023 年 3 月案件管理专题培训班讲课稿整理。

研究总体偏弱，制度机制还不够健全，实践运行中也存在一些不规范的现象，需要全面梳理、深入研究，以更好地发挥检察听证的作用。

一、检察听证的历史渊源和发展历程

检察听证不是我国独有的制度，也不是近年来才出现的工作，而是有着深厚的历史渊源和特有的发展历程。检察听证是听证的一种，探索检察听证的历史渊源和发展历程，需要从上位概念"听证"入手进行梳理。

（一）听证的域外渊源

一般认为，听证（hearing）的概念主要源于英美法系，在渊源上可追溯至"自然公正原则"和"正当法律程序"。英国法中的自然公正原则最早体现在 1215 年的《自由大宪章》，听证权在判例法中的首次出现是在 1723 年的本特利案中，王座法院最终因为剑桥大学未赋予本特利为自己行为辩护的权利就决定剥夺其学位，而撤销了剑桥大学的决定。自然公正原则要求"作出不利于他人的决定前听取对方意见"，可进一步细化为三方面内容：一是作出不利决定前通知他人，二是他人有权为自己申辩，三是作出决定应当说明理由。这些内容奠定了后世听证程序和制度的基础。受英国法的深刻影响，美国法把听证权利作为正当法律程序的核心内容，并于 1791 年在宪法的第五修正案中规定"未经正当法律程序不得剥夺任何人的生命、自由和财产"。自然公正原则内在蕴含的听证规则最初是作为一道司法程序而存在的。而随着社会的发展和法律的演进，随着立法权和行政权的拓展和延伸，听证程序和制度逐渐进入立法和行政领域，从而发展出立法听证和行政听证的模式，这构成了国外听证制度发展的一个基本脉络。

（二）听证的传统文化渊源

相对于国外的听证，我国的检察听证除了听取案件当事人意见外，还着重听取与案件无关的听证员的意见，增加了司法公开、司法民主、接受群众监督、化解社会矛盾等价值，这与我国的传统文化息息相关。我国古代关于听证的传统文化非常丰富，比如孟子的"左右皆曰可杀，勿听；诸大夫皆曰可杀，勿听；国人皆曰可杀，然后察之；见可杀焉，然后杀之"；东汉王符的"君之所以明者，兼听也；其所以暗者，偏信也"；孔子的"听讼，吾犹人也，必也使无讼乎"。新中国成立后，党领导人民创造了"小事不出村、大事不出镇、矛盾不上交"的"枫桥经验"，对于政法机关司法办案具有重要影响。检察听证继承了我国传统文化中关于兼听则明、无讼、化解矛盾等理念，邀请特定的听证员参与到案件办理中，听取第三人意见建议，有利于更加客观、准确地认定事实、适用法律，依法公正对案件作出处理决定。鉴于此，有人认为，我国的检察听证制度具有鲜明的中国特色，**检察听证制度是对传统法律文化中兼听则明思想的创造性转化和创新性发展，是对传统法律文化中兼顾天理国法人情的创造性转化和创新性发展，是对传统无讼文化的创造性转化和创新性发展。**

（三）听证的发展历程

相对于西方国家由司法听证延伸至立法听证、行政听证的发展脉络，我国听证先出现于行政听证、立法听证，后逐步扩展到司法听证。在行政听证方面，1996 年行政处罚法、1997 年价格法、2003 年行政许可法均规定了听证制度。在立法听证方面，2000 年立法法明确了听证条款，在 2015 年修订时又进行了完善。**在司法听证方面，一般是指审判前、审判后的听证活动，比如立案听证、审查逮捕听证、羁押必要性审查听证、不起诉听证、量刑听证、减刑假释听证、申诉复查听证、刑事赔偿听证等，近年来发展较快、获得较大社会影响的是检察听证。我国检察听证经历了一个从公开审查到公开听证、从条线探索到全面推开的发展历程。**2000 年至 2001 年建立民事行政抗诉案件、不起诉案件公开审查制度，2012 年至 2013 年建立刑事申诉案件公开审查、民事诉讼监督案件公开听证制度。听证制度真正快速发展是 2020 年至 2022 年。2020 年 1 月，最高人民检察院在全国检察长会议上部署检察听证工作。2020 年 9 月，最高人民检察院制定《人民检察院审查案件听证工作规定》。2021 年 6 月，《中共中央关于加强新时代检察机关法律监督工作的意见》提出"引入听证等方式审查办理疑难案件"。2022 年 2 月，最高人民检察院制发《人民检察院听证员库建设管理指导意见》，对听证员队伍实行分类、动态管理，并向社会公开；建立健全听证员培训和保障机制，不断提升听证员履职能力。2023 年 2 月，最高人民检察院召开检察听证工作座谈会，促进检察听证进一步完善和发展。

二、检察听证的理论正当性

在检察机关全面开展听证工作，是贯彻落实党的二十大关于践行全过程人民民主、完善国家治理体系、加强检察机关法律监督等精神，促进检察工作高质量发展的重要举措，具有深厚的理论价值。

（一）检察听证是检察机关推动人民群众参与司法、落实全过程人民民主的重要举措

全过程人民民主是全方位、全覆盖的民主，是贯通了民主选举、民主协商、民主决策、民主管理、民主监督的各个环节的全链条民主。进入新发展阶段，人民群众在民主、法治、公平、正义、安全、环境等方面有了新的、更高的需求，不仅期待正义得到实现，而且希望参与到司法中来，以看得见的方式实现正义。但是，与人民群众参与司法的广泛需求相比，检察机关办案活动总体上还处于封闭状态，普通民众参与到检察办案活动之中的机会不多，难以消除普通民众对检察司法办案的质疑，最终影响到检察公信力的提升。因此，**检察机关组织听证，把原本相对封闭的检察办案活动放在人民监督的"聚光灯"下，邀请来自人民群众中的听证员作为独立的第三方力量，为检察机关执法办案提供重要参考，充分保障了人民群众对检察工作的知情权、参与权和监督权，是检察环节落实全过程人民民主的有效路径。**

（二）检察听证是检察机关发挥能动作用、积极参与国家治理的客观需要

进入新时代，人民群众利益需求更加多元化，不同主体之间存在着利益差异和矛盾，越来越多的矛盾纠纷以案件形式进入检察领域，要求检察机关延伸监督触角，在化解社会矛盾、促进社会和谐等方面发挥更重要的作用。检察听证是检察机关践行新时代"枫桥经验"，强化政治自觉、法治自觉、检察自觉，及时回应推进国家治理体系和治理能力现代化的现实

需要，是从根本上化解社会矛盾、以诉源治理促国家治理的创新举措。检察听证中，通过把当事人请进来，赋予当事人提交证据、充分发言等权利，促进当事人、检察官、听证员之间"打开天窗说亮话"，目的是"实质性化解"讼争，既体现了程序公正，也更利于实体公正。当事人的诉讼主体地位在检察听证中得到更充分体现，因而更加能够认同这种程序导出的案件结论，有效解开"法结、心结、情结"，促进案结事了人和。2022 年，全国检察机关共对 2.7 万件信访案件开展公开听证，化解率为 82.2%。

（三）检察听证是检察机关自我加压、提升司法素质能力的重要途径

与传统的封闭办案、案卷审查相比，检察听证案件往往情况更复杂、矛盾较深、牵涉面广，既有当事人之间的讼争，也有与行政等部门的关系问题，还有司法机关内部的不同认识等，案件承办人员要做更充分准备、应对更复杂情况、做实更多功课。许多听证案件还是陈年积案，由于时过境迁案件事实难以清楚、准确；听证中要面对多方利益、意见主体；不同意见、考虑有些事先也没有答辩可作预案，对主持听证的检察官来说，总体是堂"闭卷考试"：出卷人是当事人，是政府有关部门；监考人是听证员；答卷人是检察官；判卷人既包括当事人、办案中各方、听证员，还有广大人民群众。准备和做实做细做好公开听证的过程，无疑是对检察官的巨大挑战。在这个过程中，检察官的政治素质、业务素质和职业道德素质全面体现，督促检察队伍在自我加压、服务经济社会高质量发展、践行习近平法治思想的历练过程中，素质能力也相应得到提升。2020 年地方三

级检察院组织的听证会中，由检察长主持的 3675 件，占听证案件总数的 12.3%。2021 年地方三级检察院组织的听证会中，由检察长主持的 10114 件，占听证案件总数的 9.6%。2022 年地方三级检察院组织的听证会中，由检察长主持的 19295 件，占听证案件总数的 10.2%。

三、检察听证的主要特征

2020 年至 2022 年以来，全国检察机关深入践行全过程人民民主，认真落实《中共中央关于加强新时代检察机关法律监督工作的意见》，推动中国特色检察听证工作不断丰富完善。

（一）听证主体的特定性

检察听证的主体，是指主持、参与听证的人员，主要包括听证主持者、案件关系人员和听证员。一是在听证主持者方面。实践中听证主持者一般是承办案件的检察官或者办案组的主办检察官。有人认为，由案件承办人主持听证会容易让当事人产生"先定后听"的疑惑，进而一定程度上削弱检察听证的公正性，影响听证结果的公信力，不利于检察听证制度的长远发展。然而，检察听证在案件当事人和听证员共同参与下，对案件的事实认定、法律适用等进行全面审查，为检察官办案提供参考依据，为释法说理提供平台，是司法办案的一部分，这与主要针对程序性问题的法院庭前会议有所不同，与针对一方相对人的行政听证也存在差别，由原承办检察官主持听证具有合理性、正当性，具有不可替代性。二是在案件关系人员方面。案件相关人员与案件处理具有利害关系，比如案件当事人及其法定代理人、诉讼代理人、辩护人、第三人、相关办案人员、证人和鉴定人以及其他相关人员，其参与听证是听证活动的应有之义。三是在听证员方面。作为中立的第三方，听证员是检察听证的重要组成部分。2020 年以来，地方三级检察院共邀请听证员 115.3 万人次参加听证会，有效增强了检察公信力、提高了人民群众认可度。

（二）听证对象的广泛性

根据目前的规范性文件，人民检察院办理羁押必要性审查案件、拟不起诉案件、刑事申诉案件、民事诉讼监督案件、行政诉讼监督案件、公益诉讼案件等，在事实认定、法律适用、案件处理等方面存在较大争议，或者有重大社会影响，需要当面听取当事人和其他相关人员意见的，经检察长批准，可以召开听证会。人民检察院办理审查逮捕案件，需要核实评估犯罪嫌疑人是否具有社会危险性、是否具有社会帮教条件的，可以召开听证会。准确理解这一关于听证对象的规定，需要把握以下三点：首先，在范围方面，检察听证的案件类型主要包括以上 7 种，但不仅限于 7 种。理论上，所有检察办案活动都可以听证。其次，在程度方面，检察听证的案件要求存在较大争议，或者有重大社会影响，需要当面听取当事人和其他相关人员意见。实践中，一些地方对没有任何争议的简单案件开展听证，导致检察听证走形式、走过场。最后，在强制性方面，对于符合听证条件的案件类型，检察机关可以听证，也可以不听证，目前没有必须听证的法定要求。

（三）听证程序的法定性

检察听证大致可以分为启动阶段、准备阶段、实施阶段、决定阶段四个部分。一是启动阶段。检察听证的启动方式包括两种，检察机关可以根据案件办理需要主动决定召开听证会，也可以根据当事人及其辩护人、代理人的申请召开听证会。检察机关不同意召开听证会的申请，应当向申请人说明理由。二是准备阶段。人民检察院决定召开听证会的，应当制定听证方案，确定听证会参加人，在听证三日前告知听证会参加人案由、听证时间和地点，告知当事人主持听证会的检察官及听证员的姓名、身份，公开听证的要发布听证会公告，向听证员介绍案件情况、需要听证的问题和相关法律规定等。三是实施阶段。检察听证的实施主要包括检察官介绍案情、向当事人及其他参加人说明情况、听证员提问、听证员讨论、听证员发表意见、当事人最后陈述、主持人总结等阶段。四是决定阶段。人民检察院充分听取各方意见后，根据已经查明的事实、证据和有关法律规定，能够当场作出决定的，应当由听证会主持人当场宣布决定并说明理由；不能当场作出决定的，应当在听证会后依法作出决定，向当事人宣告、送达，并将作出的决定和理由告知听证员。

（四）听证种类的多样性

按照不同的标准，检察听证可以分为不同的种类。一是按照是否公开举行，检察听证可以分为公开听证和不公开听证。拟不起诉案件、刑事申诉案件、民事诉讼监督案件、行政诉讼监督案件、公益诉讼案件的听证会一般公开举行。审查逮捕案件、羁押必要性审查案件以及当事人是未成年人案件的听证会一般不公开举行。二是按照听证程序是否简化，检察听证可以分为普通听证与简易听证。普通听证是指严格按照启动、准备、实施、决定四个阶段的程序要求开展的检察听证。简易听证是指人民检察院在审查办理控告申诉案件中，通过简化公开听证程序对控告申诉案件的当事人开展释法说理、化解矛盾纠纷的活动。三是按照听证的地点，检察听证可以分为听证室听证和上门听证。前者是指在检察机关听证室召开的听证活动，后者是指检察机关对于重复信访案件，主动到信访人所在的乡镇、街道、农村和城市社区举行公开听证，就地开展释法说理和矛盾化解的听证活动。四是按照听证案件的类型，检察听证可以分为拟不起诉案件听证、刑事申诉案件听证、民事诉讼监督案件听证、行政诉讼监督案件听证、公益诉讼案件听证等。

（五）听证意见的约束性

检察听证的制度设计要落到实处，关键在于保障和落实听证员在听证中的法律地位，听证员的意见对于案件办理具有较强的约束性。一是建立专门的听证员库。2022年1月26日，最高人民检察院印发《人民检察院听证员库建设管理指导意见》规范了听证员库的建设和管理工作，在推荐单位、社会工作经验等方面筛选符合条件的听证员入库并进行了分类管理。注重吸收德高望重的基层群众代表和法学、医学、经济学、理学、工学等专业人士入库，增加听证员的人民性、专业性，更加接近办案实际。截至2022年12月，全国省级院检察听证员数量已达1483人，市级及以下检察院检察听证员数量已达62105人。全国33个省级院已全部设立了听证员库，390个市级院已有367个设立了听证员库，2224个基层院已主动设立了听证员库，全国检察机关听证员库建设任务基本完成，为规范开展听证提供了坚实的人员保证。二是设立了听证员了解案情的途径。适用检察听证的案件多是疑难复杂案件，仅靠现场听取双方意见，往往难以形成独立评议意见。因此，检察机关提前将案件材料送达听证员，必要时还需就案情与听证员进行沟通，避免听证员不了解基本案情就"仓促上阵"。三是设置法定的听证笔录。听证过程应当由书记员制作笔录，并全程录音录像。听证笔录由听证会主持人、承办检察官、听证会参加人和记录人签名或者盖章。笔录应当归入案件卷宗。四是明确听证意见的效力。提升听证效力，有利于促进矛盾化解。各级检察机关主动将听证纳入信访矛盾实质性化解工作机制，对重大争议或影响性信访案件，邀请人大代表、政协委员、专家学者参与听证评议，推动"法结""心结"一起解，努力实现案结事了。应勇检察长在2023年大检察官研讨班上强调，检察听证对于化解申诉信访具有积极作用，要注重质量，进一步做实、做优。最高人民检察院党组强调，要切实尊重和充分听取听证员的意见。听证员独立于当事人，与案件无利害关系，更能客观感受和评价案件办理是否公正。尊重和听取听证员意见，就是做实以人民群众满意为评价标准。《人民检察院审查案件听证工作规定》明确要求："听证员的意见是人民检察院依法处理案件的重要参考。拟不采纳听证员多数意见的，应当向检察长报告并获同意后作出决定。""人民检察院充分听取各方意见后……不能当场作出决定的，应当在听证会后依法作出决定……并将作出的决定和理由告知听证员。"这是听证员发挥作用的制度性保障，听证员的意见是人民检察院依法处理案件的重要参考。

四、检察听证的实践运行情况

近年来，各地检察机关认真贯彻落实最高人民检察院的要求，积极主动地做好听证工作，听证数量、覆盖范围、听证室和听证员库建设等均取得明显成效，为检察听证工作更加深入地开展创造了良好条件。

第一，检察听证工作在各级院全面开展。各级检察机关把检察听证作为创新履行法律监督职责的重要方式，认真落实"应听证尽听证"的要求，积极主动开展听证工作，听证数量持续上升，全国四级检察机关实现全覆盖。2022 年 1 月至 9 月，全国检察机关共开展听证 12.3 万件，其中公开听证 10.8 万件、不公开听证 1.5 万件。按照案件类型，审查逮捕案件 4235 件、羁押必要性审查案件 790 件、拟不起诉案件 63184 件、刑事申诉案件 2846 件、民事诉讼监督案件 10696 件、行政诉讼监督案件 8225 件、民事公益诉讼案件 1650 件、行政公益诉讼案件 12506 件、国家赔偿案件 159 件、单独申请司法救助案件 591 件、其他类型案件 18551 件。地方三级院组织的听证中，由检察长主持的有 1.2 万件，占听证案件总数的 9.8%，"头雁"效应充分彰显。

第二，检察听证制度体系初步形成。最高人民检察院按照边探索边规范的原则，不断加强顶层设计，除了《人民检察院审查案件听证工作规定》之外，相继制发了《人民检察院羁押听证办法》《民事检察部门诉讼监督案件听证工作指引（试行）》《人民检察院公益诉讼办案听证工作指引》《人民检察院办理控告申诉案件简易公开听证工作规定》《人民检察院检察听证室设置规范》《人民检察院听证员库建设管理指导意见》等专门制度。应当说此制度已初步形成体系。地方检察机关不断完善检察听证制度机制，细化听证工作实施办法，创新听证工作模式，完善激励机制，为检察听证工作规范开展积极探索。

第三，检察听证运行机制基本完善。不断健全检察听证的适用对象、适用条件、主要种类、开展程序、听证效力等，保证检察听证在实践中有序运转。一是在适用对象方面，提出羁押必要性审查案件、拟不起诉案件、刑事申诉案件、民事诉讼监督案件、行政诉讼监督案件、公益诉讼案件、审查逮捕案件等，可以开展听证。二是在适用条件方面，普通案件要求存在较大争议，或者有重大社会影响，需要当面听取当事人和其他相关人员意见，审查逮捕案件需要核实评估犯罪嫌疑人是否具有社会危险性、是否具有社会帮教条件。三是在主要种类方面，列举了公开听证和不公开听证，普通听证和简易听证等类型。四是在开展程序方面，明确了检察听证的启动程序、准备程序、开展程序、作出决定程序等。五是在听证效力方面，提出听证员的意见是人民检察院依法处理案件的重要参考。拟不采纳听证员多数意见的，应当向检察长报告并获同意后作出决定。

第四，检察听证员库在绝大多数检察院已经建成。检察听证工作邀请听证员参与，其目的是通过无利益相关第三方的介入，进一步保障司法公正、提升司法公信、促进矛盾化解。最高人民检察院案管办下发《关于进一步加快推进听证员库建设相关工作的通知》，要求各省级院要率先垂范，市级院和有条件的基层院也要设立听证员库。各级检察机关把听证员库建设作为统筹各类外脑资源、提升检察听证质效的基础工程，倒排工期、抓紧推进，听证员库建设取得较大进展，基本完成了听证员库建设任务。

第五，检察听证基础设施建设卓有成效。各级检察机关遵循因地制宜、厉行节约、适用可行原则，充分利用现有办公用房和原有可用设施，统一规范设置检察听证室。截至 2022 年上半年，32 个省级院、372 个市级院、2446 个基层院已经建成检察听证室，分别占同级院总数的 100%、91.4%、83.6%。同时，注重主动向信息技术借力，中国检察听证网成为全国检察机关"线上 + 线下"案件听证直播的主要平台，已经有 1225 个检察院的检察听证室具备连接开展直播的条件。还有的地方注重软件程序在检察听证工作中的运用，建立"沉浸式"检察听证室，以数字智能感应控制系统为依托，实现听证视角的即时切换和全面覆盖。

五、检察听证取得的实效

检察听证在实践中探索、在实践中完善，通过实践积极发挥作用，已经成为检察机关化解社会矛盾、促进诉源治理、提升办案质效、提升工作能力的重要抓手，在检察工作中越来越彰显制度优势和生命力。

（一）有效提升办案质效

开展检察听证的大多数案件疑难复杂，一些环节涉及专业问题，需要引入相关领域的专家学者提出专业意见、进行专业解释。实践中，检察机关通过邀请具有专业知识背景的教师、律师、医生、心理咨询师等担任听证员，听证员以第三方的理性视角，就案件事实、法律适用等问题发表专业意见，有利于检察官全面审查案件，了解案情，作出审查决定，提升案件质量。此外，通过检察听证，案件当事人认同检察机关的处理结果，能够有效减少后续的上访信访、申请监督等事宜，压缩本来就不该出现的办案环节，降低"案－件比"，从整体上提升办案质量。比如，安徽省某检察院 2020 年 9 月办理的郑某与某医院医疗损害责任纠纷检察监督案，由于该案涉及的医疗损害责任认定专业性较强，检察机关遂从法医学专家鉴定委员会中选择了具备医疗专业与法律背景的专家作为听证员，召开听证会，强化听证中的析疑、释法、说理效果。经过听证，郑某表示接受检察机关的决定，并服判息诉。

（二）有效规范检察权运行

检察听证是检察机关引入外部监督力量、监督检察权规范运行的重要举措。**听证员从人民群众中选出，与案件没有利害关系，既是对检察办案的支持，也是公众对检察工作的监督，能够促使检察人员更谨慎、规范用权，使公平正义经得起人民群众的围观、质疑，确保司法权威、司法公信力。**在刑事申诉案件、拟决定不起诉等案件的办理中，很多地方检察机关邀请人民监督员与听证员参与听证，采纳了不同意见，对案件依法作出决定，促进提升案件质量。比如，甘肃省某检察院 2021 年 4 月办理的李某某涉嫌诈骗罪一案中，因诈骗金额较小，李某某退还了被害人全部损失，且到案后如实供述犯罪事实，审查中能自愿认罪认罚，检察机关拟对李某某作出相对不起诉决定。在召开听证会时，听证员提出，本案是通过熟人关系办理招生招录，造成不良社会影响，建议检察机关从社会效果的角度出发，对李某某提起公诉。经认真研究，检察机关采纳了听证意见，对李某某提起公诉。

（三）有效化解矛盾纠纷

检察机关充分运用听证，把当事人请进来，把办案过程"晒出来"，让中立的第三方评评理，有效解开当事人的"法结、心结、情结"。部分听证员是案件当事人熟悉的居民委员会、村民委员会工作人员，或者在当地具有一定威望的人士，更容易得到当事人的信任，其听证意见更容易被当事人接受，促进当事人能够认同司法机关的处理结果。比如，湖北省某检察院 2022 年 1 月办理的幸某某涉嫌故意伤害罪一案中，检察院拟以正当防卫为由，对犯罪嫌疑人作出不批准逮捕决定。为平息被害人不满情绪，遂召开听证会，听证员一致认为检察院在事实认定和法律适用方面均准确。被害人表示，"虽然结果不是我所期待的，但检察长耐心解答我的问题、提出用公开听证的方式化解我的心结，我对这种做法认可"。

（四）有效解决监督难题

检察机关的法律监督工作多是对同级单位、部门的监督，强制性不够。有些监督事项涉及公众利益、具有多个管理主体，且很多问题具有复杂的历史原因，整改难度较大，单靠检察院一家的力量很难快速有效推进。为做好公益诉讼、社会治理类检察建议等涉及公共利益的法律监督工作，一些检察机关强化双赢多赢共赢的理念，通过召开听证会，邀请人大代表、政协委员、人民监督员等，与相关部门公开开展磋商，共同确定责任部门，共同研究整改意见，共同督促整改落实，有力推动法律监督工作的开展。比如，山西省某检察院于 2021 年 7 月办理的督促整治铁路地下通道环境和安全隐患行政公益诉讼案中，由于该地下通道修建年代久远，相关责任单位几经变迁、裁撤调整，目前存在地方行政机关与铁路及其内部多部门职责交叉不清的情况。检察机关遂召开听证会，确定涉案相关行政机关、铁路单位、部分群众代表作为听证参加人，提出了整改的必要性，确定了责任分工，有力推动后续检察建议落实工作的开展。

（五）有效促进普法宣传

检察机关绝大部分的听证为公开听证，除了听证员以外，公民可以申请旁听，检察院可以邀请媒体旁听，可以通过中国检察听证网和其他公共媒体，对听证会进行图文、音频、视频直播或者录播。因此，一次好的公开听证，就相当于一次面向公众的普法课，能够发挥示范引领效果，促进社会治理。截至 2022 年 11 月，各地检察机关通过中国检察听证网，对 2294 件案件进行了听证直播，累计直播观看总量 15 万次，点播观看总量 57 万次，以高质量检察听证回应社会关切，服务社会治理，带动广大人民群众学法、遵法、守法、用法。此外，2022 年以来，最高人民检察院部署对重复信访案件探索开展上门听证，检察机关主动进村下乡，把听证室"搬"到信访人所在地，用鲜活案例以案释法，利于人民群众法治观念的养成。

（六）有效提升办案能力

与传统办案方式相比，办案人员在检察听证中需要直接面对不特定的听证员和其他人员，接受听证员的提问，现场回应当事人的问题，对自身的工作能力提出更高的要求。特别是在直播录播的情况下，办案人员需要考虑随时可能发生的舆情，承担更重的办案压力。许多办案人员提出，在开展听证初期，对这种新的办案模式不熟悉，或多或少都存在一定的顾虑，倒逼自己更加仔细地研究案情、制定听证方案、考虑可能发生的情况，为听证做好充分准备。**经过一段时间的听证实践，办案人员的证据分析能力、事实认定能力、法律适用能力、政策把握能力、现场把控能力、舆情应对能力等明显上升，能够更加自信地应对听证员乃至社会公众的检验。**

六、检察听证存在的问题及优化措施

检察听证总体上符合我国实际，取得了突出的成效，但仍存在一些不足和短板。比如，检察听证还没有在法律上予以规定，制度机制还不够健全，过于重视在化解矛盾中的作用，听证过程还不够实质化，听证笔录的效力还不够高，听证员的管理使用还不够规范等。对于这些问题，需要在下一步工作中优化完善。

（一）推进听证规定的立法化

2020 年以来，检察机关积极推进检察听证的制度建设和实务工作，建立了检察听证的基本框架，但目前尚没有法律明确规定检察机关在办案过程中可以组织开展听证，影响了检察听证的权威性，也不利于组织检察机关之外的单位、部门参与听证。因此，要积极推进检察听证的立法，建立以人民检察院组织法的规定为主导、"三大诉讼法"的规定为细化的检察听证立法模式。首先，在人民检察院组织法中增加检察听证的内容，作为检察机关履行法律监督职能的方式。其次，在刑事诉讼法、民事诉讼法、行政诉讼法修订时，分别增加关于检察听证的内容，为全面开展检察听证提供法律依据。

（二）践行听证价值的多元化

检察听证在查清案件事实、化解社会矛盾、接受社会监督、推动解决疑难问题等多个方面都发挥了重要的作用。一些地方重点对案件事实及法律适用没有争议、当事人存在不满情绪的案件开展听证，听证演化为办案人员息诉罢访的"劝解会"。因此，要根据案件实际情况，全面发挥听证的作用。比如，对于刑事申诉案件、拟不起诉案件，当事人可能具有不同意见，可以通过听证进行释法说理、主动接受监督；对于公益诉讼案件、行政诉讼监督案件，案件涉及面广，工作难度大，可以发挥检察听证在推动监督工作开展方面的作用；对于民事诉讼监督案件、羁押必要性审查案件、审查逮捕案件，可以通过听证查清案件事实、核实证据、评估风险等。

（三）提升听证范围的明晰化

目前虽然对检察听证的范围有了界定，但还不够清晰，操作性还不够强，导致实践中出现两种倾向：一是该听证时不听证；二是对简单案件开展听证，听证走形式走过场。因此需要进一步细化听证范围。**合理确定检察听证的范围，需要把握终结性和必要性，并且建立应当听证和可以听证两种类型**。在终结性方面，对于检察机关拟不支持申请人诉求的刑事申诉案件、不起诉案件（相当于终结了诉讼程序）等，应当组织听证。在必要性方面，对于羁押必要性审查案件、公益诉讼案件等其他案件，有必要的，**可以组织听证**。

（四）促进听证流程的规范化

目前已经建立了一套检察听证运行的机制，但还有不少改进空间。比如，在听证的启动方面，虽然规定了检察机关启动听证和当事人启动听证两种方式，但实际工作中绝大多数是检察机关启动听证，原因在于当事人一般不知道启动听证的权利，需要增加检察机关的告知程序，提前告知当事人有申请启动听证的权利。再如，在听证的准备阶段，虽然要求检察机关向听证员介绍案件情况，但操作性不强，导致听证员不了解案情，不能深入发表意见，需要增加听证前应当向听证员移送案件材料的规定。又如，在听证的开展阶段，目前缺乏双方当事人的辩论要求，缺乏对抗性，查清案件事实的功能不足，需要增加这一环节，允许双方当事人就特定事实发表意见，帮助查明真相。

（五）增进听证笔录的实效化

目前听证笔录只是检察机关处理案件的重要参考，拟不采纳听证员多数意见的，应当向检察长报告并获同意后作出决定，这一规定降低了检察听证笔录的效力，也与通行的司法听证笔录、行政听证笔录效力不平衡。比如，在法院组织的庭前会议方面，对于程序性事项，控辩双方没有新的理由，在庭审中再次提出异议的，法庭应当依法予以驳回。又如，在行政机关组织的行政处罚、行政许可听证方面，要求行政机关根据听证笔录作出决定。因此，应当适当增强听证笔录的效力，比如可以在现有基础上增加：听证员多数意见与其他证据材料不一致的，应当采纳听证员多数意见；不采纳多数听证员意见的，应当向听证员作出解释说明等。

（六）加强听证员使用管理的合理化

目前虽然各地检察机关建立了听证员库，但听证员的使用管理仍然不够合理，各地做法也不统一，需要不断健全完善。一是健全听证员的选任机制。明确选任资格、选任程序、退出程序等，统一听证员每届任期年数等。二是建立听证员的回避机制。当事人对于检察机关邀请的听证员，认为影响公正听证的，可以申请听证员回避，由检察机关决定。三是健全听证员的使用机制。建立"办案部门使用听证员、案管部门管理听证员"的机制，听证员的日常管理由案管部门统一负责，对于符合听证条件的案件，办案部门提出邀请需求，案管部门负责邀请听证员参加。四是建立听证员的培训考核机制。检察机关定期对听证员进行培训和考核，提升听证员履职尽责的能力。

规范开展案件信息公开工作需要注意的几个问题 *

　　案件信息公开是检察机关保障人民群众知情权、参与权、监督权的重要举措，是由案管部门牵头负责的一项重要工作。2014 年，最高人民检察院部署上线案件信息公开系统，印发《人民检察院案件信息公开工作规定（试行）》（以下简称《试行规定》），使得这一工作有章可循。为适应新时代检察工作面临的新形势，落实党对检察工作的新要求，满足人民群众的新期盼，保障案件信息公开工作高质量发展，2021 年 8 月 19 日，最高人民检察院第十三届检察委员会第七十一次会议审议通过了修订后的《人民检察院案件信息公开工作规定》（以下简称《公开规定》）。下面，我从五个方面同大家进行交流。

一、案件信息公开的重要意义

　　孟德斯鸠提出："一切有权力的人都容易滥用权力，这是万古不变的经

---

　　* 本讲内容根据 2021 年 12 月全国检察机关案件信息公开工作网络培训班讲课稿整理。

验，防止滥用权力的办法，就是以权力制约权力。"检察权作为法律赋予检察机关的一项专有权力，同样需要靠有效的监督来保证其正常行使。**作为法律监督者的检察机关如何实现执法监督制约机制的深化，让检察工作在人民群众的视野中进行，以公开促监督，以监督保公正，是备受关注的问题。只有让检察权得到科学、有效的制衡，才能保证法律统一实施。**检察机关案件信息公开是打造"阳光检务"的必要途径，也是进一步深化"检务公开"的必然要求，对保障人民的知情权、参与权、监督权具有重要意义。

具体而言，一是满足辩护律师、当事人等信息查询需求，提高司法公信力。案件信息公开是人民群众了解检察机关工作的重要窗口，是律师、当事人及其家属、社会公众了解案情的重要来源。检察机关积极地推行案件信息公开，把各项检察职能放在阳光下运行，是体现执法为民办案理念，回应人民群众需求，顺应社会发展趋势，维护公民基本权利的必然要求，充分体现了检察机关民主、文明的执法理念。

二是满足人民群众日益增长的司法信息需求，保障知情权，落实监督权。检察权源自人民，人民有权了解检察职能的运行。检察机关有责任、也有义务向人民群众公开其信息，使公众能够得知检察工作的进展情况。随着社会经济的日益发展，公众的知情意识、表达意识、法治意识日益提升，对检察工作的关心程度越来越高，对检察机关执法的透明度要求越来越高，特别是社会影响力大的重大案件，检察机关公开相关案件信息，不仅满足了公民的参与权，也落实了公民的监督权。检察机关要不断深化检务公开、案件信息公开，将依法应当公开的信息都予以公开，才能不断满足人民群众的知情权、监督权等宪法赋予公民的基本权利。

三是以公开促公正，让权力在阳光下运行，营造良好法治氛围。公开与公正二者相互依存、相互联系。只有通过公开的方式，才能达到公正的目的，缺少公开，人民群众就可能对检察机关执法的公正性产生怀疑。**案件信息公开就是让检察工作在阳光下运行，接受人民群众的监督，倒逼检察干警提高风险防范意识，敲响廉政警钟，防止权力寻租、暗箱操作等贪污腐败的现象发生，保证队伍的廉洁性，营造出风清气正的司法环境。**同时，通过法律宣传的方式可以让人民群众知法懂法，培养法治理念，树立良好的法律意识。在网络快速发展的今天，公众的情绪和观念很容易受到负面网络舆论的影响，引起社会恐慌。案件信息公开促进了检察机关与媒体之间的沟通和与公民的交流，对一些重大的案件及时发布案情通报，公开案件信息，可以防止谣言的传播，引导舆论导向，营造良好的法治环境。

二、我国检察机关案件信息公开的发展历程

案件信息公开是推进司法公开的重要抓手，是深化检务公开的最关键步骤和最核心内容，也是促进司法公正和民主的重要途径。最高人民检察院历届党组高度重视检务公开工作，检务公开制度发展到今天已走过二十多个年头了，二十多年的检务公开实践使得检察机关根据自身特有的性质和职权探索出了一条具有中国特色的检察机关信息公开制度。检察机关的公开不仅限于对当事人和社会公开，也包括向人民监督员公开，向大众媒体和网络平台公开。自从信息公开工作开展以来，最高人民检察院陆续发布了许多司法解释、内部规则等规范性文件，推动我国检务公开制度不断发展成熟，提升了人民群众的获得感和幸福感。从总体上来看，我国检务

公开制度的发展历程主要可以分为以下四个阶段。

一是半公开阶段（1998年10月以前）。从新中国成立初期到20世纪80年代，我国司法活动基本上处于半公开状态，由于多方面的原因，司法公开未能有效贯彻，在社会公众眼中，司法活动往往戴着神秘的面纱。自20世纪80年代以来，随着我国经济社会的发展、公民权利意识的增强以及我国加入WTO，人们对信息公开的要求越来越强烈。

二是探索起步阶段（1998年10月至2003年9月）。**1998年10月，最高人民检察院颁布《关于在全国检察机关实行"检务公开"的决定》，全国检察机关由此展开了检务公开工作，这标志着我国检务公开制度正式实施。**1999年1月，最高人民检察院发布了《关于"检务公开"具体实施办法》，对当事人的知情权作了规定，使检务公开更加程序化、规范化。1999年4月，最高人民检察院发布了《关于建立检察工作情况通报制度的通知》，各省级检察院建立了新闻发言人制度，适时通报检察工作情况，大大增加了检察工作的透明度。2000年2月，最高人民检察院发布了《检察改革三年实施意见》，明确提出要"进一步深化'检务公开'，不断拓宽'检务公开'的范围、方式和途径"。2001年3月，最高人民检察院印发了《人民检察院办理不起诉案件公开审查规则（试行）》，要求对存在较大争议且在当地有较大社会影响的不起诉案件公开审查，允许公民旁听，邀请人大代表、政协委员等参加案件审查。这个阶段由于信息技术发展水平有限，先进的科学技术没有完全普及，检务公开的方式和内容也比较单一，主要是通过公告、报纸、广播、公民旁听、记者采访等方式进行公开。

三是发展完善阶段（2003年9月至2013年10月）。2003年9月，最高人民检察院发布了《关于人民检察院直接受理侦查案件实行人民监督员制度的规定（试行）》，人民监督员制度的创立和完善，标志着检务公开从检察信息、工作制度公开向检察决策公开的进一步发展。2006 年 6 月，最高人民检察院颁布《关于进一步深化人民检察院"检务公开"的意见》，提出进一步深化检务公开的具体要求和措施，拓展了检务公开范围的渠道，专门规定了信息通报制度及新闻发言人制度，强调充分发挥人民监督员作用，进一步增强检察机关决策的民主化、科学化。2007 年 10 月，全国检察机关计算机化网络平台基本建成，全国四级检察院互联网门户网站都已建成，检务公开信息化水平迈上了新台阶。2010 年 10 月，最高人民检察院发布了《关于实行人民监督员制度的规定》，规范了人民监督员履职程序等，要求各级检察机关全面推行人民监督员制度。这一阶段的信息公开在公告、报纸、广播的方式基础上增加了电子显示平台等电子媒介，新闻发布会等公开方式，扩展了公开方式，丰富了公开内容。

四是全面推进阶段（2013 年 10 月至今）。2013 年 10 月，最高人民检察院部署在全国 10 个省市开展深化检务公开试点工作，推进从"选择性公开"向"应公开尽公开"，从"职能职责公开"向"案件信息公开为主"转变。2013 年 11 月，《中共中央关于全面深化改革若干重大问题的决定》发布，进一步提出要"推进审判公开、检务公开"。2013 年 12 月，最高人民检察院出台了《2014—2018 年基层人民检察院建设规划》，确定了检务公开要以科学化、信息化、现代化发展为方向和目标。强调要深入推进基层人民检察院检务公开工作，细化执法办案公开流程，完善公开制度。2014 年 3 月，时任最高人民检察院检察长曹建明同志提出"要深化司法公开，推进阳光检察，将阳光检察作为司法公开的一部分"。2014 年 9 月，最高人民检察院、司法部印发《关于人民监督员选任管理方式改革试点工作的意见》，确定了北京、吉林、浙江等 10 个省份为试点单位，明确人民监督员的设置、管理等，人民监督员工作进入历史新时期。2014 年 8 月，最高人民检察院公布了《试行规定》，将检务公开的重点转移到案件本身，对案件信息公开的主体、内容、保密措施、权利被侵害时的各种救济措施等作了规定，这不仅是我国检察机关信息公开的里程碑，也是我国司法公开的重大进步。2015 年 2 月，最高人民检察院出台了《关于全面推进检务公开工作的意见》，进一步明确了检务公开的具体内容，要求加强新媒体平台建设和法律文书释法说理工作，对检察院在当下新环境中开展信息公开工作的原则、方式、制度等方面提出了具体要求。这一阶段公开的形式多元化，充分发挥微信、微博新媒体公众平台的优势，建立了门户网站、检务公开大厅，举办形式多样的检察开放日，构建了多方位、多视角、及时性、全覆盖、全流程的检务公开互动网络，这个时期的信息公开更加贴近人民群众，人民群众对检察工作看得见、摸得着、感受得到，进一步保障了人民的知情权、参与权、表达权、监督权，让公众零距离感受阳光检务。2021 年 8 月 19 日，最高人民检察院第十三届检察委员会第七十一次会议审议通过了修订后的《公开规定》《人民检察院案件信息公开内部工作细则》(以下简称《内部细则》)，促进案件信息公开工作更加规范化开展。

三、案件信息公开工作的时代背景

"十四五" 开启了我国全面建设社会主义现代化国家的新征程，吹响了向第二个百年奋斗目标进军的号角，在当前这个新时期，人民群众日益增长的司法信息需求与检察机关案件信息公开工作发展不充分之间的矛盾日益突出。深化检务公开不仅是检察机关参与法治中国建设的重要途径之一，也是建设公正高效权威新时代中国特色社会主义司法制度的重要内容。以习近平同志为核心的党中央对司法公开工作高度重视，要求坚持以人民为中心，以满足人民日益增长的美好生活需要为导向，完善司法为民、司法公开举措，不断增强人民群众的司法获得感。

一要构建开放、动态、透明、便民的阳光司法机制。党的十八届四中全会通过的《中共中央关于全面推进依法治国若干重大问题的决定》提出要构建开放、动态、透明、便民的阳光司法机制，以公开促公平、以透明保廉洁。检察机关要增强主动公开、主动接受监督的意识，依法及时公开执法司法依据、程序、流程、结果和裁判文书，让暗箱操作没有空间，让司法腐败无法藏身。

二要建设公正高效权威的社会主义司法制度。习近平总书记深刻指出："我国的司法制度总体上适应我国国情和发展要求，同时也需要在改革中不断完善。"党的十八届三中全会后，我国新一轮司法体制改革的目标被确定为加快建设公正高效权威的社会主义司法制度，维护人民权益，让人民群众在每一个司法案件中都感受到公平正义。检察机关案件信息公开工作也要坚持以人民为中心，从人民群众的实际需求出发，满足人民群众多元的司法需求，积极推进制度革新，助力社会主义司法制度不断完善。

三要塑造良好的中国法治形象。良好的国家形象是现代文明国家综合国力的彰显，也成为各国在复杂多变的国际社会中争取话语权的一种策略。

在全球化治理的背景下，国家法治形象是一个国家法治状态最为贴切的反映，俨然成为展现国家法治建设的重要窗口。但以美国为首的西方境外敌对势力无孔不入、无所不用其极，肆意抹黑、攻击我国政治制度、政权制度，意识形态领域斗争异常尖锐。越是在复杂的斗争形势下，我们越要清醒地认识到良好的法治形象对我国立足国际社会的重要意义。在我国法治建设取得长足进步的今天，司法公开已经不是浅层次的"公开"或者"不公开"的问题，而是要怎样更好地公开、更加规范地公开的问题，这样才能更加有利于国家法治建设，为增强我国国际法治话语权、参与各种法治对话提供有力保障。

党的十八大报告指出："推进权力运行公开化、规范化，完善党务公开、政务公开、司法公开和各领域办事公开制度，健全质询、问责、经济责任审计、引咎辞职、罢免等制度，加强党内监督、民主监督、法律监督、舆论监督，让人民监督权力，让权力在阳光下运行。"为贯彻落实党的十八大关于全面深化改革的战略部署，十八届三中全会研究了全面深化改革的若干重大问题，就司法公开而言，本次会议通过的《中共中央关于全面深化改革若干重大问题的决定》提出："推进审判公开、检务公开，录制并保留全程庭审资料……广泛实行人民陪审员、人民监督员制度，拓宽人民群众有序参与司法渠道。"2018年新修订的人民检察院组织法第七条规定"人民检察院实行司法公开，法律另有规定的除外"，以法条形式明确了检察机关司法公开的职责。所有这些，都为案件信息公开的发展提供了重要的理论支撑，也为今后一段时期推进司法公开包括案件信息公开指明了方向，明确了目标和任务。

四、案件信息公开需要把握的基本理念和基本原则

（一）案件信息公开的基本理念

就案件信息公开工作而言，此前我们一直强调"应公开尽公开"，除了涉密案件信息以外，一律要求面向社会公开发布，根据新的形势任务，我们将理念调整为"能公开尽公开"。一个"应"和一个"能"是有区别的，"应不应"是法律术语，"能不能"是主观判断。"应不应"自己很难存在思辨，"应公开"法律都规定了公开当然要公开；"能不能"是我们检察官主观判断，"能不能"检察官有决定权，这个不能公开，出了问题检察官要承担责任的，"能不能"更多是主观判断。那么要做到这一点就要做到以下这三点：

一是只有《公开规定》明确提出可以公开的内容，才属于能够公开的范围。这里要明确，《公开规定》中提出的信息公开用的术语是"可以"，而不是"应当"，原《试行规定》用的都是"应当"。应当，是强制性规定；可以，是选择性规定。对这一点一定要明确、领会、运用好。

二是《公开规定》和《内部细则》只要其中一个规定不能公开，就不得公开。也就是说，有关信息公开的限制性、禁止性规定，既要遵照《公开规定》，也要遵照《内部细则》，要认识到《内部细则》是对内，是对《公开规定》的解读和补充。

三是检验信息公开的根本标准是要看公开的效果如何。从个案上讲能公开，从检察机关来讲能公开，从社会上讲能公开，通过公开能够实现政治效果、法律效果、社会效果的三统一。从 2020 年开始，最高人民检察院

不再对全国检察机关案件信息公开工作情况进行通报，各地也要转变观念，不再将"公开率"作为考核指标。

（二）案件信息公开的基本原则

一是全面公开。为适应检察体制改革、内设机构改革的要求，遵循检务公开的普遍规律，检察机关案件信息发布范围由原来的只发布刑事检察重要案件信息扩大到刑事检察、民事检察、行政检察、公益诉讼检察相关案件办理情况，公开的案件信息全面涵盖"四大检察"，体现了检察机关在推进检务公开过程中的决心和信心。同时，对于检察机关案件信息公开的三项主要工作，即案件程序性信息查询、法律文书公开、重要案件信息发布均进行了全面修订和完善，进一步扩大了案件程序性信息查询、法律文书公开的范围。

二是审慎公开。检察机关始终将保障国家安全、政权稳定等摆在最高位置，在坚持"四大检察"领域全覆盖的基础上，设置了更为严格的公开标准，明确规定"重大、敏感案件"范围，对可能含有危害国家政治安全、社会大局稳定信息的法律文书设置为"例外规定"，严禁对外公开，对与公众了解案情无关的自然人的"民族"和宗教信仰等个人信息应当进行屏蔽后公开。同时，设置了严格的审核机制，明确了重要案件信息、检察业务数据发布的审核责任，规定了严格的审批程序，时刻绷紧"政治安全"这根弦，确保"依法公开、依规公开、规范公开"工作理念深入人心，切实做到"能公开尽公开"。

三是坚持以人民为中心。要保证公开的信息为公开对象所取得，就必须考虑公众个体之间接触和获取相应信息的习惯和可能，充分利用现代社会所具有的诸多信息传播和传递渠道，以更好地满足人民群众需求为出发点，努力适应人民群众的实际需求，保证所有公众都可以低成本地获得相应的被公开的案件信息，着力在满足需求上下功夫、想办法。现有规定详细规定了案件程序性信息查询的程序，保障查询主体的知情权。对律师在"12309中国检察网"的网上注册方式进行说明，最大程度为辩护律师提供便利。新增业务数据发布一章，对检察业务数据的发布范围和方式作出规定，主动将检察机关主要业务数据置于阳光之下，接受人民群众监督，充分保障人民群众监督权。

五、案件信息公开实践中需要注意的几个问题

（一）关于扩大案件程序性信息查询的问题

案件程序性信息查询是案件当事人、辩护人、诉讼代理人依申请进行查询，也是案件信息公开的一项重要内容。根据当前的规定，案件程序性信息查询的目的是使查询主体更方便、更快捷、更全面了解案件诉讼程序。

一是扩大查询范围。进一步扩大刑事检察案件可查询的程序信息，考虑到涉案财物的处理结果直接关系当事人和利害关系人的合法权益，也是其权利救济的前提和基础，新增"查封、扣押、冻结涉案财物处理结果"作为查询内容，促进检察机关规范办案活动。另外，新增"法律文书公开情况"作为查询内容，查询主体可以同步查询检察机关作出的法律文书，从而保障查询主体可以从实体、程序两方面全面了解案件情况。

二是扩大查询主体。征求意见时，第八检察厅建议增加"公益诉讼线

索举报人"作为查询主体。鉴于不同类型案件的查询主体不同，我们在"当事人及其法定代理人、近亲属、辩护人、诉讼代理人"表述之后增加"等"字，既可以涵盖"公益诉讼线索举报人"，也可以扩大至其他查询主体。

三是增加公开办案组织相关信息。将办案组织的成员姓名、法律职务及办公电话等信息向案件当事人、辩护人、诉讼代理人等特定主体公开，有利于相关主体加强与承办人的沟通，了解相关案情，补充相关材料，促进释法说理等。实践中已有多地检察机关开展了这项工作，效果很好。在征求意见时，多地也提出了类似建议，因此在这里我们把办案组织的相关信息作为可以查询的程序性信息加以规定。

（二）关于增加重要案件信息发布内容的问题

为适应检察工作发展需要，《公开规定》将原《试行规定》第十一条规定的人民检察院应当及时向社会发布的案件信息范围分为两类。一类是社会关注度较高、影响较大的案件信息。《公开规定》第十二条明确："人民检察院可以根据工作实际，向社会发布关注度较高、影响较大的案件信息：（一）相关刑事案件的办理情况；（二）相关民事检察案件的办理情况；（三）相关行政检察案件的办理情况；（四）相关公益诉讼案件的办理情况。"其将原规定"刑事案件的批准逮捕、提起公诉等情况"修改为"相关刑事案件的办理情况"，增加了公益诉讼案件办理情况，将重要案件信息发布范围扩大到"四大检察"全覆盖。需要说明的是，将"四大检察"纳入重要案件信息发布范围，并不是说所有的"四大检察"案件相关的办理情况都必须对外发布，而是由各地根据工作实际和本地需要来具体把据。另一类是具有较好引领示范效果、促进社会治理的相关案件信息，不再使用重要案件信息的表述。《公开规定》第十三条明确："人民检察院可以根据需求，向社会发布具有示范引领效果、促进社会治理的相关案件信息：（一）对统一法律适用、普法具有重要意义的指导性案例和典型案例；（二）案件公开听证情况；（三）社会治理类检察建议；（四）重大、专项业务工作的进展和结果信息；（五）其他应予发布的案件信息。"该条规定将"典型案例"修改为"指导性案例和典型案例"，扩大了公开的范围，规范了表述。

（三）关于新增业务数据发布的问题

最高人民检察院领导多次强调要用"客观公正"来统领检察理念的转变和落实，引领各项检察工作创新发展。最高人民检察院自 2020 年坚持每季度发布检察机关主要业务数据，定期"晒一晒"，让司法办案更加公开透明。检察业务数据的发布缺少制度规定，此次修改过程中，根据检委会审议意见，我们在《公开规定》中专门增加了"业务数据发布"一章，对检察业务数据的发布范围和方式作出明确规定。例如：第十六条规定了检察机关可以向社会发布的业务数据的范围，包括主要办案数据，立足履行法律监督职能、服务经济社会发展的数据信息……第十七条规定了检察机关向社会发布检察业务数据的主要方式，如"（一）通过人民检察院官方网站、官方媒体等统一发布，并同步组织做好相关数据解读宣传工作；（二）在《中国统计年鉴》和《中国检察年鉴》《最高人民检察院公报》等全国性刊物上，发布全国检察机关主要办案数据，在地方确定的官方媒体上发布本

地检察机关主要办案数据……"各地在执行过程中要立足检察机关法律监督
职能的履行，结合本地具体工作情况，充分利用官方网站、媒体、新闻发布
会等方式，适时对外发布主要业务数据或者有警示意义的数据，同时要做好
数据解读工作，以便人民群众更好地了解检察机关开展的各项工作，促进法
律监督职能的履行，主动接受人民群众的监督。

（四）关于增加法律文书公开种类的问题

法律文书是人民群众了解检察工作的重要方式，因此，文书公开的种
类是此次修订的重点内容。《试行规定》第十八条规定的法律文书公开种类
包括：刑事案件起诉书、抗诉书和不起诉决定书、刑事申诉复查决定书以
及最高人民检察院认为应当公开的其他法律文书。此次修改将法律文书的
公开分为面向全社会公开和依申请向当事人及其法定代理人、近亲属、辩
护人、诉讼代理人等公开两类。

一是规定了四种可以依申请向当事人等公开的法律文书："人民检察院
制作的下列法律文书，可以向当事人及其法定代理人、近亲属、辩护人、
诉讼代理人等提供查询：（一）未向社会公开的起诉书、抗诉书、不起诉决
定书；（二）逮捕决定书、不予逮捕决定书；批准逮捕决定书、不批准逮捕
决定书；（三）撤销案件决定书；（四）赔偿监督申请审查结果通知书、赔偿
监督案件审查结果通知书。"此类文书按规定应当送达当事人，但为了更加
便利当事人，《公开规定》第八条规定如果当事人及其法定代理人、近亲
属、辩护人、诉讼代理人等申请，检察机关可以提供查询。

二是为了使公开的法律文书涵盖"四大检察"工作，对于面向全社会

公开的法律文书种类进行了适度增加，增加公开民事检察、行政检察、公益诉讼检察工作法律文书，包括"（一）民事抗诉书、再审检察建议书、不支持监督申请决定书、复查决定书、终结审查决定书等民事检察法律文书；（二）行政抗诉书、再审检察建议书、不支持监督申请决定书、终结审查决定书等行政检察法律文书；（三）民事公益诉讼起诉书、行政公益诉讼起诉书"（《公开规定》第十九条）。修订之初，行政检察只将行政抗诉书列为向社会公开的内容，后根据最高人民检察院领导指示，将行政检察公开案件范围与民事检察保持一致。这里还需要强调的是，人民检察院公开发布社会广泛关注的、具有一定社会影响的法律文书，或者发布具有示范引领效果、促进社会治理的法律文书时，《公开规定》将原《试行规定》中"应当发布"修改为了"可以向社会公开"（《公开规定》第十八条），不再强制要求检察机关制作的所有起诉书、抗诉书、不起诉决定书、刑事申诉结果通知书都必须面向社会公开，而是检察官在严格审查不会对国家安全、政权安全和社会稳定造成影响，不会引起舆论风险的基础上，再面向社会发布。

（五）关于禁止公开的五个方面

虽然信息公开理念变化，但是信息公开的原则没有变，即"安全"是底线，也就是说必须遵守、绝对不能逾越。重点是五个方面：

一是国家政治安全，法律文书中含有政治类敏感信息、可能危害政治安全的信息，不得向社会公布。

二是社会秩序安全，法律文书中含有可能危害社会稳定的信息、可能引发负面舆情的信息、可能在社会上造成不良影响的信息，不得向社会公布。

三是国家秘密和商业秘密，对涉及国家秘密、商业秘密的案件信息，不得向社会公开。

四是检察工作秘密：（1）对人民检察院的内部工作性文书，不得向社会公开；（2）对正在办理的案件，不得向社会发布有关案件事实和证据认定的相关案件信息；（3）对涉及技术侦查措施的信息，应当屏蔽。

五是个人隐私：（1）对涉及个人隐私和未成年人犯罪的案件信息，不得向社会公开；（2）对于与公众了解案情无关的自然人"民族""宗教信仰"等个人信息，应当进行屏蔽。

以上五个方面，是严禁公开，必须确保安全的。一定要谨记、再谨记。

（六）关于法律文书公开的限制性规定

原来的法律文书公开没有限制性规定，而这次两种法律文书公开都有限制性规定。

第一种，刑事案件的法律文书公开，原来是没有限制性规定的，如原《试行规定》第十八条规定："人民检察院制作的下列法律文书，应当在人民检察院案件信息公开系统发布：（一）人民法院所作判决、裁定已生效的刑事案件起诉书、抗诉书；（二）不起诉决定书；（三）刑事申诉复查决定书……"而修订后的《公开规定》第十八条规定，对刑事案件起诉书、抗诉书，不起诉决定书，刑事申诉结果通知书，这四种法律文书如果要公开，都增加了限制性规定，即"人民检察院办理社会广泛关注的、具有一定社会影响的案件"。也就是说，如果是"社会广泛关注的、具有一定社会影响的案件"的四类法律文书，才可以公开，这里注意是"可以"。如果不是"社会广泛关注的、具有一定社会影响的案件"的四类法律文书，就可以不公开。

第二种，民事、行政、公益诉讼的法律文书的公开，这是新增加的公开内容，也有限制性规定，即"人民检察院办理的具有示范引领效果、促进社会治理的案件"。也就是说，如果是"具有示范引领效果、促进社会治理的案件"涉及的民事、行政、公益诉讼的法律文书，才可以向社会公开。这里注意仍然是"可以"。如果不是"具有示范引领效果、促进社会治理的案件"涉及的民事、行政、公益诉讼的法律文书，就可以不公开。检察官一定要谨慎，把握不准就不要公开，公开的都是把握准的，不能出现问题。

（七）关于特殊案件发布的限制规定

案件信息、业务数据、法律文书可以公开的范围，除了在内容方面都有限制性规定外，如果涉及三类具体案件，在发布前还有程序性限制。这三类案件分别为：第一类是重大、敏感案件，主要包括：（1）涉及国家安全的案件；（2）具有重大社会影响的涉外案件和涉及港澳台地区的案件；（3）可能引发群体性事件、极端事件的案件；（4）可能引发涉检舆情或者社会高度关注的案件；（5）其他重大、敏感案件。对这类重大敏感案件，在发布前应当报上级人民检察院批准。第二类是上级人民检察院交办、督办的案件，在发布前应当报上级人民检察院批准。第三类是在全国范围内有重大影响的案件，在发布前应当层报最高人民检察院批准。在全国范围内有重大影响的案件，一般是大案、要案，但是有些小案也有可能，一定要明确这点。

我们只有掌握这些限制性规定，严格执行这些限制性规定，才能在信息公开中不犯错误、少犯错误。这里强调三点：第一，严禁公开的内容，绝对不能公开；第二，可以公开的内容，必须增加限制性规定；第三，即使符合限制性规定的可以公开的案件，还要注意程序规定。只有把这三点都考虑了，才不会犯低级错误。

（八）关于法律文书公开信息屏蔽的问题

此次修改突出强调对公民个人隐私的保护。

一是细化了隐名和屏蔽处理的规定。《公开规定》第二十一条规定："根据本规定第二十条进行隐名处理时，应当按以下情形处理：（一）保留姓氏，名字以'某某'替代；（二）复姓保留第一个字，其余内容以'某某'替代；（三）对于少数民族姓名，保留第一个字，其余内容以'某某'替代；（四）对于外国人、无国籍人姓名的中文译文，保留第一个字，其余内容以'某某'替代；对于外国人、无国籍人的英文姓名，保留第一个英文字母，隐去其他字符；（五）对于企业当事人的名称中有所在地的，保留所在地，其余以'某某企业'替代；对于企业当事人名称中没有所在地的，直接以'某某企业'替代。对不同姓名隐名处理后发生重复的，通过在姓名后增加甲乙丙丁、阿拉伯数字等进行区分。"这里需要强调的是，只要是公开的文书中含有政治类敏感信息、词汇，与案件无关的宗教信仰、民族信息等内容，文书公布有可能造成不良社会影响，被别有用心之人利用的，公开文书时都应当作屏蔽处理，不论其身份是嫌疑人还是被害人，更加不能错误援引不当涉政言论，造成二次传播。法律文书公开最基本也是最重要的出发点即是保障国家政治安全、社会大局稳定，不能给不法分子留有一点空间。

二是对屏蔽规则进行了调整。《公开规定》第二十二条规定："人民检察院在'12309 中国检察网'公开法律文书，应当屏蔽下列内容：（一）与公众了解案情无关的自然人信息，如：家庭住址、通讯方式、公民身份号码（身份证号码）、社交账号、银行账号、健康状况、车牌号码、动产或不动产权属证书编号、工作单位……"该规定增加了自然人民族、身份证号码、社交账号、车牌号码等屏蔽内容，突出了对公民个人信息的保护。

三是明确规定"民族""宗教"信息应予屏蔽。例如，《内部细则》第十九条规定："人民检察院向社会公开的法律文书，应当注重对个人隐私的保护，对于与公众了解案情无关的自然人'民族'和宗教信仰等个人信息应当进行屏蔽。"

（九）关于严格法律文书公开审核的问题

童建明副检察长在全国检察机关第二次案管工作会议上对案件信息公开工作专门作了强调，他指出："案件信息公开是服务人民群众、接受社会监督的重要方式，要积极稳妥推进。'积极'就是要态度坚决，除特殊情况外，能公开尽公开。'稳妥'就是要做好审核和信息屏蔽工作，对于应当公开的法律文书，严格按照要求进行技术处理，确保不将有安全隐患的文书纳入公开范围。"此次新拟定的《内部细则》建立了严格的审核机制，对拟公开的案件信息需要经谁审批、履行什么样的审批程序都作了详细的规定，目的就是确保不将"带病文书"纳入公开范围。《内部细则》第九条规定："各级人民检察院向社会发布的案件信息，应当由案件办理部门负责拟制，经分管副检察长或者检察长批准后，由本院负责新闻宣传的部门发布。"《内部细则》第十条规定："对于重大、敏感案件以及上级人民检察院交办、督办的案件，在向社会发布案件信息前应当报上级人民检察院批准；对于在全国范围内有重大影响的案件，在向社会发布案件信息前应当层报最高人民检察院批准。上级人民检察院可以与下级人民检察院同步发布已经获得批准的重要案件信息。"《内部细则》第二十条规定："人民检察院向社会公开的法律文书应当由案件承办检察官依据保密审查和技术处理规范负责拟制，交部门负责人审批后，报分管副检察长或者检察长批准，最后交由专人审核后，提交负责案件管理的部门复核、发布。"《内部细则》第二十一条规定："各级人民检察院应当指定至少两人，负责对本院法律文书公开前的专门审核工作。"各地在接下来的案件信息公开过程中，要尤为重视这个问题。尤其是在办理涉政类案件时，各地要增强办案的政治自觉、检察自觉、法治自觉，切实办好敏感案件，保持高度的警惕，不得援引政治谣言和有害信息，以防止二次传播，对能公开法律文书严格履行审批程序，坚决维护网上政治安全和意识形态安全。

（十）关于刑事案件起诉书、抗诉书等法律文书公开时间的问题

《试行规定》明确，对于刑事起诉书、抗诉书等，应在收到法院生效判决、裁定后十日以内进行公开。有的地方反映，因检察机关无法第一时间了解案件裁判情况、无法及时收到生效裁判等原因，导致刑事案件的起诉书、抗诉书公开不及时的情形在一定程度上存在。在《检务公开工作细则》制定过程中，大家普遍担忧在法院没有作出生效裁判前，公开检察机关的相关文书，可能会带来负面舆情，给检察工作造成被动，故其最终规

定"公开检察法律文书，应当在案件办结后或者在收到人民法院生效判决、裁定后 10 个工作日以内，经规定程序审核批准后向社会公开"。此次拟定的《内部细则》将法律文书公开的时间规定在第二十一条："案件承办检察官在案件办结后或者在收到人民法院生效判决、裁定后，应当及时依照相关规定，对需要公开的检察办案法律文书做出保密审查和技术处理，并严格按照审批程序予以公开"。第二版修订稿将此条规定在《公开规定》中，案管办根据要求将其调整到了《内部细则》，并将"10 日"修改为"及时"，不再强制要求检察官收到人民法院判决后 10 日内公开，而是给予承办检察官充足的时间审查，屏蔽相关内容，审慎、规范地做好文书公开，确保不出现政治问题。**这里需要强调的是，不再要求"10 日"并不意味着检察官可以延、拖，甚至不公开，各地在执行时要具体问题具体分析，对不属于不应当公开范围的文书要督促检察官及时公开，确保"能公开"的文书"尽公开"。**

（十一）关于信息公开各部门职能分工的问题

案件信息公开是检察机关接受人民群众监督、提高司法公信力的重要途径，不是案管办一家的事情，检察机关内部各部门应当通力合作，共同做好信息公开工作，努力践行检察机关司法为民的职责和使命。此次修改对各业务部门、案管部门和新闻宣传部门在信息公开的分工作了明确规定，确保信息公开环环相扣，规范安全地对外公开。《内部细则》第十四条规定，"各级人民检察院向社会发布的检察业务数据，应当由负责案件管理的部门拟制，经负责新闻宣传的部门审核，报分管副检察长审批后，由负责新闻宣传的部门发布"，明确检察业务数据的发布由负责新闻宣传的部门负责。第十五条规定，"人民检察院发布业务数据涉及尚未公开的数据的，应当由相关部门会同新闻宣传部门共同研究决定，并履行审批程序"，新闻宣传部门对检察机关对外发布的信息要进行审核把关，确保不出现失泄密和舆论风险。第二十条规定，"人民检察院向社会公开的法律文书应当由案件承办检察官依据保密审查和技术处理规范负责拟制，交部门负责人审批后，报分管副检察长或者检察长批准，最后交由专人审核后，提交负责案件管理的部门复核、发布"，明确了检察机关法律文书发布的主体，细化了审批的程序。第二十五条规定，"人民检察院开展案件信息公开工作，各相关部门应当分工负责，相互配合……"明确了各部门在案件信息公开工作中的职能职责，应当分工负责、相互配合，合力做好案件信息公开工作。

（十二）关于案件信息公开纳入检察人员业绩考核的问题

最高人民检察院党组高度重视检察官业绩考评工作，积极推动建立科学的检察官业绩考评机制，要求切实把党中央的决策部署通过考评传导至基层、压实到检察官。最高人民检察院政治部、案件管理办公室组织编写了《〈关于开展检察官业绩考评工作的若干规定〉理解与适用》一书供各级院参考学习。案件信息公开是案件办理的一部分，此次修改也将案件信息公开工作纳入了检察人员业绩考评，在《内部细则》第二十九条规定了"案件信息公开工作是办案工作的重要组成部分，应当纳入检察人员业绩考核"。需要说明的是，《内部细则》只作了原则性规定，各地要在实践中结合本院具体情况制定相应的考核细则，目的是促进每一名检察官把服务大局、司法为民的政治要求转化为办案的自觉行动。

（十三）关于依托"数字案管"建设推进案件信息公开的问题

厘清三个概念，信息化、数字化、智能化。首先是**信息化**，信息化就是计算机化、网络化，把业务从线下搬到线上，比如我们的检察业务应用系统 1.0、1.5、2.0 都是信息化，把我们的业务程序流程从线下搬到了线上；信息化的核心是程序，通过程序以线性的流程处理数据，而且最初导入的数据仍然要依赖大量的手工填入；从纸质文本到信息化，是 0 到 1 的关系。其次是**数字化**，数字化的基础是信息化，而核心是数据，在信息化这个高速公路上，我们抓取数据、汇集数据，并且通过设计好的规则，让数据自动化地去运转、碰撞、分析；譬如通过抓取海量文书信息，既能实现案卡自动填录，又能优化数据质量，还能专题分析；从信息化到数字化，是从 1 到 100 的关系。最后是**智能化**，在信息化和数字化的基础之上，通过人工智能技术来实现智能化，智能化的核心是机器的自我学习和决策，机器能够在海量数据中自我学习，某种程度超越人的掌控，实现自我更新、自我制定规则、自我决策，给我们带来真正的智慧时代。从数字化到智能化，是 100 到 100 万的关系。

案件信息公开作为数字案管的一部分，要进一步转变观念、创新机制，积极稳妥地推进。要严格按照《试行规定》《内部细则》，坚持"能公开尽公开"的原则，一是利用信息化自动选择公开内容。利用信息化手段，对拟公开的案件信息予以风险评估、自动筛查，再通过人工的方式，对公开案件信息进行审核。通过信息化与人工相结合的方式，实现案件信息公开的半信息化。二是利用数字化的案管软件，通过关键词筛查的方式，定期或不定期对即将公开或已公开的法律文书进行自动全面搜索，及时发现可能存在公开舆情风险、不符合公开的文书，及时予以撤销，实现案件信息公开信息化与数字化相结合。三是对于已经公开案件信息适时进行智能化的动态巡查，发现具有特殊敏感信息的，系统进行自动屏蔽、替换等方式，探索利用智能化代替人工审核，确保公开的案件信息能够实现政治效果、社会效果、法律效果的统一。

第十讲

检察法律文书释法说理工作的
实践样态与制度完善 *

习近平总书记强调："法律并不是冷冰冰的条文，背后有情有义。要坚持以法为据、以理服人、以情感人，既要义正辞严讲清'法理'，又要循循善诱讲明'事理'，让当事人胜败皆明、心服口服。"司法因公正而明、因认同而威。检察机关的法律监督工作，说到底就是要靠一份份具体的法律文书落实下去。如何通过法律文书保证法律实施、赢得群众认同，是检察机关必须认真研究的课题。下面，我主要从五个方面和大家进行交流。

一、检察法律文书释法说理概述

要做好这项工作，首先要厘清几个概念：什么是检察法律文书？什么是法律文书释法说理？两者是什么关系？

＊本讲内容根据 2022 年 8 月国家检察官学院专题培训班讲课稿整理（有修订）。

（一）关于检察法律文书

检察法律文书是各级人民检察院为实现法律监督职能，依法制作的具有法律效力和法律意义的司法公文。因此，检察法律文书首先是案件办理的客观记录，是各级检察院行使检察权的重要文字凭证；其次，检察法律文书是保证法律实施的重要工具，是办案质量的直观反映，也是法治宣传的重要材料。

目前，全国检察业务应用系统 2.0 中，共设置检察法律文书、检察工作文书 4574 个，其中检察法律文书 2716 个，检察工作文书 1858 个。这里的"检察法律文书"是狭义的概念，主要是指可供律师和当事人等查阅的具有严格法律效力的司法文书，而检察工作文书则主要是检察机关内部工作的相关文书。本讲谈检察法律文书的释法说理，多指狭义的检察法律文书。

（二）关于释法说理

释法说理，简单说就是解释法律、阐述道理，把案件中包含的"天理、国法、人情"讲清楚、说明白，让当事人和社会公众能听懂、理解、服气、满意，从而达到既"案结事了人和"，又传播司法真情、传递司法温度的目的。

释法说理的主体既可以是案件承办检察官，也可以是其他人员，如新闻发言人；形式既可以是书面的，也可以是口头的；时机既可以是办案过程中，也可以是案件办结后；对象既可以是当事人，也可以是固定群体或社会公众。

（三）关于检察法律文书释法说理

1. 概念

检察法律文书释法说理，是释法说理方式之一，而且是重要的方式。最高人民检察院印发的《关于加强检察法律文书说理工作的意见》（高检发研字〔2017〕7号），对检察法律文书释法说理作出了解释：检察法律文书说理，是人民检察院在制作检察法律文书时，或者应有关人员请求，对文书所载的处理决定依据的事实、证据、法律、政策等进行分析阐述、解释说明的活动。

2. 检察法律文书与释法说理的关系

检察法律文书是释法说理的载体，释法说理是检察法律文书的必备内容。释法说理对于检察法律文书的作用，主要表现在三个方面：一是强化检察法律文书的合法性、合理性和正当性。检察法律文书赖以存在的基础是其合法性、合理性和正当性，而释法说理就是检察机关通过对自身监督办案活动的法律解释和说理论证，强化法律文书的公信力、案件处理结果的可信度，从而增强检察法律文书的合法性、合理性和正当性。二是有助于实现检察法律文书的法治教育功能。检察法律文书具有法治教育功能，主要通过释法说理实现。有人说："一份优秀的法律文书，就是一道靓丽的司法风景，而文书说理部分则是这道风景中的灵魂。"三是有助于改变人们对检察法律文书刻板印象。通过释法说理，使威严的法律有了司法温度，有了人情味，彰显了司法温情，拉近检察机关与当事人和社会公众的心理距离。

3. 检察法律文书释法说理的具体理解

检察法律文书释法说理要从以下六个方面来理解：

第一，释法说理的载体是通过人民检察院在履行法律监督职责过程中制作的各类检察法律文书进行释法说理。也就是说，不是通过新闻发布会，不是进校园、进单位的专门法治宣传，只是通过法律文书进行释法说理。

第二，释法说理的要点是检察法律文书所载的处理决定依据的事实、证据、法律、政策以及主流价值观等。

第三，释法说理的主体是办理案件的检察官，突出了检察官的主体地位和独立性，也就是要求检察官在办案过程中释法说理，落实"谁执法谁普法"的普法责任制。

第四，释法说理的对象是当事人及其法定代理人或者近亲属、控告人、申诉人、赔偿请求人或者其他与案件有关人员，同时还包括社会公众、法院、公安机关。

第五，释法说理的方式是主动说理和依申请说理相结合、书面说理和口头说理相结合。

第六，释法说理的目的在于依法向说理对象阐明事实、释明法理、讲明情理，争取内心认同，最终实现"案结事了人和"，维护社会稳定，促进社会和谐。

二、检察法律文书释法说理工作的发展历程

最高人民检察院推动检察法律文书释法说理工作，经历了认识逐步深化、机制逐步建立、力度逐步加大的过程。大致可分为三个阶段：

第一阶段：纳入检察改革规划。早在 2000 年，最高人民检察院在《检察改革三年实施意见》中，针对检察法律文书制作简单、缺乏说理等问题，

提出了具体要求，"改革检察机关法律文书，本着诉讼经济、增强法律文书的说理性、权威性的原则，简化检察法律文书的种类和内容，对起诉书等法律文书的格式、要素进行改革，强化对证据、案件事实的分析论证，提高检察法律文书制作的质量"。2009 年 2 月，最高人民检察院出台《关于深化检察改革 2009—2012 年工作规划》，又提出新的要求："健全办案公开机制和检察文书说理制度，进一步规范当事人权利义务告知制度，最大限度地增加检察工作透明度，满足人民群众对检察工作的知情权、参与权、监督权。"这一阶段，检察法律文书释法说理逐步引起了重视，纳入检察改革实施意见或工作规划，但是只停留在规划要求的层面，没有研究制定具体操作规范，各地落实情况参差不齐。

第二阶段：建章立制。这一阶段相继制定、完善释法说理文件，推动和规范释法说理工作。最高人民检察院 2011 年出台《关于加强检察法律文书说理工作的意见（试行）》，2017 年根据监督办案实践进行了修订，同年 7 月《关于加强检察法律文书说理工作的意见》印发实施；2017 年 6 月，出台《关于实行检察官以案释法制度的规定》，推动落实中共中央办公厅、国务院办公厅印发的《关于实行国家机关"谁执法谁普法"普法责任制的意见》。这一阶段，从最高人民检察院层面来讲，完成了建章立制，加强了对检察法律文书释法说理的指导和规范，但具体的推动落实工作有待进一步开展。

第三阶段：推动落实。2018 年以来，最高人民检察院党组高度重视法律文书释法说理工作。各地检察机关积极完善释法说理工作机制，采取开展检察法律文书评比、规范案件信息公开等方式，实质性地推动这项工作开展。2021 年 6 月，《中共中央关于加强新时代检察机关法律监督工作的意见》明确提出"加强法律文书说理和以案释法"的要求。2021 年 7 月，最高人民检察院党组会决定，"抓实法律文书释法说理工作，向全国检察机关通报一批释法说理不充分的法律文书"。从各地报送的 2018 年以来不合格案件中，评出 6 类 7 份释法说理不充分、质量效果较差的法律文书，包括不批准逮捕理由说明书、补充侦查提纲、不起诉决定书、刑事申诉复查通知书、刑事申诉审查结果通知书、公益诉讼检察建议书等，形成《关于说理不充分检察法律文书的通报》。2021 年 11 月 15 日，正式向各地检察机关进行通报。这是最高人民检察院层面首次直接推动法律文书释法说理工作落实。

2022 年初，最高人民检察院案管办把刑事检察释法说理优秀法律文书评选活动纳入案管工作要点，并于 2 月印发开展评选活动的通知。最高人民检察院从各地报送的 1958 份法律文书中，评选出 80 份刑事检察优秀释法说理法律文书，于 7 月进行了通报，并通过《检察日报》进行了宣传。

通过两次通报活动，我们发现了一批优秀的释法说理法律文书，有的法律文书在社会上引起强烈的反响，产生很好的社会效果。比如，张扣扣案二审出庭意见书、杭州自诉转公诉案的公诉意见书等，都属于"教科书式"的释法说理文书。同时，我们也发现很多问题，一句话说理、不规范说理、不论证说理的问题比较突出。甚至 2022 年各地选送参与评优的法律文书中，部分也存在说理简单化、表面化、不充分、不到位等问题。各地共报送了 1958 份法律文书，只勉强评选出 80 份优秀文书，这说明检察机关法律文书释法说理工作还有很长的路要走。

三、加强检察法律文书释法说理工作的重要意义

有的同志认为，作为一线办案人员，只要严格依法把案件办好就可以了，为什么还要加强法律文书释法说理工作？实际上，这种观点是错误的，人民群众对公平正义的感知，正是通过一份份法律文书来具体实现的。

习近平总书记提出，"让人民群众在每一个司法案件中感受到公平正义"。应勇检察长指出，正确理解和落实习近平总书记这一重要指示要求，必须做到：实体上，要切实维护执法司法公平正义；程序上，要让公平正义更好更快实现；效果上，要让人民群众真正可感受、能感受、感受到公平正义。**让人民群众真正可感受、能感受、感受到公平正义，就必须加强法律文书释法说理工作**。因此，不能把这项工作的地位看低了、作用看小了，要有很高的政治站位，放到讲政治的高度、放到以人民为中心的高度去认识、看待和推动、落实。

（一）加强检察法律文书释法说理工作，是检察机关义不容辞的"政治责任"

党的十八届四中全会决定明确要求把全民普法和守法作为推进依法治国的长期基础性工作，实行国家机关"谁执法谁普法"的普法责任制。2017 年 5 月，中央办公厅、国务院办公厅印发了《关于实行国家机关"谁执法谁普法"普法责任制的意见》，建立法官、检察官、行政执法人员、律师等以案释法制度。法官、检察官在司法办案过程中要落实好以案释法制度，利用办案各个环节宣讲法律，及时解释疑惑。判决书、裁定书、抗诉书、决定书等法律文书应当围绕正义焦点充分说理，深入解读法律。2021

年，《中共中央关于加强新时代检察机关法律监督工作的意见》要求"积极引领社会法治意识"，专门强调要"加强法律文书说理和以案释法"工作。以上这些要求表明，普法不是一般性的工作要求，而是通过党的决定、党的文件明确的政治任务、政治责任。落实这一政治任务、政治责任，检察官是主体，检察监督办案是"主战场"，检察法律文书释法说理则是重要载体和形式。所以说，**检察法律文书释法说理不是可有可无的办案辅助，而是一项重要的政治任务、政治责任。要把检察法律文书释法说理当作政治任务、政治责任，真正刻在心里，扛在肩上。**

（二）加强检察法律文书释法说理工作，是检察机关赢得人心的"民心工程"

检察机关办理的案件绝大多数都发生在群众身边，对检察官来说，也许只是一个案件、一项工作，但对当事人来说，却是"天大的案子"。因此，我们办理的不仅仅是案件，更是当事人的人生。**既然案件关乎民生、民心，那么法律文书释法说理就是呵护民生、赢得民心的重要途径。**比如，当事人案件经过一审二审，为什么还要申诉，就是纠结在"'我的理'你为什么听不进去？我没有错凭什么输官司？始终过不了的就是这个'心结'"。这个时候，通过法律文书充分释法说理，讲清楚法院裁判为什么正确，讲清楚他的"理"问题出在哪儿，才有可能够实现息诉罢访。**所以说，释法说理，解的是"心结"，赢的就是民心。**再比如，当事人满怀希望来申诉上访，我们给他的答复是一纸冷冰冰的法律文书："法院裁判正确，不支持监督申请"，不释法说理，或者应付说理，当事人是什么感受？有人说，不说理的法律文书反映了司法机关的傲慢与无情。说得并不过分。所以说，**释法说理，才能让威严的法律以柔软的方式走进老百姓的心中，使其感受到司法温情**。还比如，检察人员在监督办案中，主动向案件当事人和社会公众解读党的大政方针、党的重大决策部署，就能让当事人、社会公众更多地了解党的主张、党的政策，为党赢得人民群众的信赖和支持。比如，办理企业合规案件，通过法律文书，讲清楚党中央安商惠企的法治考量，就能让涉案企业感受到受惠于党的政策。以上我们可以看到，**法律文书释法说理，不是单纯的业务问题，而是赢得人心的"民心工程"，民心就是最大的政治。要把这项工作当作"民心工程"，让人民群众体会到司法温情，有更好更优的司法获得感。**

（三）加强检察法律文书释法说理工作，是实现个案公平正义的本质要求

公平正义是每一个法律人必须站稳的政治立场，失去了这个立场，就会与法治初衷背道而驰。一方面，从对检察官自我约束角度看，检察办案是体现检察官主观认识的过程，如果不加以约束，难免会出现主观臆断。要求法律文书的说理充分全面，就要求检察官必须对自己所做的处理结果进行解释说明，不仅要说服自己，还要说服别人。如果不公平公正，就难以自圆其说。从这个意义上讲，检察法律文书释法说理就是对检察官的监督和约束，是实现个案公平正义的基石。另一方面，从检验个案公平正义的标准看，个案是不是公平与正义，谁说了算？不是由司法机关说了算，**法院的判决、检察院的决定，并不是公平正义的最终标准，人民群众的直**

观感受才是标准。为什么有些时候司法机关依法做出了正确的处理，还有那么多申诉、上访？是因为当事人不服。为什么不服？因为没"感受到"公平正义。也就是说，实现个案公平正义不仅要求处理过程看得见，也要求处理结果说得清、讲得明。在法律文书中告诉当事人和公众为什么要作出这样的判断，要有详细、充分的理由分析，要讲道理。这样的处理结果才可能被广泛认同，才可能真正达成个案的公平正义。从这个意义上讲，释法说理就是保证老百姓信赖案件处理结果，实现个案公平正义的基石。

（四）加强检察法律文书释法说理工作，是检察机关助力社会治理的重要手段

检察官在检察法律文书中进行释法说理，要让社会公众知道法律提倡什么、反对什么，鼓励什么、限制什么，发挥规范社会秩序、服务社会治理的积极作用。充分发挥法律文书释法说理在国家治理、社会治理中的规则引领和价值导向作用，就是要通过释法说理，积极参与、融入社会治理、国家治理的实践之中。南京彭宇案法官的那句"不是你撞的为什么要扶"？这句话就是"说理"，但是说错了，让整个社会陷入"扶不扶""救不救""管不管"的法律与道德的两难困境之中，从反面验证了释法说理对社会规范的引领作用。所以，我们要将良法善治融入法律文书释法说理。比如，在办理英烈保护公益诉讼案件、正当防卫认定案件以及其他社会广泛关注的案件时，可以融入主流价值观进行释法说理，用司法公正引领社会公正，让遵法守纪者扬眉吐气，让违法失德者寸步难行，形成社会共鸣，使检察机关法律文书的释法说理内容产生普遍的认知引导和行为指引的价值。

（五）加强检察法律文书释法说理工作，是树立良好检察形象的重要途径

要把检察法律文书释法说理工作上升到维护检察形象、维护党的形象的政治高度来看待。前些年，人们遇到案件打官司，首先想到是托人找关系。为什么？就是因为司法机关缺乏公信力。这个公信力源于司法机关的形象。检察机关的形象靠每一个个案的公平正义累积实现，但毁掉检察机关形象，一个案件就足够了。比如，辽宁省某区检察院孙某检察官在庭审现场说："在我们司法机关当中，收受贿赂不办事，正说明了司法工作人员保证了道德底线。"被网民戏称为"底线雷语"，这就是对公众进行了一场负面的释法说理，损害了检察队伍形象。而一份高质量的释法说理法律文书，则会为检察机关赢得形象。我们都知道，陕西省院办理张扣扣故意杀人、故意毁坏财物案二审检察员出庭意见书，就是释法说理的优秀代表，网上评价为"堪称经典"，通过"教科书式"的释法说理，平息网上各种不平和猜疑，树立了检察机关公正司法的良好形象。所以说，**检察法律文书释法说理，事关司法公信力，事关检察机关形象。在人民群众心目中，检察机关的形象就是党的形象。**

四、检察法律文书释法说理工作存在的主要问题及原因分析

（一）存在的主要问题

1.结论化，不释法说理

现在的法律文书中，对案件涉及的是否构成犯罪、构成何种犯罪、量

刑情节轻重等法律问题，有的简单套用以往的文书模板，概括说明处理结论，不对处理结论作任何解释说明，"只下结论不给理由"，给人以臆断、武断的感觉。有的只简单引用法条作出处理结果，缺少实质性的事实、法律分析说理，看不出案件事实的认定过程，千案一面、千篇一律。

比如，2021年通报的某县人民检察院刑事申诉复查通知书，介绍基本案情后，只有一个结论性的叙述：经本院审查认为，根据本院检察委员会的决定，原生效判决不存在错误，本案不符合抗诉条件，本院决定不提请抗诉。我们抽查各地相关文书，这种模式占大部分。刑事申诉审查结果通知书没有体现对证据的分析论证，没有针对申诉人申诉理由的说明，更不用说融合法、理、情充分说理了。从实践的角度来说，大部分当事人之所以控告、申诉，自身都有一定的证据基础和法律依据，其是感觉裁判不公才申诉的。检察人员复查后就一句"原生效判决不存在错误"，当事人是什么感受？能否做到"案结事了人和"？可以说，目前这种结论化检察法律文书不在少数。

2. 概念化，说理抽象空洞

有的检察法律文书在表述案件事实时，经常以概念化、公式化的结论代替情节，过于抽象，给人以事实空洞的感觉。比如，以"动机卑劣"形容犯罪动机，以"无视法律"形容主观恶性等，释法说理不具体，等于没有说理。常见的还有：以"因琐事"表达案件起因，以"事实不清、证据不足"代替分析论证，以"合理怀疑无法排除""承担举证不能的不利后果"笼统表述申请监督理由不成立，等等。又如，某区检察院的一份不批准逮捕理由说明书，叙述理由是：犯罪嫌疑人赵某某涉嫌容留、介绍卖淫罪的事实不清，证据不足。常见的不批准逮捕理由说明书，基本上就这么一句话，用"事实不清，证据不足"一个概念化的语言，代替了具体说理。没有依据审查认定的事实和法律规定详细说明不批准逮捕理由，缺少对认定的案件事实及相关证据的分析论证，也没有结合犯罪情节、社会危害性以及认罪悔罪态度等进行综合评价。这样的决定侦查机关能认可吗？概念化、公式化地说理，等于没有说理。

3. 堆砌化，只罗列不说理

堆砌化的主要表现是：对事实，一般做直白描述；对证据，往往是逐一罗列，简单堆砌，简单陈述该证据证明何种事实；对证据的取舍，没有作出说明；对证据的"三性"及证明力，不作深入分析论证；对是否形成有效、充分的证据链，不进行论证；对有分歧的证据，不作具体分析、认证，并阐明认证的理由；对犯罪嫌疑人或被告人有利的证据，往往不进行说理等。抽样中大部分起诉书，只按照证据顺序笼统列出而且是不完全列出，细节事实有什么证据材料加以证明时叙述不详细不具体，更不说明采信理由与依据。此类文书只罗列证据不说理是个普遍现象。

4. 片面化，释法与说理不融合

片面化表现为情理入法的限度把握不好，法理情融合度不够。一种表现是只释法不说理，只重法理忽视情理。对案件事实、证据采信、法律适用等方面能够有较充分的叙述和论证，但法理情不融合，不能结合当事人年龄、身份以及社会主义核心价值观、公序良俗、本地风土人情等进行说理，不能做到情理入法，接受度、认可度不高。另一种表现是情理说理超越限度。有的强说理，脱离当事人的诉求，说理的角度过分宽泛，思维过于发散，甚至超越法律的限度，说理没有意义；有的滥用情理。比如，某区法院在一份离婚判决书中，引用《圣经》展开说理，以西方宗教教义规劝中国当事人，引发很大的争议。

5. 模糊化，缺乏针对性

有的检察法律文书在释法说理时抓不住关键要害。没有抓住案件问题的重点和争议的焦点，对适用法律方面有争议的案件，却着力于对事实认定的说理；对所采用的证据有争议的案件，不对证据采信方面进行详细说明，却在法条援引上大加议论，导致法律文书的逻辑混乱，影响释法说理的效果。释法说理的对象包括当事人及其法定代理人或者近亲属、控告人、申诉人、赔偿请求人或者其他与案件有关人员，同时还包括社会公众，有时法院、公安机关也是说理对象。有的法律文书不能根据说理对象的不同特征进行说理，不能结合说理对象的年龄、知识结构、身份特征等，致使说理脱离现实，缺乏针对性。

6. 简单化，说理不充分

检察法律文书赖以存在的基础是其合法性、合理性和正当性，而释法说理就是检察机关通过对自身监督办案活动的法律解释和说理论证，强化法律文书的公信力、案件处理结果的可信度，从而增强检察法律文书的合法性、合理性和正当性。不可否认，大部分检察官重视在法律文书中释法说理，但是通过采用模板化、形式化的语言轻描淡写、一带而过，说理比较简单，论证也比较苍白；有的顾此失彼，挂一漏万，甚至刻意规避一些重点问题。这种说理方式，质量不高，层次还比较浅，检察法律文书的说服力自然会受到影响，很难做到以理服人。

7. 学术化，不接地气

释法说理的目的在于依法向说理对象阐明事实、释明法理、讲明情理，争取内心认同，最终实现"案结事了人和"，维护社会稳定，促进社会和谐。各类法律文书大多都有自己的格式规范和语言要求，但实践中有的检察法律文书过分追求法言法语的专业化，特别是面向当事人和社会公众的法律文书，缺少灵活性，全是晦涩的法条，生僻的法律术语，缺少"烟火味"和"人情味"，没有亲切感，不接地气。甚至有的检察法律文书当事人读都读不懂，谈何对检察机关、对法律法规的内心认同。

（二）问题产生的原因分析

1. 主观认知制约——不信释法说理

主观认知制约主要表现为对释法说理的重要性缺乏认知，认为是办案的辅助，不会有太大的价值和功能，没有认识到释法说理是政治任务、政治责任，也没有认识到释法说理对于个案公平正义、提升司法公信力的重要作用。对释法说理价值功能的不信服，必然导致落实自觉性、主动性不高。

2. 传统观念影响——不重释法说理

一方面，部分司法办案人员受重实体轻程序传统观念的影响，也多以追求实体公正为价值目标，忽视对当事人程序性保障机制的建设，导致法律文书重判断轻论述、重结果轻过程。另一方面，当事人和社会公众由于很难看懂专业的法律条文和术语，便习惯性地跳过案件处理过程，只关注案件最终处理结果，当事人和社会公众的该传统观念也使检察人员错误认为，将案件结果通知当事人各方就能够息讼止争、解决争端。

3. "自保"意识作祟——不敢释法说理

当前，随着人民群众的法治观念普遍提高，对司法办案的关注度越来越高，特别是当下网络信息发达，司法人员在释法说理中稍有"漏洞"便很快被传播、放大，稍有不慎，自身就会成为"热点"。有人说，谨慎说理已经成为部分检察人员最佳的自我保护途径。因担心当事人在法律文书上找出破绽或胡搅蛮缠，担心被网上围堵，一些检察官对释法说理心存顾虑，有畏难情绪，即便理论水平高，办案能力强，但为避免"多说多错"、画蛇添足，往往有意减少对细节的描述，使用笼统概括的语言一概而过，含糊说理或抽象说理。

4. 办案压力增大——不愿释法说理

主要表现为办案压力下，心有余而力不足。体现在两个方面：一方面是员额检察官承担终身司法责任的压力增大，不得不把主要精力放在案件处理结果的正确上，不愿费时费力去释法说理；另一方面是近年来办案数量持续上升，同时办案的时效性要求更严，如果字斟句酌、鞭辟入里地详尽阐述每一起案件的事实、证据和法律，无疑进一步增大了工作量，加重了按期结案的难度和压力，所以有的检察官在释法说理方面能简则简、能省则省。

5. 制度规范缺失——不抓释法说理

从各级院的角度看，没有认真去抓这项工作，导致相应的制度规范缺失，释法说理工作缺乏指导和遵循。主要表现两个方面：一是制度规定粗化。当前检察机关仅有一个《关于加强检察法律文书释法说理工作的意见》作出粗线条的规定，少数地区制定了文件，但也基本上照搬照抄，没有对各类文书释法说理进行细化，缺少对具体法律文书细节上的规定和指引。二是文书设计不合理。现行的检察法律文书有叙述式和填充式两类，填充式法律文书占绝大多数，这类文书没有留出说理的空间，容易给检察官造成填充式检察法律文书不用释法说理的错觉；有的文书沿用传统习惯，如起诉书，大多按固定格式简单描述，即便是"犯罪事实和证据"部分也是简单罗列，"起诉理由和法律依据"部分，也少见充分说理论证。

6. 激励机制不健全——不求释法说理

有的检察官错误地认为法律文书释法说理是柔性工作，是办案的附属环节，做或不做没有刚性要求。特别是没有关于法律文书释法说理的考核激励机制，说不说理一个样、说多说少没差别，导致检察人员法律文书释法说理的积极性不高。

7. 能力素质欠缺——不会释法说理

法律文书释法说理不仅需要扎实的法律功底，还要有较强的综合分析能力、逻辑思维能力和文字写作能力，也就是说，释法说理要靠学问、靠阅历，还要靠技巧。部分检察人员，"除了法律，知之甚少"。有的检察人员出了大学的校门就进入检察院的院门，知识结构、生活阅历都比较欠缺，难以从广泛的社会生活经验中、从人之常情常理中、从个案的是非对错中，阐述法律规则的意义以及法治精神。有的检察人员受到写作水平及对法理、法律法规理解水平的限制，做不到结合具体司法案例详细全面地释法说理，释法说理更多地成为"法律文书的拓展版"。

五、优秀释法说理检察法律文书制作方法

检察法律文书释法说理的主体具有多样性，既可以是案件承办检察官，也可以是其他人员，如新闻发言人；形式既可以是书面的，也可以是口头的；对象既可以是当事人，也可以是固定群体或社会公众。不同文书有不同的制作标准和规范，在释法说理方面也有不同的要求。有的法律文书需要体现法律文书制作的全部要素，有的法律文书只需要其中部分要素；同样一种文书，根据不同案件，有的要进行详细释法说理，有时简单释法说理即可。所以，法律文书释法说理要根据不同类别法律文书、不同案件、不同诉讼阶段、不同对象，确定释法说理的内容和程度。但概括讲，要把握"四个理念""三项重点内容""五条基本原则"。

（一）四个理念

推动落实，认识先行。在不愿说、不敢说、不会说的现实状况下，推动检察法律文书释法说理工作需要坚持认知先行，提高认识，增强释法说理的政治自觉、法治自觉和检察自觉，必须坚持以下四个理念。

1. 释法说理是政治责任

把法律文书释法说理放在"依法治国、普法先行"的大战略里去思考；放在国家机关"谁执法谁普法"的责任制中去推动；放在贯彻《中共中央关于加强新时代检察机关法律监督工作的意见》文件精神，积极引领社会法治意识的高度去落实；放在宣讲传递党的大政方针、司法政策的层面去开展，始终把释法说理工作当作政治任务、政治责任，每办理一起案件、每起草一份法律文书，心中都想着这项任务、这份责任。

2. 释法说理是民心工程

要认识到检察法律文书释法说理不是单纯的业务问题，而是关乎民生、民心的大工程，需要怀着对人民群众的深厚感情去做这项工作。坚持通过释法说理，既解"法结"又解"心结"，拉近感情，赢得民心；坚持通过释法说理，让威严的法律以柔软的方式走进老百姓的心中，让人民群众感受到司法温情；坚持通过释法说理，实现个案正义看得见、说得清、讲得明，保证人民群众信赖检察机关对案件的处理结果，崇尚法治。

3. 释法说理就是办案

克服把办案与释法说理割裂开来的模糊认识，要把释法说理贯穿监督办案全过程，作为办案必经过程和基本功；克服"释法说理是辅助办案"的模糊认识，要把释法说理作为办好案的重中之重，做到办案必说；克服"只要结果正确，说不说理都一样"的模糊认识，要做到既解"法结"，更解"心结"，促进实现"案结事了人和"；克服"释法说理是宣教部门的事"的模糊认识，要落实"谁执法谁普法"的责任。

4. 释法说理就是参与社会治理

释法说理就是让社会公众知道法律提倡什么、反对什么、鼓励什么、限制什么，发挥规范社会秩序、服务社会治理的积极作用。检察人员要从参与社会治理的高度，把每办一件案件都当成一堂法治教育课，用心阐释社会主义核心价值观，用司法公正引领社会公正，形成社会共鸣，在国家治理、社会治理中发挥规则引领和价值导向作用。

（二）三项重点内容

检察法律文书都有自身的制作技术规范，这里对法律文书制作规范和文书叙写内容，不作讨论说明，仅从释法说理的角度作一概括阐释。**一般情况下，强调释法说理主要是指事理、法理、情理三个方面内容。其中，事理是基础、法理是依据、情理是纽带（灵魂），三者构成法律文书释法说理的重要内容。**

1.准确阐明事理

阐明事理，是指准确说明法律文书认定的案件事实及相关证据，对证据"三性"（客观性、合法性和关联性）进行必要的分析，说明采信和不采信的理由。

刑事案件与民事检察、行政检察案件法律文书，承载的内容不同，阐明事理的要求也各有不同。刑事案件叙写案件事实，要求写明时间、地点、犯罪嫌疑人（被告人）、作案目的、动机、情节、手段、造成的后果以及证据；民事检察、行政检察案件主要围绕当事人各方的纠纷事实来叙写，包括纠纷的内容及其发生的时间、地点、涉及的人物，纠纷的起因、过程、结局，各方的争执意见及证据。尽管具体内容各有不同，但是基本要求应该是相通的，就是全面、准确、简洁，且要论证。从检察法律文书抽样检查的情况分析，阐明事理要做到"四忌"。

一是案件事实应全面、简洁，忌繁杂无序或随意增减。案件事实的叙写要注意以下七个问题：（1）基本要素要全面准确；（2）关键情节要具体叙述；（3）因果关系要交代清楚；（4）争议焦点要抓准记清；（5）财物数量要记叙确切；（6）叙述事实要平实有序；（7）材料选择要真实典型。以公诉案件起诉书为例，须做到全面、准确、简洁。全面，就是对审查认定的犯罪事实要全面叙写，不能遗漏，不能随意增加或删减，增加或删减都要说明理由，重要情节要具体叙写。准确，就是对案件事实的描述要精准，不能故意夸大也不能故意缩小，更不能一味复制粘贴，把其他案件的事实粘贴到在办案件上，张冠李戴。简洁，是指叙述事实表述要精练，条理清晰、一目了然，切忌唠唠叨叨、琐碎无序。

二是关键情节表述要具体，忌格式化、概念化。还是以公诉案件起诉书为例：对案件基本事实以及涉及罪与非罪、案件定性、量刑轻重等方面的关键情节，叙述要全面具体，不能用概念化、抽象化的术语来代表。不能用"因琐事引发口角"表述案件起因，到底什么琐事、怎么口角要写清楚；不能用"双方进而引发肢体冲突"表述事件经过，要写清楚谁先谁后、用什么工具、造成什么危害等；不能用"逞强好胜""目无法纪""肆无忌惮"等词描述动机目的等，这些词看似指控有力，却虚无空洞，再说任何犯罪行为都是"目无法纪"，太过笼统，要把到底逞什么强、泄什么愤，具体叙写清楚。

三是证据要有论证，忌简单罗列。以起诉书为例，一般情况下，在叙述清楚犯罪事实之后，另起一段表述："认定上述事实的证据如下：1……2……3……4……"但是大部分起诉书只列举证据的名称、种类，不作任何说明。当然，这可能是多年形成的书写传统。释法说理要求对每一个、每一组证据的来源、所证明的内容及指向、证明力的大小、证据间存在的疑点及矛盾等，进行简单扼要的分析、归纳，对证据的客观性、合法性、关联性以及整个案件证据体系及理论证明力进行分析论证。

四是对重要情节、争议焦点要充分说理，忌大而化之。比如，对存在分歧、被告人可能翻供、前后供述不一致、供证有矛盾的问题，不能回避，要充分说理，印证认定的犯罪事实清楚，证据确实、充分，防止被告人翻供。再比如，当事人提出排除非法证据申请的，就要重点对是否符合非法证据条件进行详细阐述，对证据采信或不采信进行充分论证。还比如，对案件事实认定和证据采信有分歧的情况，如果认定犯罪，就要有更加充分的论证。例如，某市检察院办理的练某某强制猥亵、猥亵儿童案，在支持抗诉时，该案已经经历两次一审、一次二审，被告人上诉、检察机关抗诉。症结在于控辩双方、法检双方对于事实认定和证据采信分歧巨大。市检察院承办人在支持抗诉意见书中，在客观证据、直接证据少的情况下，从被告人事前和事后行为、实行行为、行为模式等方面入手进行论证，从常情常理常识角度揭露被告人无罪辩解的虚假性，并对一审判决机械追求直接证据数量的错误理念进行了批判，使案件得到改判。如果对争议焦点仍然大而化之，这起案件是很难得到改判的。

2. 详细释明法理

释明法理，就是列明所作决定依据的法律、司法解释条文的具体内容，解释法律适用的理由和依据。释明法理重点在于阐明"为什么"作出这样的处理决定，让支撑司法结论的司法理念、司法判断及至司法良知得以直观展现，让人民群众对司法公正的期盼得到司法机关的回应。

一般情况下，对没有争议、不是案件焦点的构成要件问题，应当避免赘述。对于案件定性、重要量刑情节等法律适用问题要重点阐释。释明法理也要根据文书性质不同，各有侧重。主要做到"六个讲清楚"。

一是案件定性依据的理由要讲清楚。既要给出案件的定性，又要给出定性的法律依据和理由。对罪与非罪、此罪与彼罪进行适度辨析；对案件定性中有争议的部分加强说理论证，做到于法有据，以理服人。比如，于欢案二审出庭意见书，把于欢由原来的故意伤害罪定性为防卫过当。意见书从防卫意图、防卫起因、防卫时间、防卫对象等方面，详细阐述于欢的行为具有防卫性质；又从防卫结果角度，阐明明显超过必要限度，造成重大损害，属于防卫过当，二审得以改判。这是一个舆论高度关注的案件，检察员出庭意见书，对案件定性作了充分的释法说理，条分缕析，清清楚楚，使这个案件成为全民共享的"法治教育课"。再比如，严某等 24 人涉黑案，这是全国扫黑办、最高人民检察院挂牌督办的重大涉黑案件。承办人在起诉书中，从组织特征、经济特征、行为特征、危害性特征四个方面，详细阐释了定性理由，使这个案件涉黑性质无可辩驳。

二是对量刑情节要讲清楚。在一些案件定性、事实都很清楚的情况下，量刑情节往往成为犯罪嫌疑人或被告人锱铢必较的从轻、减轻的机会，所以，对于量刑情节的认定必须说清楚。比如，对于法定量刑情节，特别是对于不予认定自首、立功的，为什么不认定，一定要详细阐明不认定的理由，才能让当事人心服口服。再比如，适用酌定量刑情节的，在作出从轻减轻或从重处理时，要对包括犯罪手段、犯罪对象、危害结果、犯罪动机、犯罪后的态度、犯罪人的一贯表现、有无前科等，进行充分的释法说理。

三是对法律规范选择适用要讲清楚。诉讼各方对案件法律适用存有争议或法律含义需要阐明的，应当逐项回应争议焦点并说明理由。法律适用存在法律规范竞合或者冲突的，为什么从一重，法律文书中应当说明选择的理由。出现法律规定不明确、法律规定存在多种理解、当事人存在重大分歧等情况的时候，也要结合法与理阐释清楚为什么作出这样的处理。以民事监督案件为例，法院在没有直接法律依据的情形下，依据习惯、法律原则、立法目的等作出正确裁判，当事人仍坚持向检察机关申请监督的，我们就要依据习惯、法律原则、立法目的等，阐释法院裁判正确的理由，不能用一句"法院裁判没有错误，不支持监督申请"回复当事人，否则，就可能会重复上访申诉。

四是对疑难复杂、新型案件适用法律要讲清楚。特别是对一些新型犯罪案件，如涉侵犯公民个人信息犯罪案件，哪些信息受法律保护，法律规定并不明确，实践中很难认定。对是否认定，就要从立法本意、法理等角度作详细解释说明。再比如，杭州自诉转公诉案件，就重点对属于"严重危害社会秩序和国家利益"，符合诽谤罪公诉的情形深入释明法理，并从法理角度阐述本案引发的社会关注与思考。这个案件唤醒了"自诉转公诉"的"沉睡条款"，在我国法治历程中具有里程碑意义，获评全国"2020年十大法律监督案例"。

五是对争议的焦点要讲清楚。最为重要的是要善于归纳争议的焦点，准确把握争议焦点，这是释明法理的前提。包括前面讲到的，对案件定性、重要量刑情节、法律规范的选择适用等方面存在争议的，都要重点进行法理解释。

六是对党中央和国家司法政策要讲清楚。比如认罪认罚从宽制度、涉案企业合规案件办理等，通过释明法理、讲清党中央和国家政策，回应社会关切，会收到更好的办案效果。

3. 用心讲明情理

讲明情理就是注重法、理、情的有机结合，释之以法，晓之以理，动之以情。"法安天下，德润人心"，说得更多的是情理。法律文书中，情理入法，既体现了法的力度，又体现了法理交融的温度，让法治精神更加深入人心。要讲明情理，至少把握四个层面的问题。

一是从讲明情理依据看，主要是融入主流价值观，体现公序良俗。公理、情理、经验法则、交易惯例、民间规约、职业伦理也可以作为讲明情理的依据。同时可以结合当地的风土人情、当事人个人情况，有针对性地讲明情理。比如，贵州省检察院办理的首例职务犯罪申诉公开听证案，除了事理、法理的阐释，更有情理的充分介入，让申诉 19 年的申诉人打开心结。在不予立案复查理由说明书中，针对申诉人个人身份展开了情理说理："你年轻的时候是人民教师，是你们村子最有学识的知识分子，应当发挥你的聪明才智带动村民致富，为乡村建功立业。你下海后有经商办企业的经历，具备创业的经验和条件，不该把你的精力浪费在申诉之路上，让自己的人生走向死胡同。"通过检察听证和体现情理的法律文书，使当事人幡然醒悟，实现了息诉罢访，这就是值得学习借鉴的情理入法的好案例。

二是从讲明情理的角度看，既可以是揭露犯罪，又可以是正面引导，重点在于利用人性中共通的情感、主流价值观，打动人心，将某些情节是情有可原，还是穷凶极恶，予以说明，并作为从轻或从重的考量。比如，张扣扣案二审出庭意见书，针对网上表现出对张扣扣的不理智同情，从"尊重事实与崇尚法治"和"司法裁判与舆论监督的关系"两个方面作了正向引导，希望媒体应当尊重司法所具有的独立性、公正性、权威性，引导公众从激昂的感性认识转向理性从容的思考，从"全民陪审"到尊重司法的专业裁判。

三是从讲明情理的对象看，既可以有对当事人的劝诫，也可以有对公众行为规范的引导。比如对犯罪嫌疑人，根据案件的性质特点、复杂程度、社会关注度，综合考虑行为人的年龄阶段、文化程度、心理特征等具体情况，采用大众容易理解和接受的方式方法进行说理，恰当地注入人文关怀，进行入情入理的劝诫，就能起到挽救、教育、感化作用。同时，情理入法不仅体现对当事人，有时还需要直接向社会公众进行说理，可以更好地体现法律文书的宣传和教育功能，实现办案政治效果与社会效果、法律效果的有机统一。还以张扣扣上诉案为例，公诉人出庭意见书在揭露张扣扣犯罪事实的同时，向社会公众发出"尊重事实与崇尚法治"的倡议，并对司法裁判与舆论监督的关系作了阐述。它的意义在于，把我们提倡什么、反对什么、鼓励什么、限制什么，通过释法说理给出明确的答案，这个案件就超越了个案的价值，具有了普遍的认知引导和行为指引的价值。

四是从讲明情理的时机看，不是所有法律文书都需要体现情理，但是要抓住每一次办案、每一次起草法律文书的机会。当社会舆论对案件理解出现偏差的时候，就要组织力量进行重点的情理阐述；当案件对社会有积极引领作用的时候，也要抓住机会，开展情理法交融的释法说理。比如杭州网络诽谤案，从网络公共秩序和社会正常秩序、线上线下社会治理的角度，讲述"网络空间不是法外之地"，发挥对社会规范的引领作用。

（三）把握五条基本原则

1. 恪守法律底线

恪守法律底线包含两个层面：一方面，案件处理客观公正是检察法律文书释法说理的基础，失去这个基础，说理也会苍白无力。所以说，必须坚持以事实为根据、以法律为准绳，对案件事实的认定、证据的审查判断、法律的适用、自由裁量权的行使等方面，做到立场正确、内容合法、程序正当。另一方面，释法说理也应该在法律框架内进行，强化有针对性的说理，而不能漫无边际，突破法律底线。

2. 突出价值引领

检察法律文书具有规范、指引、评价、教育等功能，要通过"小案件"讲述"大道理"。这个价值引领，一是主流价值观的引领。在法律文书中融入社会主义核心价值观，深入阐释法律法规所蕴含的价值取向，唱响主旋律，弘扬正能量。二是规则意识引领。明确向社会传递国家提倡什么、反对什么、禁止什么，推动形成办事依法、遇事找法、解决问题用法、化解矛盾靠法的行为自觉，进而让法治文化、法治信仰在全社会生根发芽、苗壮成长。三是突出警示功能。通过案件对社会公众进行普法教育，强化公民遵纪守法意识。当然，释法说理要考虑社会公众的接受度、理解程度，防止"底线雷语"类的说理，引发争议。

3. 推进繁简分流

法治不仅要求司法公正，而且注重司法高效。释法说理要当简则简、该繁则繁，详略得当，力求恰到好处。比如，对于重大、疑难、复杂案件或者社会关注度高的案件，以及当事人或者相关机关可能产生异议的案件，这个时候就可以"繁",针对焦点问题充分阐释决定的理由和依据;对于可以适用简易程序、速裁程序处理的案件和当事人达成和解的轻微刑事案件,事实清楚、争议不大的,就可以"简",说理论证的内容和方式可以适当简化。目的是在释法说理中推进繁简分流,缩短诉讼周期,提高诉讼效率,使争议的法律关系尽快恢复稳定。

4.区分不同对象和情形

检察法律文书面对的对象不同,说理角度应当体现不同。

(1)对公安机关的释法说理。比如,提前介入侦查意见书、退回补充侦查提纲、不起诉决定书等,要着眼提高诉讼效率,充分释法说理,赢得公安机关认同。

提前介入侦查意见书,要向侦查机关写明引导取证意见,特别是列出侦查取证的要求。比如,某市检察院贾某等35人非法控制计算机信息系统案提前介入侦查意见书,对于案件定性及取证思路明晰,引领指导作用突出,确保组织架构、犯罪行为及后果查证清晰。该文书围绕"资金流、技术流、信息流"三方面开展侦查,构建以电子数据和言词证据为核心的证据体系,查明犯罪组织架构人员分工、涉案成员主观故意。查明犯罪组织架构,被控手机信息系统数量、犯罪情节及危害后果,彻底打击该类新型犯罪,指控思路和逻辑明晰,对于办理涉海量"拉活"后台数据等同类型新型案件侦查、指控犯罪具有较强引领示范性。

将案件退回公安机关补充侦查时,应写明要求公安机关补充这些证据的原因及目的。比如,某市检察院关于周某某故意杀人案的补充侦查提纲,立足具体罪名指导侦查机关从排除被害人失踪等生还可能、补强客观证据以印证犯罪嫌疑人口供真实性、进一步核查作案动机等细节，夯实案件证据，准确认定罪行。为什么有的单位不批捕、不起诉复议率高，与不释法说理有直接关系。有的检察官简单写几条提纲式的退查事项，什么理由、什么目的都不写，这是不行的。

不起诉决定书，要向侦查机关阐述具体原因，不能笼统地写"不构成犯罪或事实不清、证据不足"。在事实认定方面，叙述的内容不能公式化，要与具体案件结合分析。侦查机关移送起诉认为行为构成犯罪，经检察机关审查后认定行为情节显著轻微、危害不大，不认为是犯罪而决定不起诉的，不起诉决定书应当先概述公安机关移送审查起诉意见书认定的犯罪事实，然后叙写检察机关审查认定的事实，重点反映显著轻微的情节和危害程度较小的结果。如果是行为已构成犯罪，本应当追究刑事责任，但审查过程中有刑事诉讼法第十六条第（二）项至第（六）项法定不追究刑事责任的情形，因而决定不起诉的，应当重点说明符合法定不追究刑事责任的事实，充分反映出法律规定的内容。如果是根据刑事诉讼法第一百七十七条第一款规定的"没有犯罪事实"而绝对不起诉的，应具体写明"被不起诉人×××没有实施×××（侦查机关）移送审查起诉认定的犯罪事实"或者"×××（侦查机关）移送审查起诉认定的犯罪事实不存在"。

（2）对审判机关的释法说理。由于检察院、法院所处司法环节、诉讼地位不同，其对于一些疑难复杂案件的定性以及某些证据的认定有时会出现一定偏差，需要充分释法说理。法院在司法活动中处于中立地位，不仅要听取公诉人意见，还要听取当事人及其辩护人的意见。公诉人、辩护人处于互相对立、互相博弈的地位。如果公诉人不能准确、明晰地释法说理，可能就难以主导案件走向。起诉书、公诉意见书、抗诉（上诉）案件出庭意见书等法律文书要基于案件事实，结合具体证据情况，进行充分释法说理。下面重点谈一下几类常用的法律文书的释法说理重点：

起诉书释法说理的重点在于：根据具体案件情况，围绕刑法规定的该罪的构成要件叙写。主要是检察机关审查认定的犯罪事实，包括犯罪时间、地点、经过、手段、目的、动机、危害后果。适用认罪认罚的，要写明被告人到案后自愿如实供述自己的罪行，与被害人达成和解协议或者赔偿被害人损失，取得被害人谅解等与定罪、量刑有关的事实要素。表达要准确、客观、公正、全面，符合法理学的基本要求和司法政策的价值导向。比如，某县检察院严某、皮某等 24 人组织、领导、参加黑社会性质组织、故意伤害等案起诉书，检察机关根据各罪名的具体犯罪构成，对多名被告人的多项犯罪事实进行了客观、具体、详尽的描述。包括组织、领导、参加黑社会性质组织罪的组织特征、经济特征、行为特征、危害性特征，黑社会性质组织实施的具体犯罪、违法事实，及认定犯罪事实的相关证据等，在此基础上，对各被告人的法律适用提出准确意见。

公诉意见书释法说理的重点在于：根据法庭调查的情况，概述法庭质证的情况、各证据的证明作用，并运用各证据之间的逻辑关系证明被告人的犯罪事实清楚，证据确实、充分；根据被告人的犯罪事实，论证应适用的法律条款并提出定罪及从重、从轻、减轻处罚等意见；根据庭审情况，在揭露被告人犯罪行为的社会危害性的基础上，作必要的法治宣传和教育工作。比如，某市检察院第三分院高某某等人恶势力犯罪集团寻衅滋事、故意毁坏财物等案公诉意见书，坚持理性平和、客观公正的原则，语言精练、平和，确保符合客观事实、法律规定、一般常理，避免发言不当引起庭审争议或不良舆情。充分运用事实、法律和刑事司法政策，从恶势力犯罪集团的认定、各被告人的犯罪事实认定、量刑情节及建议、涉案财产处置情况等方面，逐项展开进行充分论证。强化法庭教育效果，充分揭露高某某等人恶势力犯罪集团的社会危害性极深，阐述高某某等人恶势力犯罪行为本质源于其不择手段、以经济利益最大化为唯一追求的错误心态。一审判决作出后，数十名被告人无一人提起上诉，取得良好庭审效果，得到中央政法委的充分肯定。

抗诉（上诉）案件出庭意见书释法说理的重点在于：论证犯罪事实清楚，证据确实、充分，或者一审法院认定事实、证据有疏漏、错误之处；案件诉讼程序是否合法；揭露被告人犯罪行为性质、严重程度，评析抗诉（上诉）理由；论证原审判决书适用法律、定罪量刑是否正确，有误的，应提出改判的建议。比如，某省检察院蒋某某强奸、故意杀人、盗窃案上诉案件出庭意见书，准确提出法律适用意见，深入分析刑事司法政策，表明严厉打击对未成年人犯罪的立场，着力倡导营造保护未成年人的社会环境，表达检察机关对未成年人保护工作的积极态度，介绍司法救助、检察建议等有价值的检察工作，呼吁健全社会支持体系，该意见获得充分采纳，将被告人蒋某某改判死刑立即执行。

（3）对案件当事人的释法说理。要体现对当事人的教育、感化、挽救或者答疑释惑。检察机关对案件当事人提出的申诉主张经审查认为不成立的，在制作相关息诉方面检察文书时，要详细说明不予支持主张的理由，不能直接进行公式化的简单答复，作出不予支持的决定。实践中，大部分控告人、申诉人自认为其提出的申诉基于一定的证据基础以及法律依据，就是说他认为自己提出的要求有依据有理由。如果检察机关作出的决定对他不利，又没有给出足够可信服的理由，就难以让案件当事人真正信服，可能造成当事人对检察办案不认同甚至误解，更有甚者会缠访闹访、越级上访，激化检察机关与当事人之间的矛盾。因此，在告知当事人检察机关处理决定的同时，应将作出决定的理由和依据一并予以告知，这样能在第一时间解答当事人的疑惑，达到更好的办案效果和社会效果。

特别注意的是，对犯罪嫌疑人或者被告人，也要区分不同情形。比如，公诉意见书要提前准备好，但也要根据庭审情况决定是否作出调整。如果被告人认罪悔罪，没有任何辩解，原来准备好关于犯罪手段残忍等内容，就没必要陈述了，就可以从他认罪悔罪态度入手，讲述他认罪悔罪的价值，不要过多阐述其犯罪行为的严重性，体现出一种尊重。如果被告人不认罪，法治教育则更多地从训诫入手，通过建议法庭对其从重处罚来重申并兑现"坦白从宽、抗拒从严"的刑事司法政策。还比如，对被不起诉人说理。对于酌定不起诉的，要敦促其悔过自新；对不构成犯罪的，要加强法治教育，预防其走上犯罪道路。同时，还要分析当事人个性特征，如年龄、性别、性格、文化、家庭状况等，都是说理时必须要考虑的因素。

（4）对律师的释法说理。律师作为诉讼代理人，维护的是当事人的合法权益。在很多情况下，律师会从有利于自己当事人的角度进行辩护。检察官应当充分听取律师意见，对于合理的意见予以参考，不采纳其意见的，要予以充分说理释明。办案实践中，有的检察官对律师提出的意见建议置若罔闻，导致庭审中说理效果不好。

5. 力求讲究文理

检察法律文书依写作与表达方式、文种以及体例的不同，需要有不同的制作要求和标准，当然，这属于法律文书制作的技术规则范畴。从释法说理角度讲，要把握以下五点：一是表意精确、解释单一，避免理解上产生歧义。二是文字精练、言简意通。既不能事无巨细，记流水账，但必须说明与强调内容及事实经过以及法律依据；又不能过于简略粗疏导致主要事实有所遗漏。三是文风朴实、格调庄重。用公文语体，朴实无华，严谨庄重，体现其严肃性，受到法律内容制约。四是褒贬恰当、爱憎分明。对是非正误有鲜明的褒贬态度与浓厚的感情色彩。五是语言精练、忌走极端。忌用方言土语，忌用不文明用语，忌用矛盾升级的语言。对被告人也要讲求情理，不能因个人情感好恶，加上带贬义色彩的词语、句子，用适当个性化的语言增加说理的可信度。不用与案情无关、于说理无助的修饰词。比如，在形容犯罪动机和主观恶性时，要按照某类犯罪客观方面表现的本质特征表述，避免使用"目无国法""胆大妄为"等词语。

第十一讲

案件管理部门"管好管理"的思考与探索 *

"管好管理"这个概念，大家都很熟悉，2021 年的全国检察机关第二次案件管理工作会议、2022 年初的工作要点，我们都把"管好管理"作为一项要求、一项工作，进行安排部署。最高人民检察院领导在最高人民检察院案管办呈报的相关报告上批示：新时代检察职能建设，案管系于不止一半，要有担当、能担当、善担当；服务各业务部门，不是"管理"大家办案；要融入检察、"管好管理"！"管好管理"就是出自这个批示。

"管好管理"，顾名思义，就是"管理好案件管理工作"。"管"与"管理"的关系，可以比作是软件系统的后台与前端，"案件管理工作"是系统的前端呈现，"管"则是后台支持，为案管部门的"管理"活动提供支持和保障。总体来看，"管好管理"这项工作一直是存在的，但作为新的概念被提出，各地都在思考中谋划，在探索中完善。我们认为，"管好管理"至少

---

* 本讲内容根据 2021 年 10 月全国检察机关案件管理理论与实务培训班、2022 年 8 月业务数据分析研判专题研修班、2022 年 9 月案件管理全办会等讲课稿汇总整理。

包含三层含义：一是管好工作，就是把案件管理业务工作管好，是对案件流程监控、质量评查等案管业务工作的管理，可以说是案件管理工作的方法论，目的是使案件管理工作更科学规范和顺畅。二是管好条线，就是把下级院案管部门管好，主要是对下级院案管部门负责人的管理，指导如何开展案管工作，目的在于上下一体，左右互动，协同发展。三是管好自己，就是把本院案件管理人员管好，是从案管部门负责人的角度看这个问题，不但要把工作做好，还要把自己的人管好，形成团结奋进、担当作为的案管集体。

一、把案件管理工作管好

案管部门工作千头万绪，要在落实中创新、在创新中提升质效，重点在于正确的方法，要把握好案件管理各类因素之间的关系，在辩证把握好直接联系与间接联系、内部联系与外部联系、本质联系与非本质联系、必然联系与偶然联系中，促进案件管理理念、体系、机制、能力现代化，促进执法司法公正。

（一）创新推行"一体化"工作机制

基层案管部门反映，机构合并后的案管业务受到挤压，多项职能叠加导致工作顾此失彼、厚此薄彼的情形现实存在；基层案管职能呈现事务化倾向，体现案管基本价值的业务监管在基层难以做深做细，履职现实与职能要求不相适应；本院监督没有威信，"同级监督难"的问题；等等。解决上述问题，一项重要举措就是落实"管好管理"要求，推行"一体化"工作举措。

1. 创新四级院各有侧重的案件管理职能布局

这一点在 2021 年全国检察机关第二次案件管理工作会议上就已经作出部署，2022 年的工作要点也做了安排。各有侧重的职能布局，为实现"一体化"提供了支持。一是最高人民检察院和省级院重在发挥主导作用，把业务数据分析研判会商、案件质量管理宏观指导和"智慧案管"顶层设计作为核心业务，建立科学的考核机制，引领案件管理工作健康发展。二是市级院重在发挥承上启下作用，在重点抓好自身业务数据监管、案件流程监控、案件质量评查的同时，把业务数据分析研判会商摆上重要位置，并加强对基层院案件管理工作的指导。三是基层院重在发挥基础作用，在做好日常性、基础性工作的同时，将业务数据监管、案件流程监控作为核心业务。

2. 创新推行案件管理履职"一体化"机制

"一体化"表现在三个层面：一是案管业务的一体化。建立案件流程监控、质量评查和业务数据监管有机结合的常态工作模式，形成各监督管理环节有序衔接、互为补充的监督管理格局。二是与办案部门、检务督察部门等密切配合，健全案件管理部门推动、其他部门联动、全员行动的监督制约工作机制。三是上级院案件管理部门加强工作指导，支持下级院案件管理部门开展工作，探索实施市级院案件管理部门统一组织的案件质量评查、业务数据分析研判会商"一体化"工作机制，破解"本院监督难"的问题。

3. 创新推动资源信息共享

为满足各地案管业务学习交流、创新工作、理论研究等工作需求，

2022 年初，最高人民检察院案管办研发了"案件管理工作电子文库"软件，收集了各地案件管理工作的信息资源，上传电子文库，供各地学习应用。后期，我们又通过微信提示各地上报第二批上传的工作资料。同时，在电子文库中设置了"领导讲话""制度机制""综合分析""专题分析""培训资料"等 10 个栏目，已经上传了近 2000 份文件资料。通过收集整合和集中发布各地案管工作资料，实现制度机制共享、实务经验共享、培训资料共享、理论研究成果共享，让大家互相"抄作业"，借鉴兄弟单位经验做法。目前看，其利用效果还是比较好的。每一份材料都有一定数量的阅读量，有的达到 400 多次点击量，希望各地真学真用，切实发挥电子文库应有的功能作用。

在具体工作中，把业务数据分析研判和案件质量评查作为推行一体化的主要内容。关于对业务数据分析研判，省院按要求开展，市县两级院完全可以一体推进，共同落实。在分析研判过程中，可以把部分基层业务数据分析骨干集中到一起进行分析，既解决两级院分析研判力量不足的问题，又有利于将基层院业务数据融入全市整体业务中去分析研判。在会商时，由市级院统一组织，基层院检察长参加，视频会议形式也可以。案管部门给市院检察长列出各基层院的问题清单和改进的目标、措施；基层院检察长要汇报上一次会商时部署任务落实情况，分析指标不达标的原因。年底前，要总结出经验做法，反映取得的成效，特别是一体化实施以来的优势，突破了哪些原来的障碍。关于案件质量评查，基层院很难落实，即使是组织业务部门评查，一般情况下也是走形式。由省院统筹，省市级院分工推进可能更好，当然这不是说基层院就没任务了，基层院需要出人的要出人，该出力的要出力。有些地方有评查软件，完全可以交叉评查，把案件分配给检察官，定期完成。但最终要在成效上体现，评查了多少案件；不合格、瑕疵案件有多少，占多大比例；移送追责有多少；等等。同时，各地可以拓展探索对数据质量检查、流程监控等业务工作的一体化落实。

（二）创新推行协调配合工作机制

监督的实质是协调，协调的关键是配合，协调的根本是尊重。如果就业务抓业务、按规则去监督，很难走出"同级监督难"的困局，如果从协调配合的角度去思考，可能会打开一条新思路。

1. 善于"卸责"，变案管督导为领导要求

同一项工作，案管部门去督导业务部门，恐怕力度和效果都没有领导要求好。把案管工作职责通过正当的业务流程转化为领导要求，请领导亲自统筹督导、提出要求，可能是协调的最高境界。特别是一些统筹协调工作，要定期向领导做好汇报。比如，推动人民监督员工作"三个全覆盖"这项工作，由案管部门统筹管理，但具体工作由业务部门承担，案管部门可以定期统计向院领导报告，把各地数量情况、问题情况、与全国相比的差距情况、下一步工作要求都列出来，甚至可以列出各部门和市县院需要完成的数量等，由领导审阅批示后再发各部门和市县院，就等于将案管督导变成了领导要求。

2. 换位思考，变通报批评为协商解决

要兼顾"左邻右舍"，充分体现对对方的尊重，"以柔软的身段"表达管理的意见、看法，目标是解决问题。比如，流程监控，对问题的通报次

数一定要少，多了就不管用了，还容易引起业务部门反感。可以跟业务部门提前说好，发现问题给三次机会，三次以后还犯类似问题，就要发通知书或者报院领导，这叫有言在先。即使是发现严重问题，如果不是故意，也要先向办案人员了解情况，能立即改正的，就没有必要向院领导报告，没必要发通知书。如果已经留痕了，不能撤销了，那也要做好沟通之后再发通知书。当然，**尊重是建立在相互尊重的基础上的，如果对方屡纠不改，该发通知书的就要发通知书，该移送检务督察部门的就要移送。**

3. 转变思路，变办案问题为共同业绩

监督不是你错我对的"零和博弈"，善于监督，就要把智慧与制度结合起来，既落实政策要求、坚持法治原则，又做到换位思考、注意方式方法，共同目的是把检察工作做好，把人民的根本利益维护好。比如，针对流程监控或案卡填录的普遍性、倾向性问题，可以与业务部门联合，报分管院领导后共同开展一个专项检查整治活动，我们案管部门写方案、写报告，自己多干活儿，业务部门就一类或几类案卡抓改进就行了。整治一段时间后，再共同起草工作报告，说明整治前后的明显变化，如案卡正确率提升多少个百分点，多少问题得到解决，同时，还可以报最高人民检察院案管办。既能体现案管部门发现问题的能力，也能展示业务部门改进工作的成效，顺便总结了一份经验，最终达到改进工作的目的，一举多得，实现了"双赢多赢共赢"。大家可以举一反三抓好落实。

4. 积极融入，变被动督促为主动配合

比如，2022 年开展的刑事检察优秀释法说理法律文书评选活动。因为是最高人民检察院案管办组织的，所以各地案管部门也要负责组织，然后等各条线报送吗？如果改换一下思路呢？各级案管部门提前与业务部门共同培育典型案例和优秀法律文书，可以提前给他找来优秀文书的样本，与办案人员共同研究起草，这就是变被动督促为主动配合，共同为院里争得荣誉，展示案管人的情怀，将来监督管理也会更加顺畅。

5.转变观念，变监督管理为热心服务

这里说的服务不是事务性工作、服务性工作。这里从两个层面来谈：一是把监督融入服务，用服务的方式履行监督职责；二是监督之外的服务，服务好了，在监督中发现问题自然更容易接受。

关于用服务的方式履行监督职责。最高人民检察院案管办流程处针对各地报送案卷材料中存在的问题，汇编了《管理部门案件报送常见问题及注意事项选编》，让办案人员参照纠改，就是改进问题、提升质量的一种形式，这便是"服务式监督"，是更高层次的监督。省院案管部门可以引导市县院案管部门做这些工作，可以在最高人民检察院选编的基础上丰富一下，也可以从案管工作电子文库中找一些资料，再加上自己的问题情况，就是一套很好的汇编本，发给业务部门参考使用，甚至可以与业务部门一起编写，或者案管部门编完了，征求业务部门意见，同时署上业务部门的名，一起呈报院领导，这就实现了在服务中监督的效果。发现问题是能力，纠正问题才是成绩。**案管业务的目标是改正问题，不是发现问题。**

关于其他服务。以最高人民检察院案管办数据处的未成年人检察数据分析报告为例，其以九厅和案管办两家名义报院领导，这个报告得到了院领导的肯定，一是领导满意，二是九厅也受益，三是案管办也有成绩。各地也可以这样做，就以专题分析为例，最高人民检察院案管工作电子文库里有很多专题分析报告，找一个适合本地的案例，把数据改为本地数据，同时把自己的特点加上，就是一篇分析报告，与相关业务部门共同署名呈报院领导，也会起到不一样的效果。这些工作，既可以基层院做，也可以市院组织基层一起做。

（三）创新推行考核评价工作机制

管理学认为，不考核就等于不管理。考核是管理的手段和工具，考核本身就是管理。**当前，不少地方案管工作存在"可干可不干、可多干可少干、可干好可干差"的情形，其根源在于"没管理"，缺乏考核评价机制，导致动力不足。最高人民检察院案管办原来说"没有对管理的管理"，主要指的就是没有对条线的考核评价。**以前评价哪个地方案件质量评查做得好，哪个省流程监控做得好，基本上凭印象凭感觉，但具体好在哪里、差在哪里，说不清楚。所以要考核要评价。这也是最高人民检察院案管办研究制定案件管理主要评价指标的重要动因。

首先，回应三个疑问。一是为什么是6项指标而不是更多？其实，一开始我们提出了12项考核指标。考虑到，刚刚开展对下考核，不要给基层太大压力，同时，指标数据来源的客观真实性也是一个重要考虑。指标数据客观真实是考核结果准确的基础与保障。基于以上考虑，只提出了6个指标，先试运行。今后，将适当增加相关指标，如检察听证、分析研判、法律文书公开等。二是有地方同志曾问：关于发表理论文章，为什么只将在《检察业务管理指导与参考》上发表的纳入考核？这里可以作个说明，考核就是"指挥棒"，目的是牵引大家朝着一定目标去努力。《检察业务管理指导与参考》是案件管理部门自己的刊物，要办出高质量的刊物，需要有高质量的稿件，目标是留住好稿子，当然，在其他刊物发表过，不影响在《检察业务管理指导与参考》再次刊发。三是为什么评查指标只考核重点类型案件？这也是个导向问题。2017年评查规定中，明确对几类重点评查案件类型要逐案评查，但大部分地区没有落实。这样规定的目的是推动先把重点案件的逐案评查落到实处，这也是符合最高人民检察院党组决策的。当然，我们也提倡对其他案件的评查，并且今后的发展方向就是要实现全部案件的全面评查，各地可以探索实践。

其次，6项指标的运用。一是要重视。最高人民检察院案管办设置案件管理工作主要评价指标，是引导各地推进重点案管工作落实的"指挥棒"，是评价各地案管工作开展情况的重要参考依据。各地案管部门要及时向院党组报告此次通报情况，高度重视评价指标的导引作用，也可以与相邻省份进行横向比较，找出差距，明确目标，制定措施，切实发挥评价指标的导向作用。二是要传导压力。从上半年案管工作主要评价指标数据看，各地间的差距很大。比如，有的地区上半年没有开展重点类型案件质量评查；有的地区上半年在《检察业务管理指导与参考》《案件管理工作情况》以及检察内网案管专栏中均没有刊稿；有的地区案件质量评查瑕疵率、不合格率过低；邀请人民监督员监督检察办案活动，有4个地区院均不足5件次。各地也要通过考核、讲评等多种办法，把工作压力传导到市县院，形成上下同心、同频共振推动重点工作落实的氛围。三是要有具体举措，要有针对性地进行研究，提出具体措施。最近，河北给最高人民检察院案管办反馈了落实情况。他们组织召开全省市级院案管主任座谈会，将这个考核通报和人民监督员、检察听证通报一并进行研讨，提出具体措施。各地也要跟进，把上半年通报要求落实好，把压力传导给市县院案管部门。

（四）创新推行对口援助工作机制

推动案管工作均衡发展，既包括东中西部地区的均衡发展，也包括军地的均衡发展。

1. 关于对军检院案件管理工作的援助指导

军检院案管办非常重视案件管理工作，特别是陈曦主任多次带队到最高人民检察院商谈军地协作事宜。2022年3月，陈曦主任带队到最高人民检察院案管办座谈交流，希望在涉军案件分析研判、案管人员业务培训、检察业务应用系统部署应用等方面开展对口援助，在涉案财物处置、军事监督员工作等方面进行指导。3月军地座谈研究提出具体援助措施后，最高人民检察院党组很快批示同意。后续的措施中，一是涉军案件分析研判方面。最高人民检察院案管办与军检案管办对2021年以来全国检察机关办理的涉军案件数据及地区分布情况，共同开展分析研判。二是案管人员业务培训方面。当时协调了四个省级院，在组织业务培训时，协调若干军检院案管人员参加培训。三是检察业务应用系统部署应用方面。5月，邀请军检院案管部门业务骨干参与检察业务应用系统优化完善集中论证工作，把军检院的新理念、新需求一并融入系统中，确保新系统能够适应军检院办案需要；6月，结合军检院业务应用系统2.0部署应用情况，为军检院专门组织编写培训教材和应用手册，确保军检院系统应用取得良好效果，通过信息化助推军事检察工作科学发展。四是军事监督员工作方面。关于是否建立、怎么建立军事监督员问题，建议军检院案管部门立足军队特点和人民监督员制度的目的，广泛听取军队内部不同部门的意见，对是否建立军事监督员再进行研究。如果确有必要建立军事监督员制度，最高人民检察院案管办将在制度建设、信息化建设等方面全力协助，并提供地方检察机关的经验做法、协助其做好培训等工作。

2. 关于对口援疆问题

7月中旬，最高人民检察院案管办到新疆和兵团检察机关，就对口援助工作进行调研，收集到四方面的需求：一是由于受限于资金、人才等多方面原因，在案管工作信息化、智能化方面，与其他地区相比存在巨大差距，只依靠自身努力短时间内无力研发，希望最高人民检察院能够加大扶持力度，提供一些管用好用且急需的软件。二是新疆案管人员素质跟不上最高人民检察院案管工作要求，不适应新疆检察业务发展，希望最高人民检察院案管办组织培训时适当增加新疆培训名额，多开展一些"组团式"培训，能够选派人员到最高人民检察院案管办进行实战培训，帮助培养业务数据分析研判、数据质量审核和检查、案件质量评查等方面的业务骨干。三是从全国检察机关人才援疆情况看，人才援疆多集中在刑事检察等条线业务，案管人员较少，希望派最高人民检察院案管骨干或者协调其他省院案管人员援疆。四是由于集中培训受益面窄，且难以保持经常性，希望最高人民检察院案管办增加新疆检察机关的联系点，协调与其他省检察院案管部门建立对口联络帮扶制度，确保帮扶的及时性和经常性。

调研结束后，最高人民检察院案管办立即向院领导进行了专门报告，计划采取以下几项措施。一是专门处室负责案管条线援助工作。确定由综合协调处负责统筹援助需求，列入年度计划，做好部署、组织、检查、督促工作，每年进行一次总结报告。二是建立直接联系制度。增加最高人民检察院案件管理工作联系点，每个处从新疆分州市院中选择一个帮扶联系点，及时了解需求，直接给予援助支持。适时组织新疆联系点到最高人民检察院其他案件管理工作联系点学习取经。三是加强专门培训。最高人民检察院案管办组织全国性业务培训时，为新疆检察机关案管部门增加专门的培训名额；每年开展1—2次"组团式"实地授课或者视频培训；每年为新疆检察机关培养1—2名业务数据分析研判骨干。及时了解其他各省的案管业务培训，协调给新疆适当名额，同步参加培训，加大培训覆盖面。四是开展结对帮扶活动。协调相关省市选择1—2个市级院案管部门与新疆市县院案管部门挂钩结对，开展经常性的帮扶支持工作，及时解答疑难问题，共享工作经验，适时协调双方互派人员，开展短期支援和岗位锻炼（3—6月）。拟先期选择20个案管工作开展好的市级院与新疆分州市院或者基层院结对帮扶。五是加大信息化支持力度。最高人民检察院案管办相关智能软件研发后，无偿提供给新疆检察机关使用。协调结对帮扶的院将本地管用好用的案管软件与新疆结对院共享。

3. 关于对口援助西藏和兵团问题

西藏和兵团各建立3个最高人民检察院案管工作帮扶联系点，由最高人民检察院案管办六个处分别负责帮扶。其他帮扶措施没有确定，一是兵团有自身的特点，也没有专门的案管机构，今后再研究如何帮扶问题。二是西藏的情况也比较特殊，对怎么帮扶，也要在调研后再提出具体措施。

（五）创新推行智慧案管建设工作机制

案件管理工作天生具有信息化基因，始终与信息技术的进步同向而行。自从 2014 年检察业务应用系统上线运行以来，实现了检察办案信息化。但是，除数据统计外，案件管理工作的信息化、智能化建设严重滞后。到目前为止，案管办还没有一个成熟的业务系统或平台。流程监控、业务数据分析研判、案件质量评查、案件质量主要评价指标统计、案管办自身的业绩考评等，主要靠手工操作，影响工作质量和效率。

2021 年 6 月，最高人民检察院案管办对全国检察机关案件管理机构队伍现状和基层案管工作开展情况进行了调研。在调研报告中，最高人民检察院案管办提出，从机构队伍现状看，目前检察机关市县院案管部门人员少、任务重的矛盾，短期内很难解决，向科技要生产力是必然选择，"智慧案管"建设已经成为提高案管工作质效、破解履职难题的根本途径。

经与最高人民检察院检察技术信息研究中心前期充分沟通研究，初步将"智慧案管"和"智慧办案"定位为"智慧检务"工程的两大核心内容，实现流程管理自动化、案件评查智能化、数据运用知识化、信息公开全息化、需求统筹结构化。

二、管好下级院案件管理部门

以全国检察机关第二次案件管理工作会议为契机，案管工作迎来了春天。本次会议勾画出案管工作未来的蓝图，能不能如期实现，各项要求能不能有效落实，主要看六个字——抓领导，领导抓。**所谓"抓领导，领导抓"，指的是最高人民检察院案管办抓各省级院案管办的主任，各省级院案**

管办的主任抓市一级院的案管办主任。如果每一个省、每一个市、每一个县级院的案管部门负责人想干事、努力干事，各项工作就能一级一级地抓实落实下去。

（一）准确把握案管工作形势，确保"往实里抓"的正确方向

孙子兵法有云："知己知彼，百战不殆；不知彼而知己，一胜一负；不知彼不知己，每仗必殆。"从案管工作这个角度，要做到知己知彼，就是要认清形势，吃透上情、熟悉下情、了解"友情"、掌握己情。

1.吃透上情

作为案管办的主任，若不知道上级有什么新的政策部署，就不可能站在讲政治的高度上看问题。

首先，要熟悉中央的决策部署。如果中央的决策部署吃不透，就可能偏离工作的正确方向。最高人民检察院领导一直强调要从政治上看。从政治上看，搞分析研判若不知道中央的关注点是什么，那么就是不称职的。如法律文书清查，这就是一项政治敏感性很强的工作。最高人民检察院案管部门专门下发了通知，而且在会上还作了专门的部署。但是有一部分案管办主任对这个事情很麻木，经过一个月的清查，仍然有重要的敏感信息，落实停在半空中。这就是政治敏感性不够，不知道这项工作是党中央的决策部署，没有吃透这个上情。所以，吃透上情首先要熟悉中央的决策部署。

其次，要熟悉最高人民检察院的工作要求。最高人民检察院党组的关注点，就是案管办主任的关注点。了解最高人民检察院，当然也包括了解最高人民检察院案管办，省院案管办工作才能有的放矢。最高人民检察院

案管办发的一些文件、开的一些会议和一些培训的关注点，实际上就是对中央和最高人民检察院党组关注点的一个传达。熟悉最高人民检察院案管办的工作要求，就是吃透上情的一个重要途径。

最后，要熟悉本地党委政府，包括本院的相关工作部署，他们关注的重点就是我们关注的重点。

如果把这三个方面吃透了，应该不会犯方向性错误。**吃透上情是基础，是前提，如果这一点做不到，就不是一个称职的案管办主任。案管办是检察业务工作的中枢，不了解检察业务工作的方向是什么，怎么能当好中枢呢？**

2. 熟悉下情

首先，要对队伍现状心中有数。最高人民检察院案管办专门进行过一个调研，统计全国案管到底有多少人，学历是什么样的，聘任的是多少，编制内的是多少，检察官是多少。作为省院的案管办主任，就要了解市院的案管办有哪些是合并的，是跟哪些机构合并的，这些人有多少精力放在案管工作上，怎么调动这些人的积极性。现在全国有独立的案管机构只有418个，也就是只有1/10的检察院有单独的案管机构。案管部门和其他机构合并有93个院，更多的检察院只是指定人员兼职案管，连机构都没有。全国有18658人从事案管工作，正式在编人员有7904人，聘任人员有7354人；从事案管工作1000人以上的有广东、河南；省级院平均是14人，最多的是广东27人，最少的是兵团两个人。当然这些数字是各地报送的，可能不完全精准，了解这些，就可以对症下药去解决问题。作为省级院、市级院的案管办主任，要做到对机构人员、编制、战斗力的情况了然于胸。

其次，要熟悉工作的现状。队伍干的工作是怎么样的？能不能排下座次？全国三十几个省级单位的案管部门哪个好哪个差？现在排不了，这也是下一步要着力抓的。各业务条线都有考评，最高人民检察院案管办对各省的案管部门没有考核，没有标准，也没有指标，其实就是对工作现状没有数。

最后，要对基层困难心中有数。了解基层存在的困难，就想着怎么帮助解决困难。**上级院案管部门存在的价值是什么？是帮着下级院案管部门解决困难的。所谓业务指导，就是帮助解决困难问题。认为下级院的困难只是下级院的，那么上级院案管部门及其主任是不称职的。**下级院遇到困难帮着解决，或者调动辖区内的部门帮助解决，机构合并了，我们根据实际多安排部署工作，多提出措施要求，多主动帮助解决问题、困难，我们这么想，这么做，那么下级院综合部门的工作重心、工作力量就会向案管倾斜。其他条线的上级院部门领导没有这样想这样做，那这18000多人，可能就会变成25000多人。所以说机构合并不是不好，可能是一个机遇。关键是站在哪个角度看，然后再站在哪个角度去解决它。

3. 了解"友情"

什么叫了解"友情"？就是**往上看吃透上情，往下看熟悉下情，还要平视左顾右盼，看看兄弟单位在干什么。**有些时候低头拉车，上不看下不看左不看右不看，低头拉车方向拉反了，累得要死，结果发现兄弟单位都已经把这些做好了，直接拿过来参照做就可以了。巧实力讲的就是工作要学会取巧。我们"左顾右盼"，是说山西的看看内蒙古，内蒙古的看看黑龙江，河北的看看河南，看看他们那边搞了一个专题分析、他们的这个平台是怎么做的、他们领导讲话是怎么写的。比如这次开完会以后，各省要贯彻部署落实，有的可能开会，有的可能组织培训班，第二个就可以跟第一个学习。给领导写的讲话怎么写的，拿过来以后结合实践，增加些新东西，第二个比第一个干得更好，第三个就可以把前两个都拿过来，依此类推。**在借鉴参考的基础上创新发展，这是工作方法。所以要学会左顾右盼，要了解"友情"，这也是最高人民检察院案管办搞电子文库的初衷所在。**把各省的经验都汇聚起来，同时包括最高人民检察院领导的讲话、规范性文件，含理论研究的论文、分析研判的一些材料。若30多个省级院都可以借鉴，就是以30个省院的力量，支持一个省，人少的问题自然就解决了，成果会非常多。论文最重要的是什么？是观点。观点是最重要的，观点就是那条线，论据就是那些珍珠。可以把别人的论文打碎，还原成珍珠，然后找到那条可以串别人珠子的线。有观点有思想以后，找到这根线了，串珠子就是方法。

4. 掌握己情

往上看往下看，左顾右盼了，最后是知己，还要掌握自己的情况，自己有几杆枪，这几杆枪怎么用、哪些强哪些弱。都了解清楚了以后，怎么创立一个品牌、在哪些方面出力、哪些方面出击，就会有一个把握。

应该说吃透上情是前提，没有这个前提就会犯方向性错误；熟悉下情是基础，不知道下面干部工作是怎么样的，就像将军不知道士兵是怎么样的，是一定会被打败的；**了解"友情"是关键，**左顾右盼是关键，看看人家怎么贯彻上级院部署的，看看人家怎么利用下级院的力量；**掌握己情是根本，**别的都了解了，自己是什么样的更要了解。**这四点做到了，工作就有主动性，就掌握了主动权。**

（二）切实厘清案管工作的思路，明确"往实里抓"的目标方法

1. 明确工作目标

现在的工作思路，如果用数字来表示，就是"12345"。"12345"是总体的目标导向，但它并不是每级院案管办的具体工作思路方向。要在大方向确定的时候，确定小方向小目标。要确定本省本市案管工作，在任主任期间3年内5年内想干成什么，今年内想干成什么。**干工作基本就是两条。第一条是目标引领。**要设定一个目标，今年要达到什么程度，领导安排哪些要完成。除了领导安排，自己也要设定一个目标，自己要完成什么，这叫目标引领。**第二条就是问题导向。解决问题是基础，先把问题解决了，就可以定更高的目标，现在连问题都解决不了，就不会有更大的发展。**当问题还围着你转的时候，还想飞起来，怎么可能呢？**先是问题导向，后是目标引领，**明确工作目标。

2. 梳理工作重点

梳理工作重点就是抓重点工作，抓主要矛盾。"没有重点就没有全局"，一定要抓重点带一般、促全局。核心职责中排在第一位的是业务数据分析研判。分析研判是检察长、检委会最关心的，是给整个检察业务工作指方向的，是放在第一位的核心工作。第二位就是案件质量评查。业务数据分析研判是宏观指导，案件质量评查是微观指导。检察官案子办得好不好，靠什么？不是靠他自己说，而是靠我们给他定，我们给他贴个牌儿"合格"，或者贴个牌儿"不合格"，我们的地位靠什么？业务数据分析研判干得好，在领导那儿就有地位，案件质量评查干得好，在全体检察官中就有地位。有些省不敢搞案件质量评查，甚至都不会搞，案管办怎么可能在各

个业务部门中有地位呢？案件质量评查在某种程度是我们的立身之本。第三位就是案件流程监控。流程监控是防止办案程序中出现不规范，是传统管理工作。**流程监控是程序监督最主要的办法，案件质量评查是实体监督最重要的方法，业务数据分析研判是指方向的。这三项工作是核心**，要高度重视并且做好，靠这三点才能站得住，立得稳，走得远。当然，并不是说其他工作不重要，其他工作也要做好。但两点论中一定要实现重点论。否则，眉毛胡子一把抓一事无成。

3. 提出工作措施

一是针对问题提措施：梳理问题、分析原因、提出措施。二是结合目标提措施：目标引导、步骤要求、方法措施。三是善于借势提措施。什么叫借势？比如，最高人民检察院案管办搞一次业务数据检查，发了一个通报，你被点名了。其实可以借这个事说既然被点名了，出了问题，我们案件管理部门该怎么奋起直追，要采取哪些措施，变不利为有利，变被动为主动，就叫借势。即便最高人民检察院案管办通报跟自己没关系，也要借这个势，可以说这次没有不等于下次没有，跟领导报告，怎么防止出现这种情况，这就叫借上级的势。最高人民检察院案管办布置一次工作，就借一次势，不管批评谁通报谁。工作不能等着领导来布置，要把我们的观点变成领导的观点，把我们的话借着领导的嘴说出来，而不是等着领导下指示。

（三）充分认清肩负的使命和责任，激发"往实里抓"的精神状态

这个问题主要是说担当精神。为什么要有担当精神？人少事多，怎么解决呢？要把这个事完成，不是把问题提给上级。要担当起来，要独当一面，也实现自身的价值，是小我和大我的相结合。

1. 从案管职能的属性上，担当的第一位是敢于监督，敢字当头

监督是核心业务，是立身之本。说在监督中服务，在服务中监督。这两个要排位置的时候，监督要排在前面。**案管工作最基本、最核心的职能就是监督**。监督者与被监督者，从来都是矛盾对立的，所以说，案管工作是"得罪人"的工作。**作为案管办主任，当"圆滑官""老好人"，案管工作是做不好的。凡是案管主任硬气、敢监督，案管工作开展得就好。当然，讲敢监督的同时也要讲究监督方法。**

2. 从工作性质上看，案管人员要主动担当

案管工作与其他业务工作不同，大多是"干多干少没评价""干好干坏没后果"，甚至"干与不干没人管"，因此我们提了一个能动管理的理念。在这种情况下，看的就是案管主任的境界和精神了。**"为官避事平生耻。"案管工作如果"避事"，好多工作根本不用去做。所以说，省院案管主任更需要一种担当精神，既是政治品格，也是从政本分。**

3. 从工作的现状看，担当就是解难题

基层案管工作现状是：职能异化、职责事务化、队伍边缘化、地位作用弱化。每次集中培训研讨时，大家都会提到这些问题。解决这些问题正是在座各位的使命和责任。比如，工作事务化、监管职责弱化的问题，原因是什么？有的是基层院人少事多干不了，有的是能力素质不高做不了，等等。那就要想办法解决。**当前，案管工作进入瓶颈期，问题就摆在这里，是继续摆在这里，浮在面上，还是深入下去，把问题解决掉，需要担当作为，敢于触及深层次利益关系和矛盾。**我认为，领导就是解决问题的，担当就是把问题担起来。组织安排厅级、处级的岗位职责是干什么的？是让

我们担当解决问题的，如果没有问题，那要我们干啥用？

4. 从对案管人员的要求看，担当作为就是求极致

求极致的精神不能懈怠，要技高一筹，要担当。案件管理部门的主任，要想有尊严地位，让领导看得起，让属下看得起，靠什么？靠担当。领导给压的担子，担起来了，下级院的一些担子也担起来，才叫担当。为什么搞这个培训班，不是培训业务，要把观点告诉各位，**我们要求工作过得硬，不求工作过得去。想进步，必须要实干。要把担子当成什么呢？当成建功立业的方法。想进步靠什么呢？靠干。在你当案管办主任期间，干了哪些事儿；当你退休以后回首的时候，是否对得起自己。**

（四）始终坚持问题导向，在解决现实问题中推进工作"往实里抓"

1. 现实问题

问题就是工作，困难就是机遇。有句话说："沧海横流，方显英雄本色；大厦将倾，英才独柱擎天。"我们要树立这个观点，要认认真真梳理我们有哪些问题：主要解决"党组要求跟不上、检察业务贴不紧"的问题、机构合并职能不能融合的问题、基层院履职不全的问题以及具体工作抓不实的问题。

第一个感受是党组的要求跟不上。领导提出来工作要求，部署了，我们是小步快跑还跟不上。比如，在列席检委会、党组会的时候，感觉明显。第二个感觉就是业务工作贴不紧。案件管理部门是管案件的，但对各个部门的业务不了解。五厅搞一个专项活动，八厅搞一个什么活动，什么情况我们都不知道。我们搞分析研判，就盯着那几个数据，不知道原因。它为

啥上升？为啥就下降了？人家正在干什么？这些都是要解决的。

2. 现实问题的解决方案

（1）关于党组要求跟不上的问题，其解决方案是想领导之未想。

首先，领导已经想、已经要求了，我们怎么做呢？以上半年的分析研判为例，在开会的时候，检察长问："这个解读稿和发布稿，你们什么时候能发？"我说："7月吧，7月底之前。"检察长就说："你们在7月25日之前发出去吧。"要站在领导的角度来说，当然应该第一时间就发出去，那就是加两个班，加了班以后大家不就轻松了吗？越晚发大家越熬在这里，这就是一个辩证法。比如，这个会原计划是中秋节以后开，检察长说提前开，给我们一周的时间，我们一周时间就准备好了，长痛不如短痛。

其次，想领导之未想，怎样不让领导推着我们走，而我们的积极主动变为领导要求呢？就是把我们的观点变成领导的观点，把我们想说的话从领导嘴里说出来。**首先把往上看、吃透上情、领悟上意放在第一位，这就是方向。党组在讨论什么，检察长、分管检察长在讨论什么，我们要学习。**党组会议文件时不时就看看。特别是案件管理部门主任不要仅仅忙于事务、业务工作中去。领导想做这件事情，你知道了，搞一个分析研判、一个专题分析送到领导桌上，给领导提供支持。这些工作干完了，一个分析研判的报告马上就出来了，实际就是数据支撑领导的总结。这些不做也可以，领导可能真没想到，但这是我们当"中枢"应该做到的。

综合分析研判报告虽然重要，但是以后**要逐渐从以综合分析研判报告为主，向专题分析研判报告与综合分析研判报告并重的思路转变。**立身之本要能拿得住，服务好各业务部门的、给领导排疑解难的是专题分析研判。

不是综合分析不重要了，综合分析领导也很重视，大家都重视的时候，还能够有亮点，那就是搞专题。

（2）关于检察业务贴不紧的问题，就是对各条线检察业务的学习了解不到位。怎么解决呢？

介绍一下最高人民检察院案管办的做法：第一，制订年度工作计划的时候，要求要把各业务厅的计划拿过来，要看看，要了解。第二，搞业务分析研判的时候，所有参与分析研判的这些干部，要把各业务部门工作计划、工作要求拿过来看，要学习。第三，搞综合分析研判的时候，要业务部门预分析，他们先给自己分析分析，他们怎么看待自己。第四，请业务厅的厅领导给案管人员讲课，讲讲他们的业务是怎么搞的。第五，跟政治部联系，把案管干部派到各业务厅去，半年左右的时间，跟他们一起办案，熟悉他们的条线业务，过半年再回来，出去两个人的同时借调两个人补上这个空缺，通过这种办法，我们能够熟悉各业务厅的业务。第六，举办"案管人讲案管人听"活动。自己的干部讲半小时、一个小时，每个人都要讲。通过这种讲法，把民法、刑法、民事诉讼法、刑事诉讼法等法律知识学习一遍。人都是有惰性的，通过这种方式逼迫大家去学习，而且通过这种讲课，大家能一起受益。

此外，还有关于机构合并职能不融合的问题、基层院履职不全的问题、流程监控智能化程度不高的问题、涉案财物管理的问题、案件信息公开工作落实不到位的问题、业务数据质量监管不够的问题、业务数据分析研判的会商不深入的问题等。我想我们这一代案管人多解决几个问题，最好都解决。不能都解决的话，能解决几个就解决几个，群策群力，大家一起干，联系点冲在前面去解决。一个县的联系点解决好，就推广到基层；市级院的联系点解决好，就推广到市一级；从市一级推广好，就可以在一两个省试验。若做得好、有好的效果，我们向最高人民检察院党组报告，就可以变成一个规范性文件、制度。只有想不到的，没有做不到的。

（五）加强对下综合指导，把"往实里抓"向基层传导

加强对下综合指导最根本的问题就是管理的管理，四级院案件管理部门此方面工作都有待改善。

1. 建立评价体系

无评价即无管理。办案部门通过检察业务应用系统和案件质量评价指标，对各地区、各条线案件办理情况能够有一个宏观的评判。但是案件管理部门，却没有一个系统把案件管理数据实时生成，用以评价管理工作，干与不干、干多干少、干好干差不受影响，导致了各地案管工作落实的随意性。最高人民检察院案管办对省级院案管办工作的好坏，要建立评价指标，前5名、前10名的要通报，后10名的也要给予压力。

2. 加强对下指导

指导主要是分类指导、分地域指导。比如，现在对五个自治区、四个直辖市作专题分析，下一步可以把五个自治区的案管部门叫在一起互相借鉴，看看谁干得好，谁干得差？四个直辖市也可以这样，东三省能不能在一起？京津沪附近的五六个地方能不能在一起？广东、江苏、浙江一带，华东区域，华东的跟新疆西藏的，能不能开个会？不管是搞理论研究，还是解决具体问题，都要突出具体性、针对性。大家关系也熟了，"抄作业"

也方便，公事干好了，私事也方便，不违反原则。

加强分类、分地区指导，最终要加强面对面的指导、基层调研。这个方法是最高人民检察院的方法，也是省级院的方法。省一级也要争取使用这个办法，把几个市案管办叫在一起，去调研，去帮忙解决问题。在市案管办的位置，如果不出成绩，就很难进步，不能进步，时间长了就没工作积极性，所以要帮忙解决困难问题，然后推着进步进而出成绩，上级院就做这些；最高人民检察院案管办是各级院案管办的娘家，以后可以不搞分级，电子库上的资料每一个案管办的人都可以看，也不惧其他部门学了去。

（六）加强专业化队伍建设，提升"往实里抓"的能力素质

队伍建设这一块，主要抓两点：一点是专业化建设，一点是纪律作风建设。

1. 专业化建设

专业化就是"六大能力"的培养提高。以后再搞培训班，绝不能搞拼盘式的培训班，宏观、中观问题都不再讲，要讲专题。比如，一次课就解决质量评查，而且中观以下什么类型的案件、怎么评查、拿出什么意见，让业务开展好的人现场来做介绍。我建议我们各省也采取这种方式。下一步把最高人民检察院的，包括地方的一些好的讲课稿、好的视频汇总供大家集中学习。而且要具体微观解决问题，高大上的东西尽量少点；少研究主义（主义已定，战略已定），多解决问题。

2. 纪律作风建设

纪律作风这一块，案件管理部门主任要严格管理，每一个人出问题背后都有一个家庭，这个家庭背后就有几个家庭。我们要有切肤之痛切身之

感，一定要两手抓，一手抓业务的发展，一手抓队伍，绝对不能把党建作风当成可有可无，业务工作不管搞得多好，最后出了问题，一切归零，人生还要归零。

三、管好本级院案件管理人员

作为最高人民检察院案管办、上级院案管办，不但要对下管理，还要管好自己，为案管条线做好表率。这一点，最高人民检察院案管办承担着更重的责任。最高人民检察院案管办一定要团结，这是一个基础。为什么要团结？因为我们都在同一个集体。我们都想做好案管工作，都想在案管办这个集体中提升、进步，实现自我的价值。我们说这个人是有雄心、有壮志，换一个词说他有野心、有欲望，但是用中性的词来说，就是都想进步、都想晋级，至少也都想提升自己。我认为这都是正确的，是人之常情。但是不团结，个人干个人的，一盘散沙，最终的情况就是集体没有凝聚力、战斗力，个人也实现不了自己的价值。

（一）把抓机力作为把握全局引领工作的第一能力

抓住机遇的能力，简称抓机力。这是我的原创，不一定准确，但也没想到更好的词，姑且这么叫。孙中山先生说过"天下大势，浩浩荡荡，顺之者昌，逆之者亡"。这就是势。我们要跟上时代，跟上形势，还要借势乘势，最后还要引领未来形势，说白了就是要抓住机遇。党的十九届六中全会审议通过了《中共中央关于党的百年奋斗重大成就和历史经验的决议》，我们现在面临着最好的机遇。但对检察人、案管人还是有所不同的。对案管人来讲，从国家层面强调治理体系和治理能力现代化。中央高度重视治理，实际上就是高度重视管理。从最高人民检察院来讲，党组高度重视案管工作，把案管工作提到了很高的位置，指出"检察业务工作的中枢是案管室，检察工作的中枢是办公厅"。检察业务数据分析研判会商、"案－件比"为核心的质量评价指标体系建设，都是近些年提出来的。所以要抓住中央对治理体系和治理能力现代化的重视这个热度，要抓住院党组对案管工作高度重视的机遇，让案管工作向前发展。这就叫抓机力。

抓机力要从两个方面来看。第一，正面机遇要抓住。第二，要学会变危为机。反面的、批评的、指责的、事故的，这些问题也要把它转变成机遇，其实这点更重要。比如，某个司法部门的法律文书出了问题，我们也受到了波及，中央要求我们对已公开法律文书进行清理。虽然专项活动已经结束了，但我们就把它当成机遇，也催生了法律文书公开相关软件的研发。又如，下级院提出了一些意见建议，我们把这个情况变成了一个机遇，提出要建设案管工作电子文库。再如教育整顿征求各业务厅的意见，各业务厅提了不少意见，我们给各个厅逐一回函回答。这就是变危机为机遇。我们要随时随地都能看到机遇，将每一件事都看成能抓住的机遇，借势而上。古语讲，名正言顺、出师有名。写文章、写稿子第一句都写为了什么、根据什么，就是借势。**所以要把抓机力当成第一能力，遇到困难和问题的时候，正是需要担当、展示能力的好机会。**

（二）把执行力作为对党忠诚严格履职的最基本要求

你说对党忠诚，那么党中央的部署、最高人民检察院党组的部署、检察长提出的要求都没有落实，怎么能叫忠诚？你说你工作认真，本部门里给你安排的任务、年初计划要点中的工作，你没有完成或没有按时完成，怎么能说你严格履职呢？所以评价干部称职不称职的首要标准在执行力，要做到按时按质按量完成工作。按时好理解，有规定。按质，就是把你的最高水平体现出来，已经问心无愧了再出手交稿子，而不是凑合写完不管啥样就交给领导了。按量不是说写的多，而是写的少，进行字数限制。其实一篇稿子，越多写越容易，越少写越难。

（三）把创造力作为破解难题开创新局的根本方法

能不能开创新局面，能不能把抓机力和执行力做到位，最根本的方法是要有创造力，就要打破原来的固化思维、框架。

一是理念创新。创造力最根本的是理念有创新，而理念创新最根本的就是要把旧的理念打破，然后要学习借鉴其他人的理念。理念创新还有一条，就要学会敢想、善想，天马行空、异想天开。案件管理部门的干部思维相对僵化保守，总是一成不变地开展工作，如果认为原来的都好，那就永远不会创新。理念创新，就是要打破旧的理念，学习其他的理念，然后还要内生些自己新的理念。一个人在一个部门待的时间久了，就要学会否定之否定，学会自我否定，然后自我更新。因为你在这个部门待时间长了，可能认为一切运转都是正确，再先进的人都会变成墨守成规的人。因为打破别人的框架是容易的，但是自己创造构建的架构自己亲手打破，这是很难的。

二是机制创新。全国检察机关第二次案管工作会提出五个体系建设，实际是机制的建设。机制可以运转相当长时间不会走调，不会变形。所以下一步要争取在机制上有所建树。比如两个先锋岗，以前也是这么做的，也是这么运转过来的，现在要把它形成机制去固定，然后从理论上去升华，那么效果就不一样。

三是方法创新。当观点确定以后，起决定作用的是方法，方法非常重要。创新方法要借外力、借外脑、借外面的方法，要善用人。有些工作给联系点去部署，给省级院市级院去干，或者底下有一些好做法拿过来用。处长包括班子成员不能光埋头苦干，就看自己的一亩三分地，一定要往上看、往前看、往周围看。

三个创新最后落脚点都在创造性地开展工作上。每位同志都要将自己的岗位、职务当成展示自我、实现自我的平台，不能领导安排什么就做什么，不安排就不做，要大胆创新，施展自己的才华。要坚决防止"三等"干部，等领导安排工作，等下级请示工作，然后就等下班。我们一定要积极、主动、创造性工作，即使是执行，也要创造性执行。

第十二讲

案件管理中的"反管理"问题研究与应对 *

　　管理行为在社会生活中普遍存在，在国家、社会层面叫治理，在单位、部门、家庭层面叫管理。长期以来，我们习惯于从管理者的角度谈管理，但往往忽略了被管理者的角色定位，往往习惯了从管理行为谈管理，而忽略了从管理的对立面谈管理，而管理的对立面，俗称"反管理"。"反管理"不是一个新的概念，按照唯物辩证法的认识，事物总是存在着矛盾的两个方面，既然有管理，也就必然有与管理相对立的"反管理"。从管理行为来看，自从有了管理，就有了反管理。**我们说管理是世界难题，那么应对"反管理"当然是难题中的难题。**所以，在我们从事案件管理工作时，也要变换角度，研究应对"反管理"，从而更加全面规范地开展管理。

　　一般来说，所谓"反管理"，就是与管理相对抗的一种作用力，对管理进行抵制、干扰乃至破坏，生活中的"上有政策、下有对策"，就是"反管理"的典型描述。检察案件管理工作中的"反管理"，主要是指案件办理、

＊本讲内容根据 2023 年 5 月案件管理专题培训班讲课稿整理。

管理人员为规避正常的业务监管活动，通过制造虚假案件、填报虚假数据、恶意利用现有管理制度"漏洞"等方式，使得办案活动表面上符合管理的要求，但实际上没有提升办案质效的行为。近年来，随着业务数据分析研判、案件质量主要评价指标工作的开展，以数据、指标、比率等评价检察业务工作，这种管理方式无疑更加科学、全面，但也容易滋生"反管理"问题，在个别时期、个别地区还比较严重。应勇检察长多次强调，没指标不行，唯指标不行，虚假指标更不行！这里的"虚假指标"，在某种程度上就是"反管理"。因此，"反管理"情况需要引起我们高度重视和妥善应对。

一、"反管理"问题的表现

"反管理"情况主要集中在与评价指标相关的数据项，以及部分应当作负面评价可能导致追究司法办案责任的数据事项上，具体而言，有以下方面。

（一）通过非正常的沟通协调，规避监督意见不被采纳的情形

主要表现在检察人员办案时与侦查人员、审判人员、行政机关人员等外单位人员进行事前的非正常的沟通或协商，实现数据"美容"。

1. 与侦查人员的"勾兑协商"

该情况主要表现在"监督立案率""监督撤案率""纠正漏捕、漏诉率"等指标方面。比如，有些地方要求检察官先与侦查机关沟通联络，能够立案或者撤案的再录入业务系统，有的甚至违反规定事后补做法律文书，倒签落款日期。某直辖市某区院监督立案的"何某、高某等四人盗窃案"，承办人先口头与公安机关沟通，确保能立案后，在业务系统中创建案件。某省某市

某区院办理的"谢某盗窃案""申某容留卖淫案""江某某寻衅滋事案"等22件监督撤案案件，均与公安机关谈妥，确保能够撤案，且业务系统中要求说明立案理由通知书的制作时间均晚于公安机关撤案日期，但实际打印的文书落款日期修改为早于公安机关撤案日期一天或与公安机关撤案日期同一天。再比如，为提高"纠正漏诉率"，与侦查人员勾兑，将共同犯罪案件拆分移送，后移送的案件统计为纠正漏诉案件，确保纠正漏诉工作成功率。某省某市某区院追诉44人，据承办人讲，均为口头建议公安机关加大侦查力度、公安分批移送过来的同案犯，都算作自己追诉的漏犯。

2. 与审判人员的"勾兑协商"

与审判人员"勾兑协商"的范围比较广，涉及刑事、民事、行政案件的抗诉、再审检察建议采纳率，确定刑量刑建议采纳占比率等指标。比如，为提高"刑事抗诉采纳率"，对于拟维持原判的案件，请求法院作发回重审后再维持原判的处理。再比如，为提高"再审检察建议法院采纳率"，与审判人员提前协商，请求法院对检察机关提出的再审检察建议，回复为"采纳检察机关意见但综合考虑其他因素，不启动再审程序"。这样一来，检察机关再审检察建议予以采纳，法院也不需要启动再审程序，看起来皆大欢喜，但是对于当事人来说，诉求仍然没有解决，而且采纳意见的回复可能激化矛盾。还比如，为提高"确定刑量刑建议采纳占比率"，有的检察人员为确保确定刑量刑建议能够被采纳，提前与审判人员沟通，看人家脸色行事，"乞求"量刑建议被采纳，监督的权威大打折扣。

3. 与行政机关人员的"沟通协商"

与行政机关人员的"沟通协商"主要表现在为提高"诉前整改率"指

标，有地区在发出行政公益诉讼诉前检察建议后，商请行政机关予以回复并采纳监督意见，尤其临近考核期时，商请过程中"乞求"意味更重。

（二）通过故意迟填、错填、漏填案卡项目，规避负向指标数据

为保证统计数据的稳定性，目前检察业务应用系统的统计报表每月定期锁定数据，锁定后修改的数据不再纳入评价范围，有些地方利用上述数据采集规则故意迟填、错填、漏填案卡，使得负向数据无法纳入统计范围。

1. 跨年迟填

前一年度的负向数据先不填录案卡，第二年再填录，可以让负向数据"两边不靠"，不纳入考核管理。主要涉及"诉前羁押率""撤回起诉率""无罪判决率"等负向评价指标。比如，某市院提出抗诉的"吴某走私珍贵动物案"，省检察院 2018 年 12 月撤回抗诉，市院 2019 年才将生效无罪判决予以补填，但这种情况下该案数据已无法进入 2018 年的统计报表，又由于其不是 2019 年的案件，因此也无法反映到 2019 年，造成此类无罪判决数据缺失。经核查，2022 年 1 月至 12 月统计报表中的撤回起诉人数与实际情况相差 23 人，该问题需要引起各级院的高度重视。

2. 故意漏填

故意漏填主要表现在以下几方面：一是为降低"捕后判处轻缓刑、免予刑事处罚率"指标，个别院在刑事案件受理时，对实际采取逮捕措施的案件，不填录羁押强制措施情况，使之不纳入捕后案件。例如，某省某市某区院办理的夏某某盗窃案，某省某区院办理的范某某盗窃案，犯罪嫌疑人的逮捕强制措施均未在公诉流程中填录，导致该案件未能统计到捕后判

决案件中。二是刑事"案－件比"中建议法院延期审理，个别案件存在配合法院案件审理，线下制作延期审理建议书，不填录相关案卡，也不在系统生成文书问题。如某省某区院为配合法院审理期限，线下生成延期审理文书，系统未制作一次／二次延期审理建议书及恢复庭审建议书。三是刑事"案－件比"中漏填延长审查期限案卡，如某省某区院办理的丁某某涉嫌强奸案，两次延长审查起诉期限，漏填二次延长期限案卡信息。四是"诉前羁押""撤回起诉""无罪判决"等指标数据，有的干脆就不填录案卡，导致数据无法统计。例如，某省某区院办理的齐某某涉嫌信用卡诈骗案（一审公诉案件），该院提出抗诉，市院对该案撤回抗诉，一审承办人明知市院撤回抗诉，但并未在系统中填报一审判决生效日期等案卡项目。

3. 故意错填

故意错填形式多样，集中体现在以下几方面：一是有的承办人为减少无罪判决，将二审判决结果"有罪改无罪"故意错填为"无罪改有罪"。例如，某省某市院办理的庞某合同诈骗案，二审判决结果为"有罪改无罪"，承办人将案卡填报为"无罪改有罪"，且未填报二审判决宣告刑等信息。二是将非纠正漏犯案件错填为纠正漏犯。例如，某省某区院办理的易某某、贺某某等8人开设赌场案，8名犯罪嫌疑人为公安机关抓赌后移送，但每名犯罪嫌疑人都填录为纠正遗漏同案犯。三是错填涉及"监督立案判处有期徒刑以上刑罚率"和"纠正漏捕、漏诉判处有期徒刑以上刑罚率"指标的案卡项目，对于监督立案或纠正漏捕、漏诉后未判处有期徒刑以上刑罚的案件，在一审公诉案件信息中将"是否监督立案""是否追捕对象""是否追诉对象"等案卡项错填为"否"。例如，某省某区院办理的魏某某、闫某某介绍卖淫案，犯罪嫌疑人魏某某为被追捕人员，因法院最终判处其有期徒刑一年两个月，承办人将"审结情况"中"是否追捕对象"填为"否"，导致该案件未能统计到追捕判决案件中。

（三）通过故意错填、漏填案卡项目，虚增正向指标数据

此种情况主要表现为，将没有开展的工作填录案卡，或对照评价指标计算公式将正向指标的分子虚增，而将分母漏填。

1. 故意错填

一是对不需要开展追赃挽损工作的案件填录追赃挽损相关案卡，使得指标数据异常激增。例如，依据最高人民检察院《关于在检察业务应用系统中补充收集检察机关追赃挽损有关情况的提示》的规定，"案件是否涉及追赃挽损，是指案件本身是否具有需要追回涉案财物的情形，而不是仅指案件在侦（调）查、审查逮捕、审查起诉等诉讼过程中是否已经开展了追赃挽损工作"。猥亵儿童罪不属于涉及追赃挽损范围，而个别院却将此类案件填录追赃挽损相关案卡。二是将侦查机关追赃挽损金额填入检察机关追赃挽损金额，或将检察机关三种追赃挽损方式的金额重复填录。经核查，2023 年第一季度检察机关追赃挽损案件数量最多的两个省，分别有 18.9% 和 18.3% 的案件有金额重复的情况。

2. 故意漏填

此种情况集中表现为提高各类检察建议采纳率，不填录检察建议提出日期，只填录采纳日期。比如，某省社会治理检察建议已采纳案件中，有 36 件未填录提出日期。

（四）通过结果前置缩小受案范围，规避无效监督

部分检察人员为从数据上实现"精准监督"，严格控制在检察业务应用系统上的案件录入范围，不考虑案件实际情况，只创立能够为指标作出"贡献"的案件，这种行为极不可取。

1. 有"贡献"才监督

有"贡献"才监督主要表现为：为提高民事／行政裁判监督案件监督率，部分单位为了追求高比率，在受理案件之初就对案件审结情况进行研判，不以案件是否符合法律规定的受理标准为依据，仅考虑案件是否能够提出监督意见，对于可能以不支持监督申请结案的案件不予受理或者尽量少受理，使得选择性监督多发。

2. 能"成案"才监督

能"成案"才监督主要表现为：在为提高"内部移送法律监督线索成案率"这一指标上，有地区为提高这一指标数值，要求先对线索进行研判，能够成案再移送至案件管理部门录入系统，不能成案就不移送。这样做极有可能放纵犯罪。

（五）通过变更强制措施，规避新发展理念要求

在检察工作发展的新阶段，对于捕诉工作的要求更加严格，为规避相关刑事司法政策，有些地区在强制措施工作上"动手脚"。

1. 通过变更强制措施降低"案－件比"

有的地方为减少"案－件比"指标中的"件"，采取变更强制措施手段，将应当逮捕的案件变更为取保候审，对本应延长审查起诉期限的案件不再

延长，躲避"案－件比"规制；或者利用取保候审一年强制措施期间拉长办案期限，导致"简案慢办"。"案－件比"是降低了，但是办案时间却延长了，并没有实现设置"案－件比"的初衷。

2.通过变更强制措施降低"诉前羁押率"

有些地方只考虑降低指标，不注重评估犯罪嫌疑人的社会危害性，出现不当变更强制措施的情况。例如，某省某区院办理的阮某某诈骗案，审查逮捕阶段因事实不清、证据不足不捕，审查起诉后一直为非羁押状态，检察机关量刑建议为十年以上有期徒刑，符合径行逮捕条件，但一直未决定逮捕，后被判处有期徒刑十三年，说明强制措施并不适当。

（六）通过造假案，制造"虚假繁荣"

"无中生有"案件一般在立案监督案件中多发，在公安机关已经立案或撤案，已经变更强制措施，或法院宣告判处无罪、免予刑事处罚后，在系统里制发相关文书，进行监督，更有甚者为了以假乱真，在系统中倒签日期，使得立案监督数据维持高速增长。比如，某省某区院办理的"荣某某故意伤害案"，要求公安机关说明不立案理由的日期是 2019 年 4 月 26 日，公安机关立案决定书的日期是 2019 年 4 月 23 日。这种"无中生有"现象，硬生生地造出了一件不存在的诉讼监督案件，明显是造假。2023 年第一季度数据显示，全国检察机关监督立案案件中，公安机关主动立案日期早于监督立案案件受理日期的有 9 件，其中某区检察院办理的朱某某组织、领导传销活动罪监督立案案件，受理日期晚于公安机关主动立案日期 889 天。

（七）通过降低办案标准，办"凑数"案

有些地方人为降低法定办案标准，通过打"擦边球"的方式增加监督数量或者提高监督精准度。

1. 扩大监督范围"凑数"

扩大监督范围"凑数"行为集中体现为：为提高"司法救助率"，对于非案件原因所导致的生活困难人员也进行司法救助，片面追求救助数量。例如，某省某州院办理的袁某某司法救助案，在办理烈士陵园公益诉讼案件时，发现烈士孙子身患严重疾病，遂发放司法救助金，超出了司法救助的法定范围。应由相关部门采取相应救助措施。

2. 对关联程序过度解释"凑数"

对关联程序过度解释"凑数"，即将具有关联性的监督程序混同。一是为提高"纠正漏捕、漏诉率"，有的将公安机关网上追逃对象认定为纠正漏犯的对象，如某市院办理的"陈某贩卖毒品案"、某区检察院办理的"胡某某、李某等3人涉嫌贷款诈骗案"等7个案件涉及的24名犯罪嫌疑人，将公安机关追逃的对象认定为纠正漏捕对象，生成监督数据。二是将纠正漏捕对象同时列为纠正漏诉对象，如四川省某区检察院办理的张某某涉嫌组织、领导传销活动案，将张某某既列为追捕对象也列为追诉对象。三是有些具有相似性的监督方式，承办人未真正理解相关法律规定及相关案卡或项目指标的含义，而是按照自己的理解填录。在检察业务应用系统中，侦查活动违法监督和审判活动违法监督是以检察建议涉及的诉讼环节为提取数据的依据，因审判活动违法监督难度较大，故而有些地区模糊概念，将在审判环节发现的侦查机关或其他机关的违法问题也归类为审判活动违法监督。例如，山东省某县检察院将关于建议公安机关在查处醉驾案件中及时进行酒精检验报告的纠正违法检察建议填录为涉及审判环节。

3. 将部分整改混淆为整改到位"凑数"

此种情况集中体现在为提高"诉前整改率"，有些行政机关未能在诉前阶段完全整改到位，故先行回复称已开始整改，但尚未整改到位，而承办人为提高诉前整改率在案卡中填录已整改。

4. 对轻微问题升格监督手段"凑数"

此种情况表现形式多样，常见的有为提高"刑罚执行和监管活动严重违法行为书面提出监督意见率"，对一些轻微情形发出口头纠正意见的，却在系统中填录发出书面监督意见案卡，造成纠正监管活动违法数据虚增。比如，广东省某市检察院办理的"其他监管活动违规情况"等21人纠正监管活动违法的案件，其违法的情形多为西红柿有腐烂、蔬菜未清洗干净、垃圾未清理干净、职工在监舍穿便服等情形。

（八）通过类案拆分，虚增办案数量

该情况主要表现形式为在检察业务应用系统中将类案监督拆分为个案形式办理。

1. 在同一时间就同一问题向同一单位多次提出监督意见

比如，广东省某市检察院在3月23日、24日两天内向市看守所提出98件监督意见，均为"对留所服刑人员刑满释放前未进行出所谈话"。再比如，2023年第一季度，吉林全省制发行政社会治理类检察建议数量占全国三成以上，但可能存在针对同一浅层次问题，同一时间多次制发检察建议的"凑数"情况，反查发现吉林某县检察院在同一天以"盗伐林木刑事处罚后未补种树木"为由向林业局制发检察建议达 25 份。

2. 在同一时间就同类问题向同一单位多次提出监督意见

此种情况并不少见，如安徽省某区检察院针对不同外卖平台不同商家未依法公示食品经营许可证等违法问题，向区市场监督管理局、开发区市场监督管理局发出 104 份检察建议。

3. 线下一份检察建议书对线上多个案件

比如，广东省某区检察院办理的"区教育局对幼儿园食堂怠于履行监管职责"等 276 个行政公益诉讼案件，均为区教育局对相关学校食堂怠于履行监管职责开展的监督，该院按要求确实合并向区教育局发出一份检察建议，但在检察业务应用系统中却对一个学校立一个案，登记为 276 个案件，生成 276 个诉前检察建议数据。

（九）通过建立不必要的办案流程，办"注水"案

此种情况主要表现为在立案监督、羁押必要性审查、提前介入等案件中为提升数量，不需要开展相关工作的仍然开展。

1. 建立不必要立案监督案件

一是抢立立案监督案件，在得知公安机关即将立案，立即制作监督立案文书，并在一天之内完成所有办案环节。据统计，2023 年 1 月至 3 月，相关检察院监督立案后公安机关主动立案 14734 件，其中受理当天要求公安机关说明不立案理由，同日公安机关主动立案 4150 件，占比 28.2%；从地域来看，某市 9 个检察院共办理 373 件一天内立案的监督立案案件，占

全国的 9.0%，虽然这其中不一定都是抢立案件，但一天之内从受理到立案有违正常办案规律。二是利用两法衔接监督案件抢立不必要的立案监督案件。云南省某区检察院在两法衔接监督中发现线索后，要求行政机关在向公安机关移送犯罪线索的同时，立即向公安机关制发要求说明不立案理由通知书，不给公安机关立案审查时间，在报表上既生成两法衔接监督数据，又生成立案监督数据，造成立案监督数据虚增。三是利用不构成犯罪不捕、不诉作不必要的监督撤案。宁夏回族自治区某区检察院办理的"李某某妨害公务案"，2019 年 3 月 7 日因不构成犯罪不批准逮捕，当日要求公安机关说明立案理由，公安机关次日撤案。按照监督撤案制度的初衷，对于不应当立案而公安机关拒不撤案的，检察机关才有监督必要，但上述案件在作出不批准逮捕决定同时就监督撤案，没有给公安机关留出后续处理的时间。四是公检法沟通不畅导致不必要的监督撤案。2023 年第一季度，全国检察机关监督撤案的案件中危险驾驶罪有 1020 件，占 8.3%，贵州该比例达到 30.5%，贵州省某州检察院监督撤案 94 件，其中危险驾驶 70 件，占 74.5%，且莫某某、潘某某等多起案件均是根据 2020 年贵州省高级人民法院、贵州省人民检察院、贵州省公安厅印发的《关于办理醉酒驾驶案件的会议纪要》，认为犯罪嫌疑人不应追究刑事责任，要求公安机关撤案。建议加强与侦查机关的沟通，明确立案和追诉标准，在诉讼前端减少不必要的立案及后续程序。

2. 建立不必要的羁押必要性审查案件

一是为了指标考核而形式化启动羁押必要性审查。比如，2022 年全国检察机关审查起诉阶段依职权受理羁押必要性审查案件 6499 件，经审查不予变更强制措施 6105 件，占依职权受理数的 93.9%，必然存在为了指标考核，单纯增加羁押必要性审查案件数量而启动审查的情况。二是一些地方为办案数据考虑，对一些必定要被变更强制措施的案件发出变更强制措施建议。有的是在获悉法院即将判处缓刑或已经宣告缓刑时发出不必要的变更强制措施的建议。例如，安徽省某县检察院办理的李某某交通肇事案，2022 年 10 月 18 日法院判决缓刑，当日承办人制发羁押必要性审查意见书，变更强制措施。

3. 建立不必要的提前介入案件

提前介入是检察机关在侦查环节开展的引导侦查工作，主要是针对在疑难复杂案件中，但是部分地区提前介入仍以简单案件为主，如某省检察机关共对危险驾驶罪提前介入 1681 件，占办理危险驾驶案件的 66.4%。

（十）通过混淆办案流程，罔顾实际效果，只顾提升评价指标

此种情况主要表现为不考虑司法成本或当事人权利，只关注能否适用提升正向评价指标的流程的行为。

1. 附条件不起诉和其他不起诉类型混用

为提高附条件不起诉率，有些地方检察院将应当适用其他不起诉处理的案件作出附条件不起诉处理，附条件不起诉期满后再作出不起诉处理，浪费司法资源，同时也侵犯了未成年人的合法权利。例如，浙江省某市检察院办理的杨某某（案发时未成年）涉嫌危险驾驶罪、内蒙古自治区某旗检察院办理的李某某（案发时未成年）涉嫌交通肇事罪，两案所涉嫌罪名均不属于附条件不起诉适用的刑法第四、五、六章节的罪名，仍对嫌疑人

作出附条件不起诉处理决定。

2. 纠正漏捕和立案监督混用

此种混用主要是因为"纠正漏捕、漏诉判处有期徒刑以上刑罚率"指标中纠正漏捕的统计范围为判处三年有期徒刑以上刑罚案件。所以，部分地方检察院在实践中发现了三年有期徒刑以下的漏捕案件，就会选择作立案监督案件。

（十一）通过多次利用同一个监督事项，提高监督数量

有的地方检察院将同一份文书或者同一个监督事项在系统中反复填录，生成多个或多种监督数据。

1. 一书两用

一书两用主要表现为不同部门之间借用同一份检察建议虚增数据。比如，某区院办理的市教育局怠于履行职责监督案。该院民行部门于 2018 年 6 月 12 日向区教育局发出检察建议书，未检部门于 6 月 29 日又在检察业务应用系统中创建检察建议（未检）案件，并将该院民行部门的同一份检察建议书以附件上传至检察业务应用系统。也就是说，未检部门又将此份文书作为本部门的检察建议并在系统中填录提出和采纳日期。本来是一个案件，但在检察业务应用系统中却生成了两个案件，在案件数据统计中多出了一个案件。

2. 一案多用

比如，检察建议案件又创立侦查活动监督程序。某区院办理的"熊某、彭某某涉嫌协助组织卖淫、介绍卖淫案"，案件办理过程中向公安机关发出

了检察建议后，又错误创建了侦查活动监督程序，填报纠正违法情况案卡。

（十二）通过稀释摊薄，不顾个案情况，一味扩大监督范围

针对"司法救助率"指标，有的地方检察院为增加司法救助人数，不注重司法救助实效，采取"撒胡椒面"的形式，降低个案救助款，扩大司法援助面，获取好看的指标数据。例如，2023 年 1 月至 3 月，全国提起国家司法救助 13877 件，同比上升 89.8%；实际救助 13366 人，同比上升 1.2 倍；实际发放救助金 1.2 亿元，同比上升 68%，但案均发放金额由 2022 年同期的 1.34 万元 / 件下降至 0.97 万元 / 件，可能存在为提高司法救助案件数量而降低个案救助力度的"凑数"现象。

二、"反管理"现象的危害

"反管理"现象在一定范围内存在，不利于检察业务工作依法高质效开展，有损检察履职效果，对检察工作公信力、检察机关形象也会带来负面影响。

（一）弱化评价指标检视业务实效功能

"反管理"直接导致评价指标数据不准确，无法真正体现出对案件质量的全面客观实绩评价，也无法有效发挥评价指标引导高质量检察履职的"指挥棒""风向标"作用。

（二）影响业务分析研判方向，误导领导决策

通过技术手段"美容"数据过程中产生大量虚假数据，造成检察业务数据失真，让业务数据分析研判和领导决策失去基础和前提，成为"沙上

之塔",不仅影响分析研判和领导决策准确性,甚至会对司法政策的制定产生极大负面影响。

(三)影响检察权的规范运行

一是选择性司法,如在监督过程中为提高案件的监督采纳率而将不予受理范围变相扩大,造成监督缺位。二是过度司法,如在同一时间,针对类似案件、同类对象多发、群发、泛发检察建议或监督意见,造成监督泛滥。三是放任司法,如为提高监督立案判处有期徒刑以上刑罚率,放弃对未达到有期徒刑以上犯罪的立案监督,进而埋下放纵犯罪的隐患。四是检察官权力清单虚化,如按照检察官权力清单,审查起诉案件的退回补充侦查和延长办案期限的最低审批权限应是检察官,但为了控制"案-件比",有的地方检察院将相关审批权力上升至副检察长甚至是检察长。以上情形,都会对检察权的规范运行产生负面影响和冲击。

(四)影响检察机关形象和检察权威

因为检察建议采纳率、认罪认罚适用率等指标需要其他机关单位或犯罪嫌疑人配合,有的地方院为提高相关指标,甚至在"乞求"相关单位出具采纳意见或被迫降低量刑与犯罪嫌疑人达成认罪认罚,严重影响检察机关形象。选择性司法、过度司法、放任司法和"乞求"式的协商等均严重削弱检察机关法律监督的权威,减损法律监督效果,影响人民群众对检察机关法律监督的期待和司法获得感,损害检察机关司法公信力。

（五）浪费本就不足的司法资源

一是将不捕率错误地作为正向指标使用，为提高不捕率要求公安机关将轻微的甚至是已取保的不符合逮捕条件的案件报送检察机关审查逮捕。二是为提高附条件不起诉率，将符合直接不起诉的案件按照附条件不起诉流程进行办理。三是为提高未成年人社会调查适用率，各个办案环节均开展社会调查等。这些为"做"指标，让案件空转和虚增流程，给检察人员带来不必要的劳动，造成大量司法资源浪费。

三、产生"反管理"现象的原因

产生"反管理"现象的原因，既有人为的因素，也有技术因素；既有办案人员的直接责任，也有监管不到位的责任。但归根到底，还是"政绩观"出了问题。

（一）部分检察机关"政绩观"不正确，引发"反管理"

"反管理"只是表象、形式，根源问题还是政绩观问题，特别是各级检察机关"一把手"的政绩观问题。有的地方唯"指标论"，没有把注意力放在高质效办好每一个案件上，而是放在排名上。监督办案单纯奔着数字去、奔着考核去，片面追求排名靠前、数字好看，钻现有管理制度的漏洞，想尽办法规避负向指标，虚增正向指标，引发"反管理"现象。

（二）评价指标运用不合理，催生"反管理"

一是层层加码，盲目提高标准。有的上级院违背司法规律，层层加码，在最高人民检察院公布的指标项外，大量增设新的指标、自行提高指标通报值或对已达到通报值的指标仍进行排名，让基层院陷入不尽合理的指标"内卷"，使指标脱离实际设置的考核初衷，出现"反管理"。

二是考核运用方法不科学。考核运用方法不科学，催生"反管理"。部分地区检察机关对案件质量评价指标运用不合理，通报过于频繁，末位排名检讨甚至淘汰，导致盲目攀比、唯"指标论"甚至弄虚作假。有的地区每周一通报甚至每日一通报；通报到院到部门甚至到个人；通报上墙、上会还上网置顶到首页，甚至通过大屏幕实时展示每个检察人员的指标数据。有的地区要求对每月指标排名靠后的基层院检察长或条线部门负责人上台检讨；有的地区"一刀切"将指标排名作为对干部提拔任用或淘汰的依据。通过层层加码施压，有的检察人员为完成指标排名任务，铤而走险，弄虚作假。

三是对"反管理"的治理力度不足。指标管理属于近年来的新生产物，上级院在预防和治理造指标、刷数据乱象方面的经验不足，力度不强。同时因评价指标自下而上生成，下级院的指标影响着上级院的指标排名和绩效考评，有的地区默许甚至引导下级院通过"反管理"提高评价指标。

（三）数据监管不到位，滋生"反管理"

一是检察业务应用系统数据采集和统计存在漏洞。例如，统计报表为每月固定模式，迟填案件信息无法进入报表，有的检察人员利用迟填时间差实现负向数据不被统计。

二是数据检查未能实现全覆盖。由于检察业务应用系统数据规模庞大，数据日常审核缺乏统一指引，以当前人员力量和技术无法对数据的准确性进行全方面核查，故有的检察人员故意错填、漏填或者选择性填写来提高评价指标。

三是部分司法办案的认定标准不统一、不规范。刑事立案监督、侦查活动监督和各类检察建议采纳情况的认定标准存在分歧，出现有利于提升指标的解释。例如，在诉讼监督案件中，将被监督机关的口头回复作为纠正意见被采纳的依据；确定刑量刑建议要求判实刑，法院采纳刑期但判处缓刑的也认为法院采纳了量刑建议；为提升诉前整改率，只要有整改不论是否整改到位均认为已整改；被监督机关书面未明确提出反对意见的，均视为采纳监督意见等。此外，还存在人为降低监督标准问题，如在纠正漏捕、纠正漏犯的认定上，认为只要是公安机关未同案移送的犯罪嫌疑人，不论是否已采取必要措施，都作为纠正漏捕、纠正漏诉对象。

（四）部分指标设置不科学，让"反管理"有可乘之机

例如，部分监督指标等指标仅考虑监督质量却没有监督数量的要求，让有心之人以确定的监督结果作为启动监督的先决条件，进而选择性、功利性地"做"指标。再如上一版评价指标中的"捕后判轻缓刑、免予刑事处罚率"，逮捕条件为"可能判处有期徒刑以上刑罚"，捕后判处缓刑不意味着逮捕质量存在问题，且大部分案件是由于和解、赔偿、认罪认罚等因素判处缓刑的，过分强调该指标的话，容易导致部分带病或情节已经发生变化的逮捕案件不予变更强制措施、一诉到底要求实刑的"反管理"现象出现。又如"社会调查使用率"，各地均已全面开展这项工作，但有的地方检察院为了追求该指标排名，多次反复开展社会调查，有的高达600%，不

仅浪费了司法资源，还给未成年人造成伤害。这次最高人民检察院在案件质量指标修订过程中就将以上两个指标予以删除。

四、"反管理"的应对之策

解决"反管理"问题，既要解决思想认识问题，也要解决指标运用问题，还要从技术手段、制度机制等方面，综合施策，多措并举。

（一）引导检察人员树立正确政绩观

应勇检察长强调，不能让检察官被数据所困，被考核所累。要引导检察人员树立正确政绩观，不能有"数据冲动"、搞"数字竞赛"；而是把注意力放在高质效办好每一个案件上，放在整体工作质效上，切实防止不顾实际"争先恐后"，为了排名"好看"弄虚作假。要从解决"一把手"的政绩观入手，用"一把手"的正确政绩观引导检察人员树立业务工作正确政绩观的根本是严格依法办案，公正司法，而不是钻制度漏洞、制造虚假政绩。要建立奖惩机制和责任追究机制，对实事求是、遵循规范的争先创优予以鼓励保护；对弄虚作假地追求排名，甚至违背司法规律"办假案""办错案"的要严肃追责。

（二）重塑指标作用，提升指标运用科学性

案件质量主要评价指标强调的是评价，而非考核和排名，目的是通过指标数据发现问题、总结经验，分析态势、把握趋势，指导办案、服务决策，牵引提升法律监督质效。要淡化考核的功能和作用，发挥评价指标在加强宏观指导、业务管理方面的作用。在运用上，要坚持全面评价、整体

评价、组合评价、实绩评价。要注重质量与数量规模的组合评价，"有质量的数量"和"有数量的质量"必须统筹在更加注重质量方面，防止为追求高质量而故意放弃办案力度。要确保评价指标数据均由系统"一键生成"、可溯源可查，避免线下统计诱发"注水"案件、凑数案件。要合理规范数据通报方式，对一些已经达到一定量的标准、已经"做起来"的工作、已经达到通报值的指标，就不再通报具体数字，防止不切实际地攀比甚至层层加码、弄虚作假。

（三）提升系统智能化水平，加大数据质量监管力度

持续优化完善案卡填录规则，增加文书自动回填案卡、基础数据的自动生成、案卡项目互斥等功能，从源头减少案卡填录"假、错、漏、迟"问题。加大数据质量监管力度，尤其是数据畸高畸低、升降幅度较大的指标或地区要及时核查，运用数据检查智能辅助工具，对数据逻辑关系、关联项目、卡表一致性、系统数据留痕时间等进行全覆盖检查；强化数据与文书比对工作，通过案卡与文书、线上线下文书、系统内外文书比对等方式，及时发现通过检察业务应用系统操作的"数据造假"等"反管理"问题。

（四）探索案件质量管理新路径，提升考核评价全面性

案件质量主要评价指标作为一种管理手段，不是"万能法宝"，无法解决案件质量管理的全部问题。要自上而下地加强管理能力。各省级院要严格按照最高人民检察院的要求设置本地指标，指导下级院科学运用；上级院要优化对本地区的考核方式，改变不合理的指标通报、运用

形式。要发挥案件管理各项机制的功能作用，充分运用流程监控、案件质量评查、数据分析研判等多种方式，实现对个案的精准把控，对检察办案总体情况的全面客观评价，减轻对评价指标的过度依赖，提升考核评价的科学性、全面性。

后　记

终于定稿了。看着崭新的书册，闻着墨香，长长地松了一口气。像农人手中饱满的谷穗，像母亲怀中新生的婴儿，满满的成就感！回首一个月的审改，抱着初次出书的虔诚和认真的态度，我一页一页地校阅。遗憾于原来讲稿中的诸多疏漏，也感慨于当时讲课时的激情慷慨。所以，在审改中，在不伤本意的情况下，尽量多保留口语表述；对自己认为比较关键的部分，标黑予以明示提醒；相关部分工作，还增加了最高检党组的最新要求。总的讲，个人尽了最大的努力。但在数据管理、信息公开等几篇讲稿糅合一篇的部分，仍然存在明显的拼接痕迹，显得有些生硬。类似的遗憾还有很多，可由于工作等原因，也只能留下"缺憾"，待以后予以弥补。

最高检党组副书记、常务副检察长童建明对书稿出版给予肯定和大力支持，中国检察出版社朱建华社长对我出版这本书给予信心与鼓励，我的同事郭冰、侯建刚、邢晓冬、施方方、李如冰参与了书稿的最后一次校改，在此表示衷心的感谢！

这是我的第一本书，这本书提供的经验和教训，将是我今后写作出版的坚实基础。也真心希望这本书，为广大案管同仁以及关注案管工作的同志们提供些许帮助。